Eröffnung des Sieben-Flüsse-Wanderwegs 2015 in Baunach

Über 7 Brücken musst du geh'n,
um die schönen Lande hier zu seh'n,
die durchfließen Main und Regnitz,
mit den Nebenflüssen Baunach und Itz,
Aurach, Rauhe und Reiche Ebrach.

Sehr reich bestückt mit großartigen Kirchen,
Klöstern und historischen Bauten von höchstem Rang,
im Herzen darin die Perle „Bamberg",
ausgezeichnet mit dem Weltkulturerbe-Stand.

Ob der Wanderer im Gottesgarten am Obermain,
auf den Höhenzügen in der Fränkischen Schweiz,
in den Talauen des Regnitztales,
entlang des Maines am nördlichen Rande
des Steigerwaldes,
oder durch die Weinberge im Süden der Haßberge,
vielleicht auch in den Waldungen
im Osten des Naturparks,
mit dem Ziel im Zentrum, das Highlight
„Bamberg" unterwegs,
immer wieder führt ihn der Weg zu
besonderen Schätzen der Natur und Kultur
und zu herausragenden Einrichtungen
in der Genussregion Franken – „pur".

Oder mit den Worten unseres Dichterfürsten
Johann Wolfgang von Goethe, die lauten:

„Was man abläuft an dem Schuh –
wächst dem Kopfe doppelt zu."

Dieses Erlebnis wünsche ich auch allen künftigen Wanderern auf unserem 7-Flüsse-Wanderweg!

Georg Wild, Projektpate, bei der Übergabe des Förderbescheids 2013

Den Sieben-Flüsse-Wanderweg entdecken

Der Sieben-Flüsse-Wanderweg ist kein klassischer Flusswanderweg, sondern ein Landschaftswanderweg, auf dem Sie den **Main** und die **Regnitz** und fünf wichtige Zuflüsse (**Itz, Baunach, Rauhe und Reiche Ebrach, Aurach**) überqueren. Wer auf ihm unterwegs ist, der wird sich die unterschiedlichsten Landschaften im wahrsten Sinne des Wortes erlaufen. Mal wandern Sie direkt am Fluss entlang, oft aber über Berg und Tal. Denn die historischen Wege, denen der häufig folgt, führten früher eben nicht durch den sumpfigen Grund, sondern am hochwassersicheren Talrand entlang. Dafür werden Sie immer wieder mit beeindruckenden Aussichten belohnt.

Das Besondere an der Routenführung entlang der Talräume rund um Bamberg ist, dass Sie auf das schon Erlaufene zurücksehen können und gleichzeitig die nächsten Etappen im Blick haben. So schauen Sie von der zur **Fränkischen Schweiz** gehörenden Friesener Warte über das Regnitztal in den **Steigerwald**. Von der Wallburg bei Eltmann sehen Sie auf der anderen Seite des Maintals die Weinberge am Rande der **Haßberge**. Bei den Etappen durch das **Obermaintal** entdecken Sie dagegen immer wieder den markanten Staffelberg als Landmarke.

Die verschiedenen Landschaften haben oft ihre Ursache im unterschiedlichen geologischen Untergrund. Auf den karstigen Kalkböden der **Fränkischen Alb** haben Generationen von Wanderschäfern mit ihren Herden für blütenreiche Wiesen und artenreiche Wachholderheiden gesorgt. Im **Itz-Baunach-Hügelland** sind größere Felder und Waldgebiete typisch.

Die Zisterzienser haben vor allem in den Tälern des **Steigerwaldes** den Grundstein für die Karpfenteichwirtschaft gelegt. Die Spuren vergangener Generationen finden sich oft im Wald verborgen, etwa die in den Sandstein geschlagenen Keller für die Lagerung des Bieres. Die geteerte Straße, die mitten durch den Köttmannsdorfer

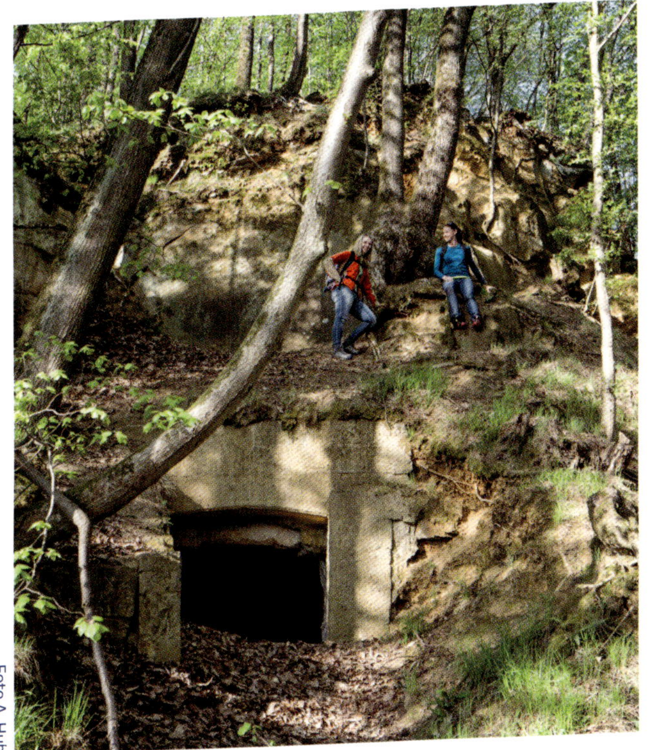

Foto A. Hub

Verfallener Sandsteinkeller: früher Bierlager, heute Fledermaus-quartier

Wald führt, wurde als Zufahrtsweg zu einer militärischen Bunkeranlage gebaut.

So unterschiedlich die Landschaften und ihre Kulturgeschichte sind, so unterschiedlich ist der Wegeverlauf des. Schon auf den ersten Etappen haben Sie historisches Pflaster auf dem Treidelweg entlang der Regnitz in Bamberg, Spazierwege durch den Bamberger Hain, Forst- und Waldwege im Bruderwald und über den Distelberg unter den Füßen. Durch die landwirtschaftlich genutzten Fluren, die Ortschaften und vor allem auf den Verbindungswegen zu den Bahnhöfen lassen sich längere Asphaltstrecken nicht vermeiden. Aber auch hier gibt es Strecken, die sich leichter laufen lassen und solche, auf denen sich wenige hundert Meter scheinbar endlos hinziehen können. Der zeigt dadurch, wie wichtig beispielsweise Bäume und Hecken und der Erhalt naturnaher Wege nicht nur für die

Natur, sondern auch für eine fußgängerfreundliche Landschaft sind.

Der 7 will Ihren Blick schärfen für die Kleinode am Wegesrand: Kapellen, steinerne Martern, eine blühende Hecke, ein stimmungsvolles Brücklein, die Fraßspuren des Bibers, ein geheimnisvoller Hohlweg, ein markanter Feldbaum, eine Ruhebank mit Weitblick oder ein zur Osterzeit geschmückter Brunnen.

Und bevor Sie sich auf Ihre Entdeckungsreise auf dem 7 machen: Mit trittfestem Schuhwerk, Sonnenschutz und wetterangepasster Kleidung sowie ausreichend Getränken und Proviant wandert es sich leichter.

Schöne Wandertage wünscht Ihnen auch im Namen der 26 Städte und Gemeinden, der beteiligten Wandervereine, der Tourismusgebiete, des VGN und des Bamberger Verlags sehdition

Anne Schmitt

Tipp

Auf der Homepage des Flussparadieses Franken **www.sieben-fluesse-wanderweg.de** können Sie alle Infos abrufen zum Weg und den einzelnen Etappen mit aktuellen Streckeninformationen (etwa zu Umleitungen oder Änderungen) sowie zu den Kultur- und Naturschätzen entlang der Route!

Am Naturwaldreservat Seelaub bei Oberhaid

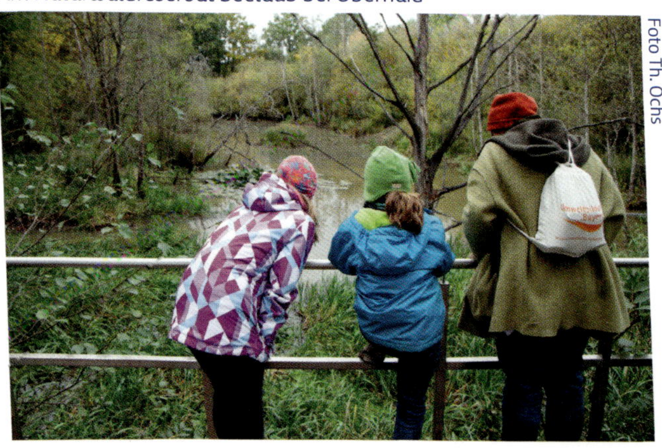

Foto Th. Ochs

Der Sieben-Flüsse-Wanderweg auf einen Blick

	↔	◷	↗	↘	↑	↓
medium	207,4 km	56:18 h	3.023 m	3.021 m	547 m	225 m

Der gut 200 km lange Sieben-Flüsse-Wanderweg verbindet die Talräume von **Main** und **Regnitz** mit den umliegenden Landschaften der **Fränkischen Schweiz**, der **Haßberge** und des **Steigerwaldes**. Die Wegstrecke quert dabei insgesamt sieben Flüsse: **Aurach**, **Rauhe** und **Reiche Ebrach**, **Regnitz**, **Main**, **Itz** und **Baunach**. Im Zentrum liegt die **UNESCO-Welterbestadt Bamberg**.

Etappenplanung

Sie können die gesamte Route des Sieben-Flüsse-Wanderwegs in insgesamt 13 Etappen mit jeweils ungefähr 20 km Tagesleistung erwandern. Oder Sie nehmen sich von Bamberg aus einzelne Schleifen vor.

Südschleife (Steigerwald und Fränkische Schweiz):
entlang des Regnitztales bis Hallerndorf und durch die Fränkische Schweiz über den Hauptsmoorwald zurück nach Bamberg (ca. 80 km / 5–6 Tage / S. 22)

Die Route beginnt in **Bamberg** und führt am westlichen Talrand der Regnitz durch den Bamberger Hain und den Bruderwald. Nachdem Aurach und Rauhe Ebrach überquert sind, geht es durch **Pettstadt** über den Mainberg in das Tal der Reichen Ebrach bei **Hirschaid**. Durch den Köttmannsdorfer Wald führt Sie der Weg auf den Kreuzberg bei **Hallerndorf**, das im Aischgrund liegt. Sie überqueren die Regnitz bei **Altendorf** und folgen dem Main-Donau-Kanal nach Süden zur historischen Schleuse 94 bei **Eggolsheim**. Von hier wandern Sie auf die Anhöhen der Fränkischen Alb und genießen die Ausblicke vom Senftenberg bei **Buttenheim** und der Friesener Warte.
Als nächstes wartet die Fränkische Toskana mit dem

Hauptsmoorwald bei **Strullendorf**, den Litzendorfer Skulpturenwegen und dem Schloss Seehof bei **Memmelsdorf** auf Sie.

Nordschleife (Obermain-Jura und Haßberge): durchs Obermaintal bis Bad Staffelstein und über Baunach zurück nach Bamberg (70 km / 4–5 Tage / S. 98)

Dann wandern Sie am östlichen Talrand des Obermaintals von **Hallstadt** über **Kemmern**, durch den Zückshuter Forst zwischen **Breitengüßbach** und **Gundelsheim** nach **Zapfendorf.** Es folgt eine Panoramastrecke durch das Obermain-Jura-Gebiet über den Ansberg bei **Ebensfeld** und den Staffelberg nach **Bad Staffelstein**. Dort wechseln Sie auf die andere Talseite des Main. Gehen Sie weiter über den Abtenberg in den Itzgrund und über den zwischen **Reckendorf**, **Rattelsdorf** und **Baunach** liegenden Kraiberg ins Baunachtal. Weiter führt Sie der Weg zwischen dem Main und den Ausläufern der Haßberge nach Süden bis zum Kreuzberg bei **Dörfleins.**

Westschleife (Haßberge und Steigerwald): von Hallstadt durch die Haßberge bis Ebelsbach und von Eltmann durch den Steigerwald zurück nach Bamberg (ca. 50 km / 3–4 Tage / S. 112)

Hier wenden Sie sich von Dörfleins mit dem Maintal nach Westen und erreichen über **Oberhaid** durch die Wälder der Haßberge zuerst **Stettfeld** und dann **Ebelsbach**. Nach der Überquerung der Mainbrücke gehen Sie in **Eltmann** hoch zur Wallburg und dann noch einmal hinunter zum Vogelbeobachtungsturm am Main. Das letzte Stück des Weges führt Sie am Rande des Steigerwaldes durch die Täler bei **Viereth-Trunstadt** und über den Vogelberg bei **Bischberg** in den Michaelsberger Wald. Zum Abschluss durchwandern Sie in **Bamberg** den Dreiklang des Welterbes mit Bergstadt, Inselstadt und Gärtnerstadt.

Da der Sieben-Flüsse-Wanderweg durchgehend in beide Richtungen markiert ist, können Sie die einzelnen Etappen selbstverständlich auch in die Gegenrichtung wandern und individuelle Start- und Endpunkte für sich auswählen.

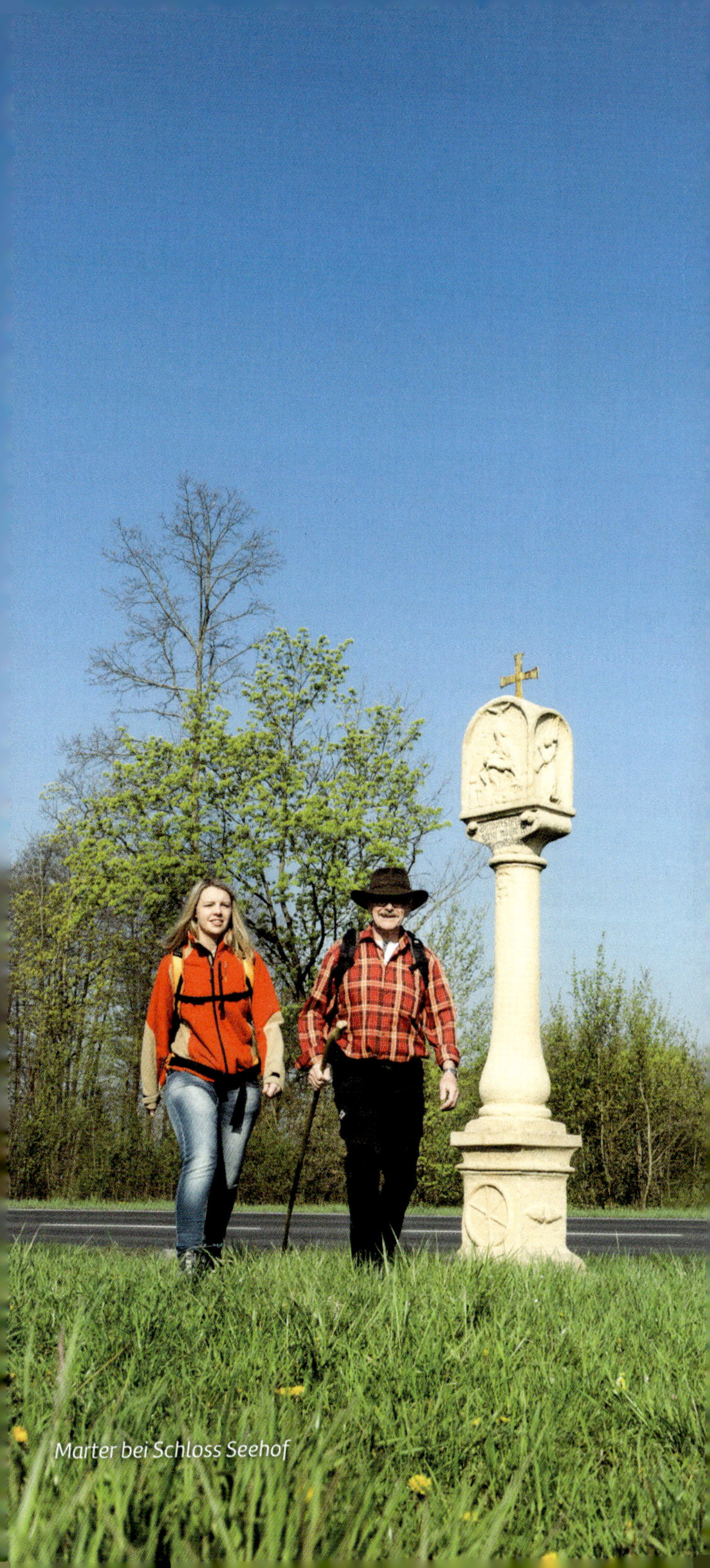
Marter bei Schloss Seehof

Übersichtskarte

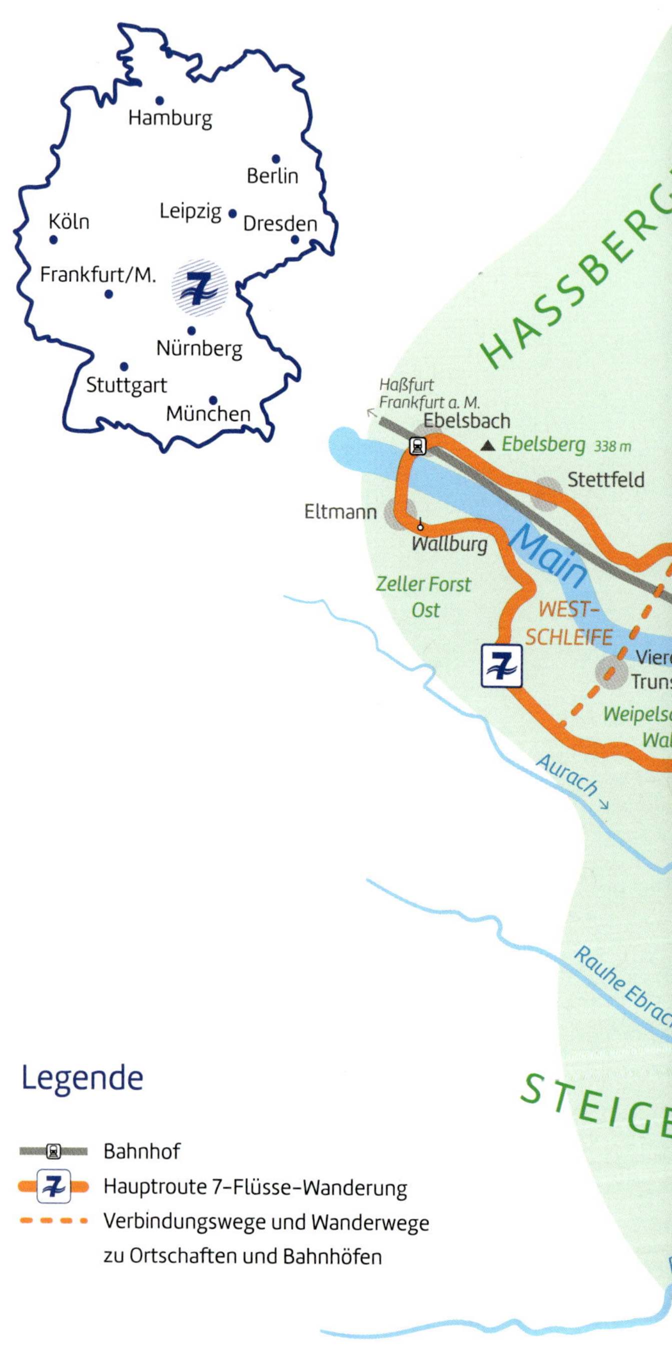

Legende

Bahnhof

Hauptroute 7-Flüsse-Wanderung

Verbindungswege und Wanderwege zu Ortschaften und Bahnhöfen

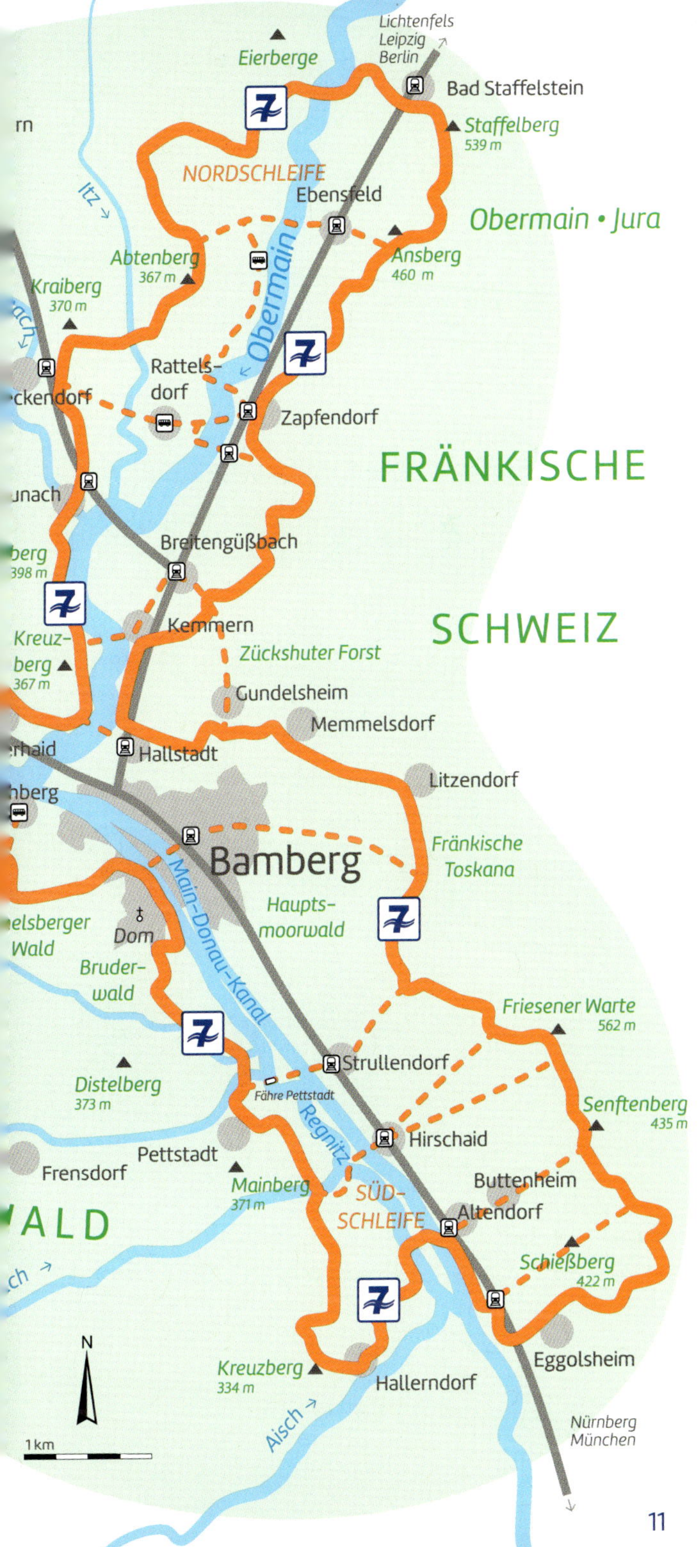
Lichtenfels
Leipzig
Berlin
Eierberge
Bad Staffelstein
Staffelberg
539 m
NORDSCHLEIFE
Ebensfeld
Obermain • Jura
Abtenberg
367 m
Ansberg
460 m
Kraiberg
370 m
Obermain
Itz
Rattels-
dorf
Zapfendorf
FRÄNKISCHE
Breitengüßbach
Kemmern
SCHWEIZ
Kreuz-
berg
367 m
Zückshuter Forst
Gundelsheim
Memmelsdorf
Hallstadt
Litzendorf
Bamberg
Fränkische
Toskana
Haupts-
moorwald
Dom
Bruder-
wald
Main-Donau-Kanal
Friesener Warte
562 m
Distelberg
373 m
Strullendorf
Fähre Pettstadt
Senftenberg
435 m
Regnitz
Hirschaid
Pettstadt
Frensdorf
Buttenheim
Mainberg
371 m
SÜD-
SCHLEIFE
Altendorf
Schießberg
422 m
Eggolsheim
Kreuzberg
334 m
Hallerndorf
Aisch
N
1 km
Nürnberg
München

ETAPPE 1

Bamberg – Hirschaid

Foto: Th. Ochs

Am Mühlwörth in Bamberg setzt eine Fähre über die Regnitz.

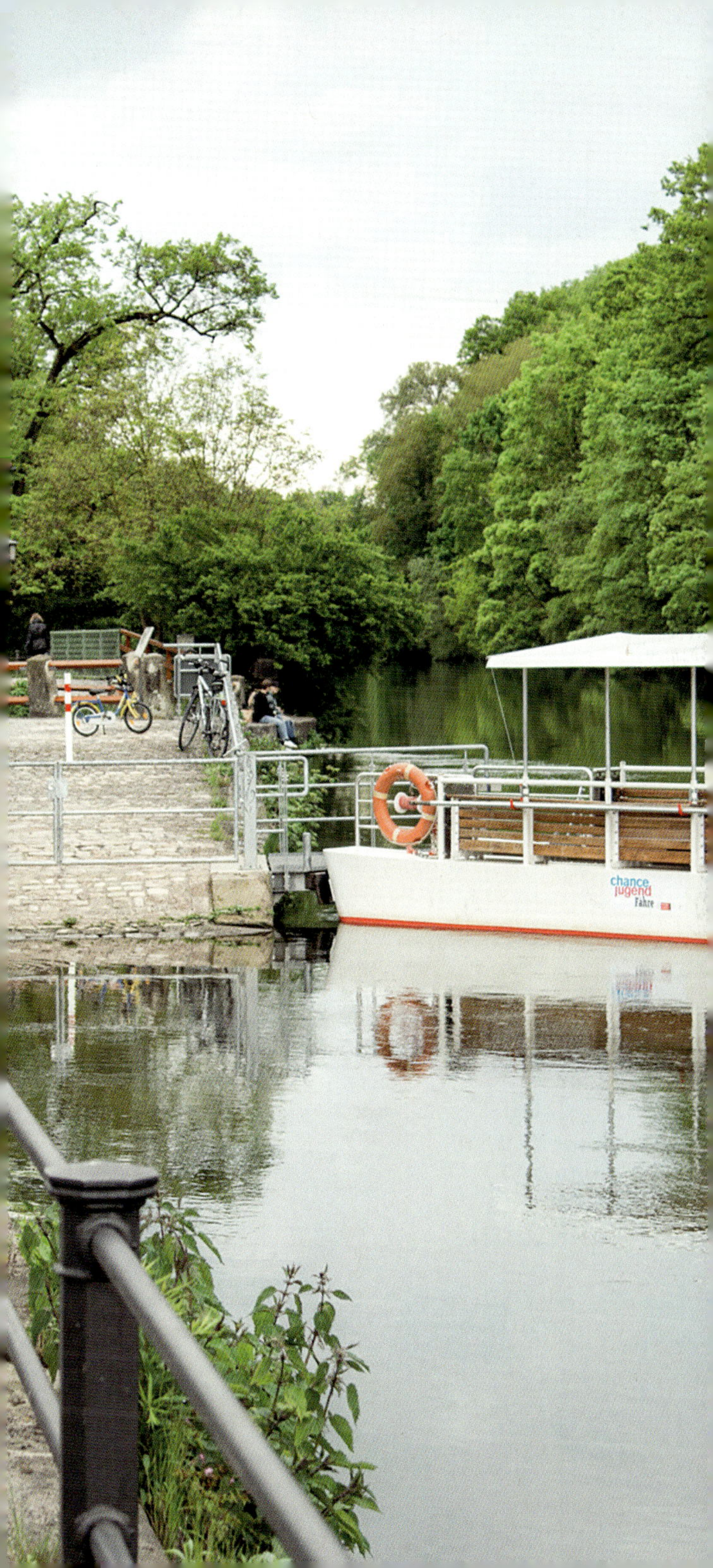
chance
jugend
Fähre

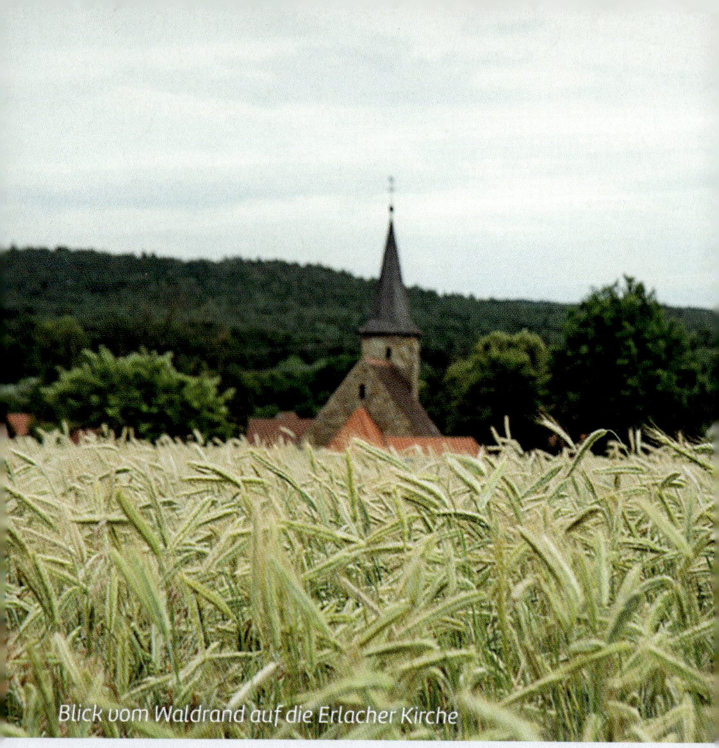

Blick vom Waldrand auf die Erlacher Kirche

ETAPPE 1

Bamberg – Hirschaid

medium	↔ 20 km	5:00 h	↗ 198 m	↘ 190 m	↑ 329 m	↓ 239 m

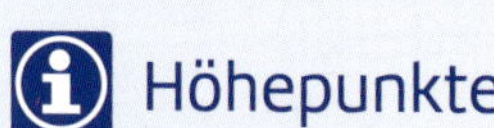

Höhepunkte

Link zur digitalen Tourbeschreibung

UNESCO-Welterbe Bamberg mit Bergstadt, Inselstadt und Gärtnerstadt // Schleuse 100 und Fähre Mühlwörth // Bürgerpark Bamberger Hain // Walderlebnispfad Bruderwald // Kirche Mariä Geburt in Pettstadt // Schloss Sassanfahrt

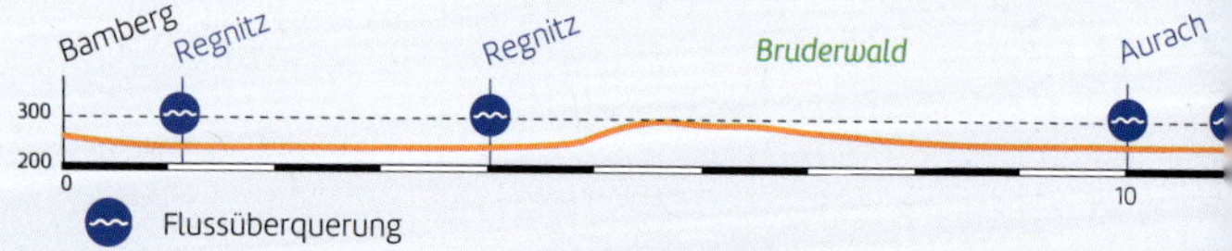

Flussüberquerung

Bamberg (🚉; 🍴/🛏/🛒) – Tourist-Information ℹ (1,5 km) – 7 – Geyerswörth – **Ludwigskanal** – Schleuse 100 und Fähre Mühlwörth – Bootshaus und Hainbadestelle im Bürgerpark Hain – **Regnitz (4 km)** – Bug (🍴/🛏/⛺) – Bruderwald – **Aurach** (10 km) – Neuhaus – Schraudnerkeller (🍴) – **Rauhe Ebrach** (11 km) – Pettstadt (🍴/🛏) – Mainberg – Erlach – **Reiche Ebrach (16 km)** – Köttmannsdorf (🍴) – 🚶 – Sassanfahrt (18 km), 🍴/🛏/🛒) – **Regnitz – Main-Donau-Kanal** – Hirschaid (20 km; 🚉; 🍴/🛏/🛒)

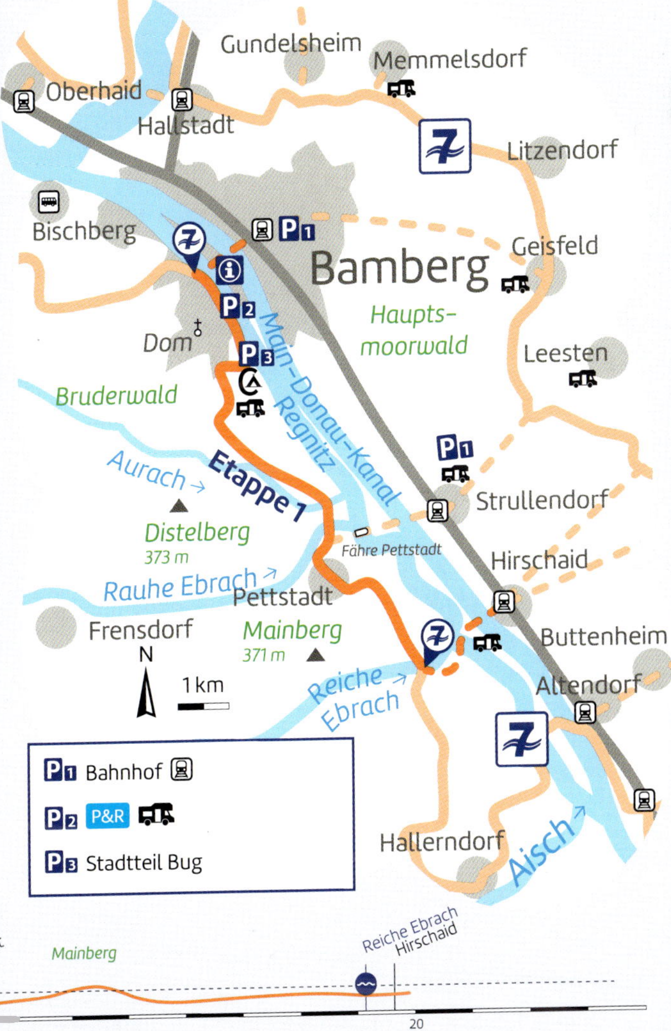

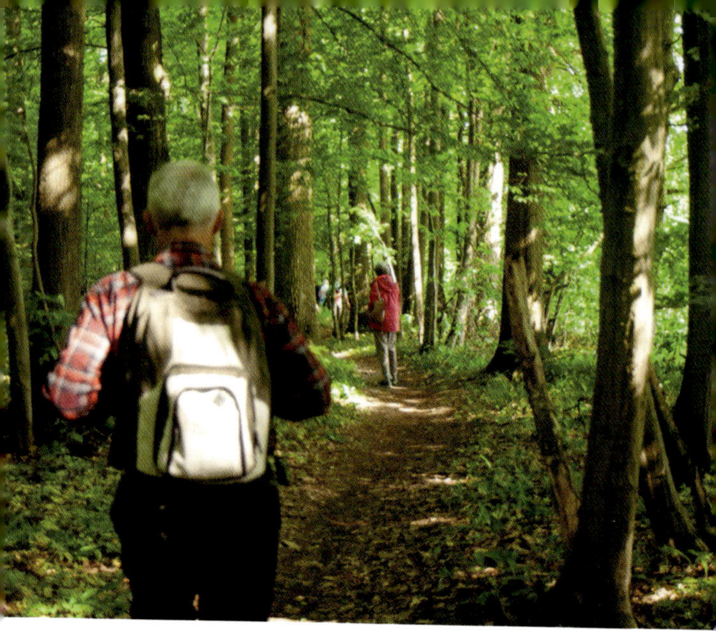

Durch den Bruderwald bei Bamberg-Bug

Mit der ersten Etappe des Sieben-Flüsse-Wanderwegs wandern Sie von Bamberg am Westrand des Regnitztales über Pettstadt nach Sassanfahrt. Ein Verbindungsweg führt Sie zum Etappenziel Hirschaid.

Bamberg – Bug

Vom **Bahnhof in Bamberg** folgen Sie dem Fußgängerleitsystem in die Innenstadt zur **Tourist-Information** in der Geyerswörthstraße. Dabei überqueren Sie zuerst den zum Main-Donau-Kanal ausgebauten rechten Regnitzarm und dann den kleineren historischen **Ludwig-Donau-Main-Kanal** (Ludwigskanal). Der Name „Geyerswörth" (*wörth* = Insel) weist darauf hin, dass die Tourist-Information auf einer Insel liegt. Von der Inselspitze am **Schloss Geyerswörth** haben Sie einen der schönsten Blicke auf die Obere Brücke mit dem prächtigen historischen **Alten Rathaus** mitten im Fluss.
Von der Tourist-Information aus folgen Sie dem Markierungzeichen 7 des Sieben-Flüsse-Wanderwegs. Flussgeschichte hautnah bietet Ihnen dabei der historische **Ludwigskanal**. Sie folgen diesem auf dem Uferweg bis zur **Schleuse 100**. Genießen Sie den Blick

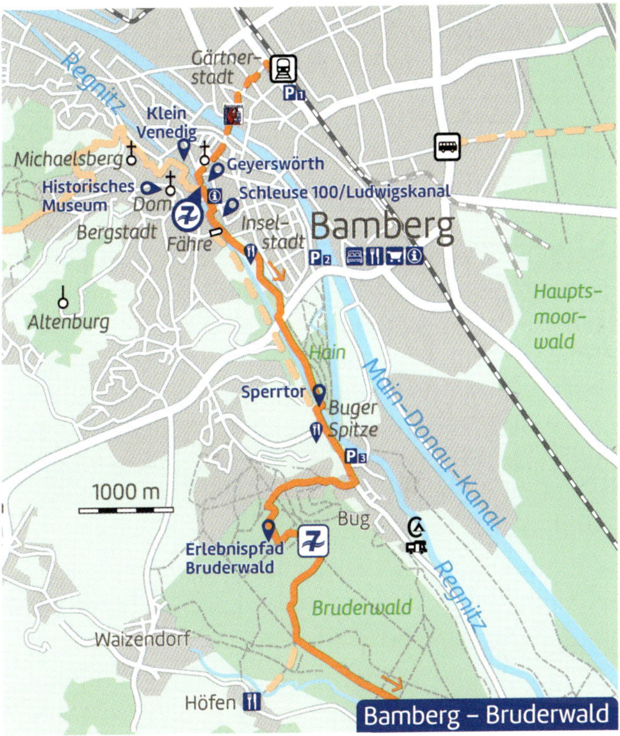

Gärtnerstadt
Klein Venedig
Michaelsberg
Geyerswörth
Historisches Museum
Dom
Schleuse 100/Ludwigskanal
Regnitz
Bergstadt
Fähre
Inselstadt
Bamberg
Altenburg
Hauptsmoorwald
Hain
Main-Donau-Kanal
Sperrtor
Buger Spitze
1000 m
Bug
Erlebnispfad Bruderwald
Bruderwald
Regnitz
Waizendorf
Höfen

Bamberg – Bruderwald

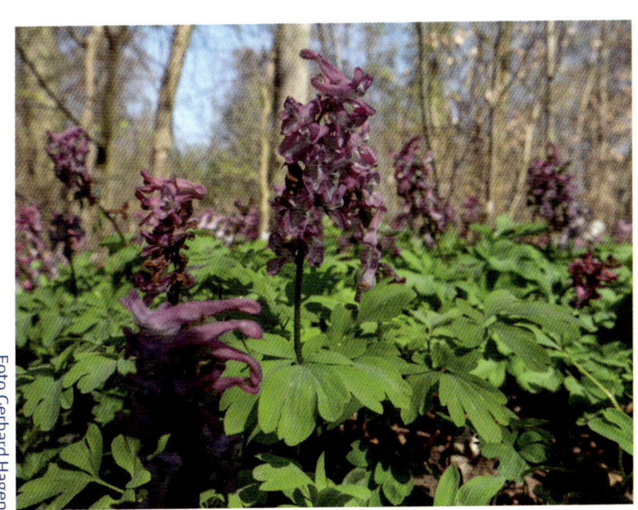

Foto Gerhard Hagen

Wenn Sie im Frühling wandern, ist der Waldboden des ehemaligen Auwaldes im Hain übersät von Buschwindröschen und Lerchensporn. Diese Pflanze nennen die Bamberger liebevoll „Haingögerla“, wobei „Göger“ fränkisch für „Hahn“ steht.

hinüber zum Künstlerhaus **Villa Concordia** und flussabwärts über das **Mühlenviertel** auf den Bamberger Dom.

Etappenvariante

Schleuse 100 – Fähre Mühlwörth ⊟ – Oberer Leinritt mit E.T.A.-Hoffmann-Figuren – Sperrtor bei Bug (2,3 km)

Der [7] führt über die Zugbrücke der **Schleuse 100** an der Walkmühle vorbei durch den **Bürgerpark Bamberger Hain**. Die **Hainbadestelle** und das **Bootshaus** mit seinem Biergarten [Ψ] direkt an der Regnitz laden zum Verweilen ein. Es geht immer weiter flussaufwärts, am Hollergraben und der **Regnitz** entlang durch den Park, vorbei an Pavillons, unter der Autobrücke hindurch bis zur **Buger Spitze.** Dort überqueren Sie die Regnitz auf einer ganz besonderen Brücke, die als **Sperrtor** mit Fischbauchklappen dafür sorgt, dass die Altstadt von Bamberg bei Hochwasser nicht versinkt. Die Wassermassen fließen auf der anderen Seite der Buger Spitze über das Jahnwehr in den zum Main-Donau-Kanal ausgebauten rechten Regnitzarm.

Bug – Pettstadt – Erlach

Auf der anderen Seite der Regnitz lädt in Bug ein Biergarten [Ψ] zur Einkehr ein. Bis in die 1960er Jahre war es Tradition in Bamberg, für den Kommunionausflug mit einem

Überquerung der Regnitz über das Sperrtor bei Bug

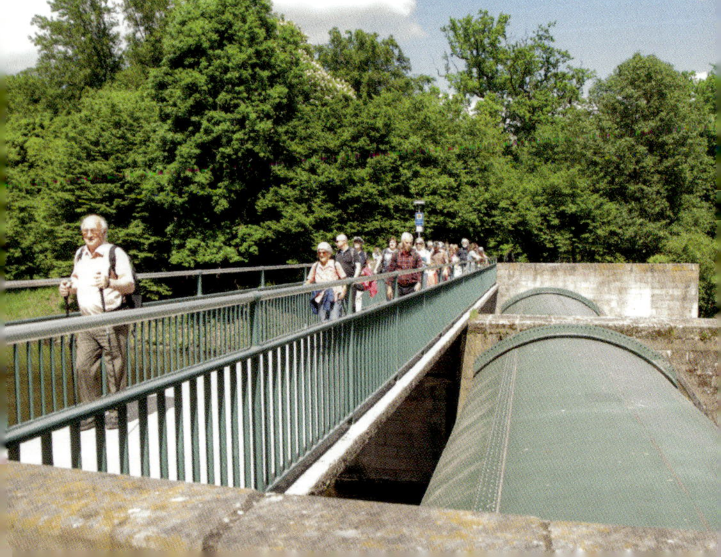

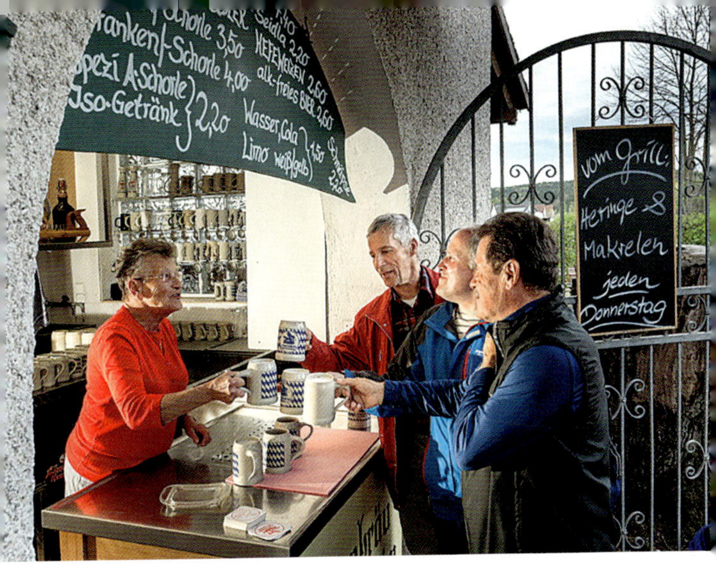

Unterwegs: Kellerbesuch in Neuhaus

kleinen Schiff, dem „Haindampferla", hierherzufahren und Kaffee und Kuchen zu genießen. Der 🚶 führt Sie an der Regnitz entlang in den historischen **Buger Ortskern**. Kurz vor der Kirche zweigen Sie nach rechts auf die Bruderwaldstraße ab und folgen dem 🚶 gut fünf Kilometer durch ein majestätisches Waldgebiet, das zu jeder Jahreszeit seinen ganz besonderen Zauber hat. Der **Erlebnispfad Bruderwald** lädt zum spielerischen Entdecken ein. ➚ www.erlebe-bruder-wald.de
Nach der Überquerung der **Aurach** erreichen Sie die Ortschaft **Neuhaus** und kurz darauf einen **Bierkeller** 🍴. Der nächste Zufluss zur Regnitz, den Sie überqueren, ist die **Rauhe Ebrach**. In **Pettstadt** beeindruckt die prächtige barocke **Pfarrkirche Mariä Geburt**. Auf dem 🚶 überqueren Sie die eingleisige Bahnlinie. Von hier können Sie einen kurzen Abstecher zur **Rosengärtnerei Reichert** machen. Dann verlassen Sie Pettstadt und gelangen auf Wald- und Forstwegen über den **Mainberg** nach Erlach ins Tal der **Reichen Ebrach**.

Etappenvariante

🚶 Pettstadt – ⛴ Fähre Pettstadt – Schleuse Strullendorf – Bahnhof Strullendorf (🚆; 🍴/🛏/🛒) 4,5 km

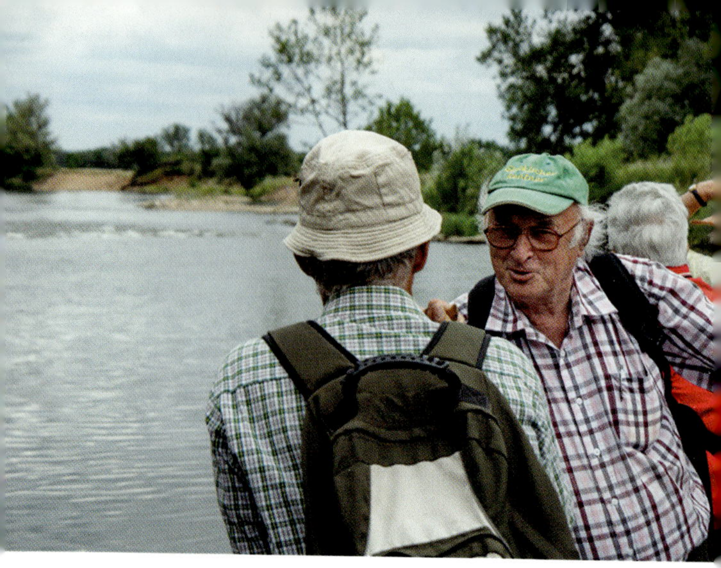

Fahrt mit der Pettstadter Fähre über die Regnitz

Erlach – Hirschaid

Gleich nach der Brücke zweigt in **Erlach** ein Rad- und Fußweg nach links ab. Auf diesem gelangen Sie durch ein Wäldchen nach **Köttmannsdorf**.

Wenn Sie in **Sassanfahrt** oder **Hirschaid** übernachten oder zum Bahnhof wollen, verlassen Sie hier den . Zweigen Sie in Köttmannsdorf nach links auf den mit zwei Wanderern markierten Verbindungsweg ab. Nach Sassanfahrt überqueren Sie auf einem Geh- und Radweg die **Regnitz** und den **Main-Donau-Kanal** und kommen so ins Zentrum der Marktgemeinde Hirschaid. Der Verbindungsweg ist bis zum Bahnhof markiert.

Etappenvariante

Oder Sie wandern wie in Etappe 2 beschrieben durch den **Köttmannsdorfer Wald** weiter und zweigen am **Fuchsenweiher** auf den Verbindungsweg nach **Röbersdorf** ab (1,2 km).

Mahlzeit und Unterkunft

Bamberg, Bug, Neuhaus, Pettstadt, Köttmannsdorf, Sassanfahrt, Hirschaid, Röbersdorf, Strullendorf

Bamberg, Pettstadt, Sassanfahrt, Hirschaid, Röbersdorf, Strullendorf

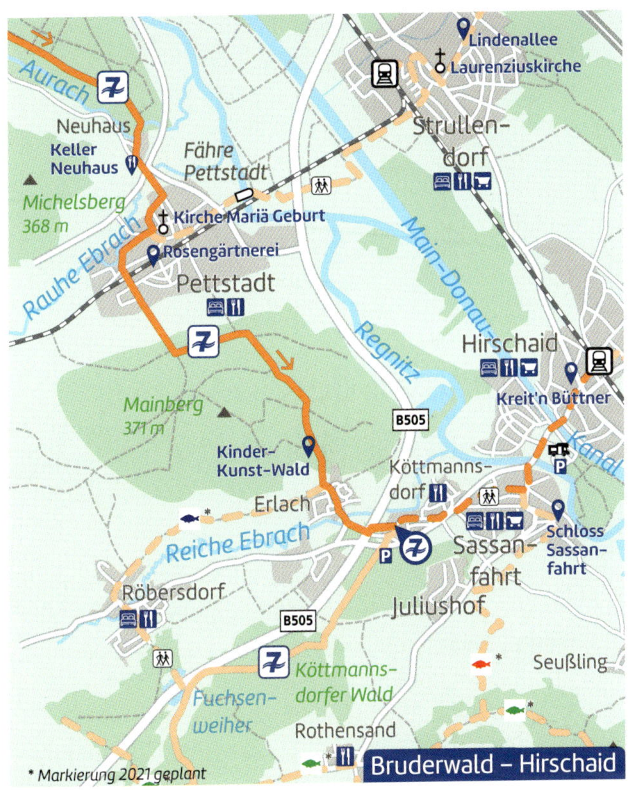

Tourtipp

In **Sassanfahrt** schöner Blick vom modern-barock gestalteten Schlossgarten über das Regnitztal auf die Friesener Warte. Das **Museum Tropfhaus** (eingeschränkte Öffnungszeiten) liegt gleich nebenan.

www.schloss-sassanfahrt.de

Der Kinder-Kunst-Weg im Wald vor Erlach mit von Kindern gestalteten Kunstwerken ist ein schöner Familienspaziergang.

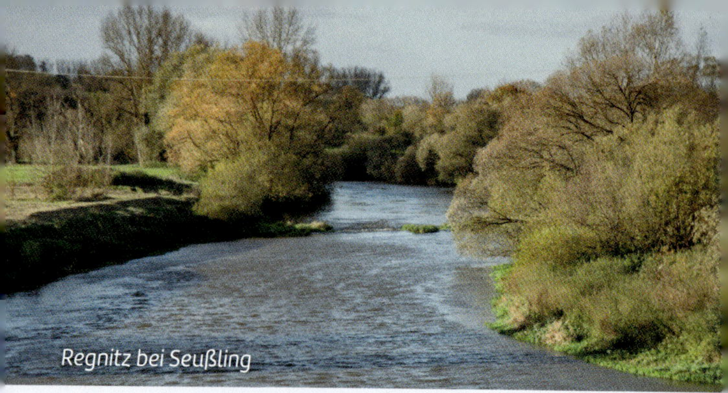
Regnitz bei Seußling

Die Flüsse an der Südschleife

Steigerwald und Fränkische Schweiz

Regnitz: die Fließende

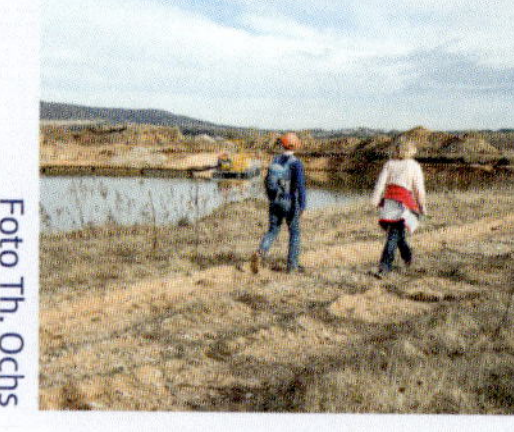
Foto Th. Ochs

Ein bisschen Namensverwirrung gehört dazu im Regnitztal: Aus Pegnitz und Rednitz wird bei Fürth die Regnitz. Sie ist ein Sandfluss mit hellen Kieselsteinen. Sandgrasnelke und Ameisenlöwe leben im sandigen Talgrund. Erdbeeren, Spargel, Knoblauch, Zwiebeln und Gemüse gedeihen gut. Seit Jahrhunderten ist das Regnitztal eine wichtige Nord-Süd-Verbindung. Ehemals der Ludwigskanal und heute der Main-Donau-Kanal ermöglichen die Schiffsverbindung vom Schwarzen Meer zur Nordsee.

Quelle: Zusammenfluss Rednitz und Pegnitz bei Fürth

↔ Länge: 65 km

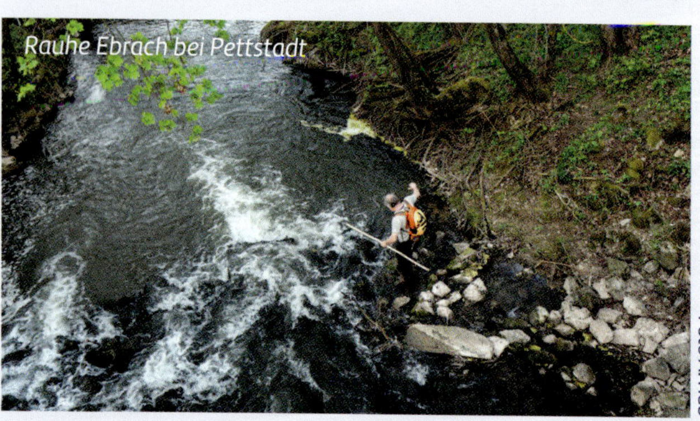
Rauhe Ebrach bei Pettstadt

Foto A. Hub

Aurach, Rauhe & Reiche Ebrach: die Glitzernden

Aurach, Rauhe Ebrach und Reiche Ebrach fließen der Regnitz aus dem Steigerwald zu und bringen viel Sand mit. Teichwirtschaft, Mühlentechnik und Wiesenbewässerungswehre haben die Flüsse verändert. Zwischen waldreichen Höhenrücken liegen die weiten Talgründe, in denen sich Biber und Storch seit einigen Jahren wieder zu Hause fühlen.

Quelle: Aurach bei Oberaurach | Rauhe Ebrach bei Rauenebrach
Reiche Ebrach bei Ebersbrunn

⟷ Länge: 45 km

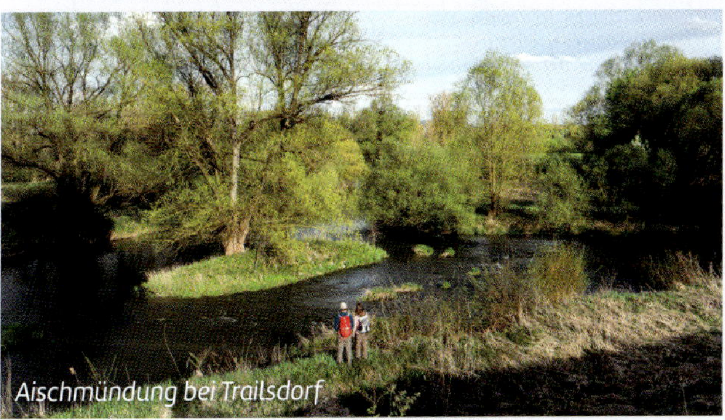
Aischmündung bei Trailsdorf

Foto A. Hub

Aisch: die Sanfte

Bei Hallerndorf erreicht der Sieben-Flüsse-Wanderweg zwar das Aischtal, der Fluss selbst wird aber auf der Hauptroute nicht überquert. Weil sie so bedeutend ist, soll sie hier trotzdem mit vorgestellt werden.
Die Aisch windet sich in vielen Flussschleifen durch den breiten Grund. Hier ist der Aischgründer Karpfen zu Hause, der in über 7.000 meist kleinen Teichen und Weihern gezüchtet wird. Oft sind es ganze Teichketten, die von der Aisch bzw. deren Nebenflüssen gespeist werden. Oder als Himmelsteiche von Regen und Schneeschmelze abhängig sind. Angeboten wird der Karpfen in den Gasthöfen nur in den Wintermonaten mit einem „r“ im Namen, also von September bis April, meist gebacken oder blau mit Kartoffeln.

Quelle: Schwebheim bei Ilesheim ⟷ Länge: 85 km

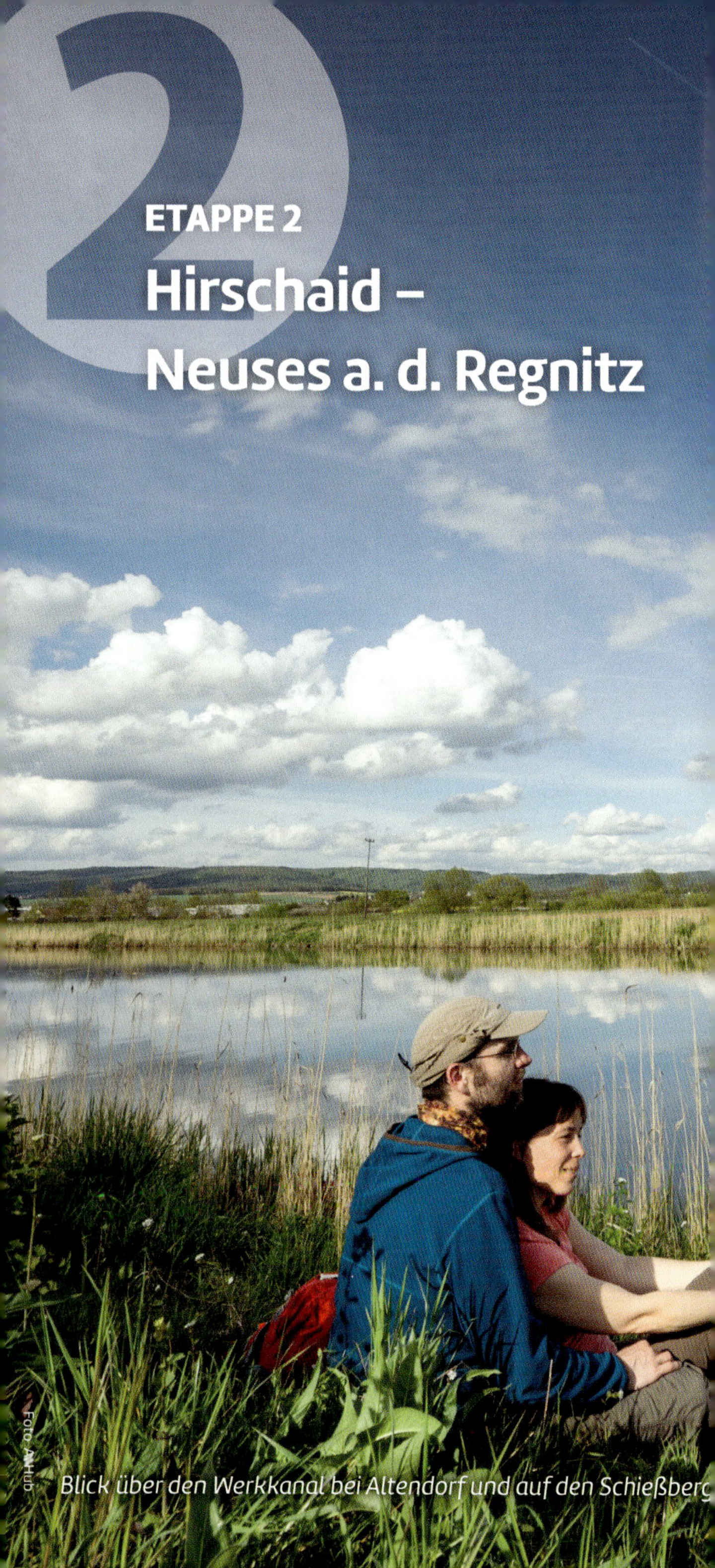

ETAPPE 2

Hirschaid – Neuses a. d. Regnitz

Blick über den Werkkanal bei Altendorf und auf den Schießberg

Foto: A. Hub

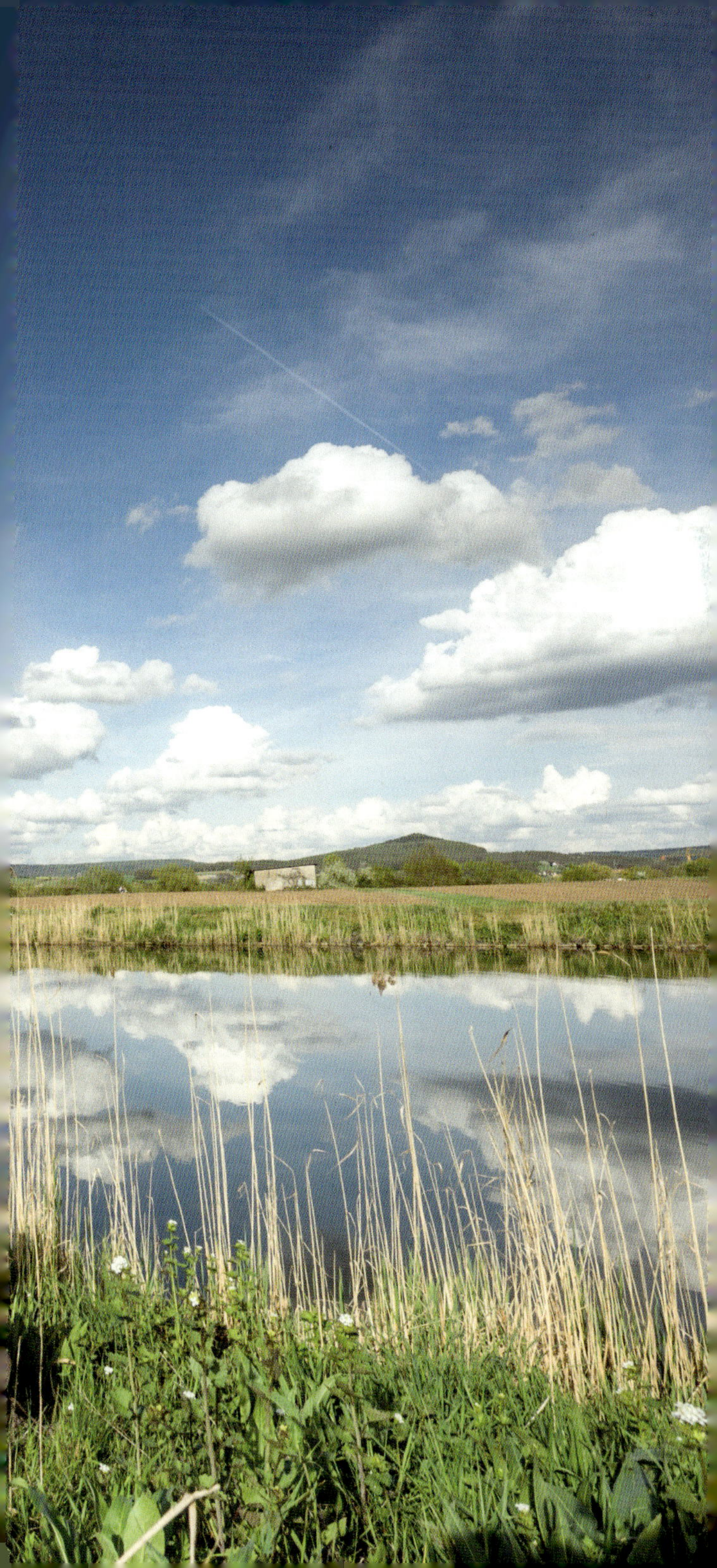

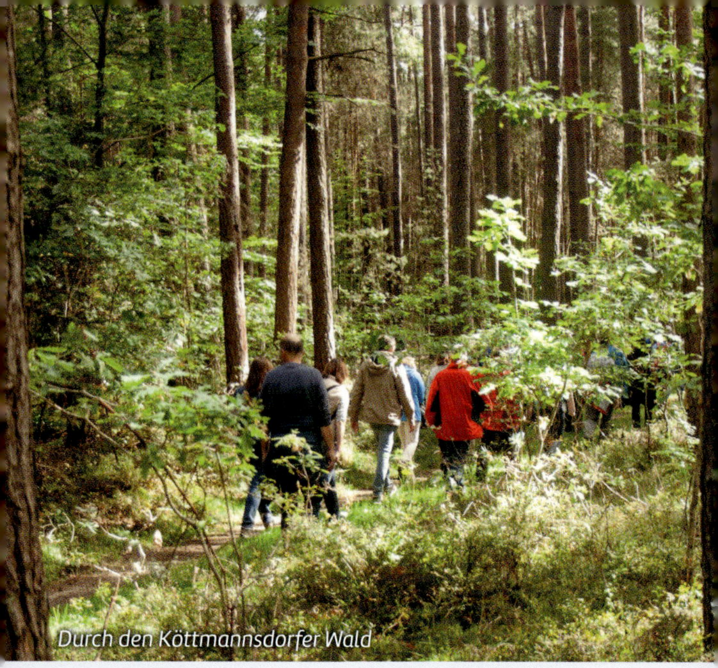

Durch den Köttmannsdorfer Wald

ETAPPE 2

Über den Kreuzberg zurück ins Regnitztal

medium	22,4 km	6:00 h	↗ 260 m	↘ 259 m	↑ 351 m	↓ 244 m

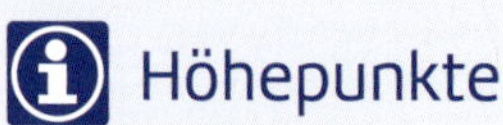

Höhepunkte

Link zur digitalen Tourbeschreibung

Brunnenhaus in Schnaid // Kreuzberg mit Kirche und Bierkellern bei Hallerndorf // „Slawenkirche“ mit Pfarrhof in Seußling // Werkkanal Altendorf // Main-Donau-Kanal

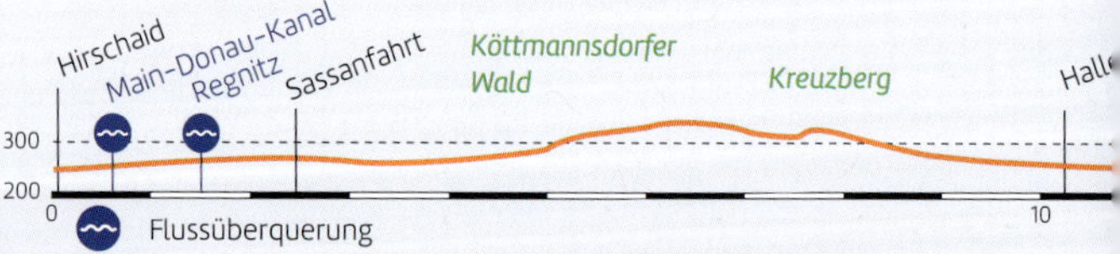

Hirschaid (🚉, 🍴/🛏/🛒) – **Main-Donau-Kanal** *750 m* – **Regnitz** *1,2 km* – Sassanfahrt *1,6 km* (🍴/🛏/🛒) – Köttmannsdorf *3 km* – Köttmannsdorfer Wald – **Fuchsenweiher** *6 km* – Schnaid *9 km* (🍴) – Kreuzberg (🍴) *10,5 km* – Hallerndorf (🍴/🛏) *13 km* – Trailsdorf *15,7 km* – Seußling *18 km* (🍴) – **Regnitz** – **Werkkanal** *19,5 km* – **Main-Donau-Kanal** *21,2 km* – Neuses a.d.R *22,4 km* (🚉, 🍴/🛒)

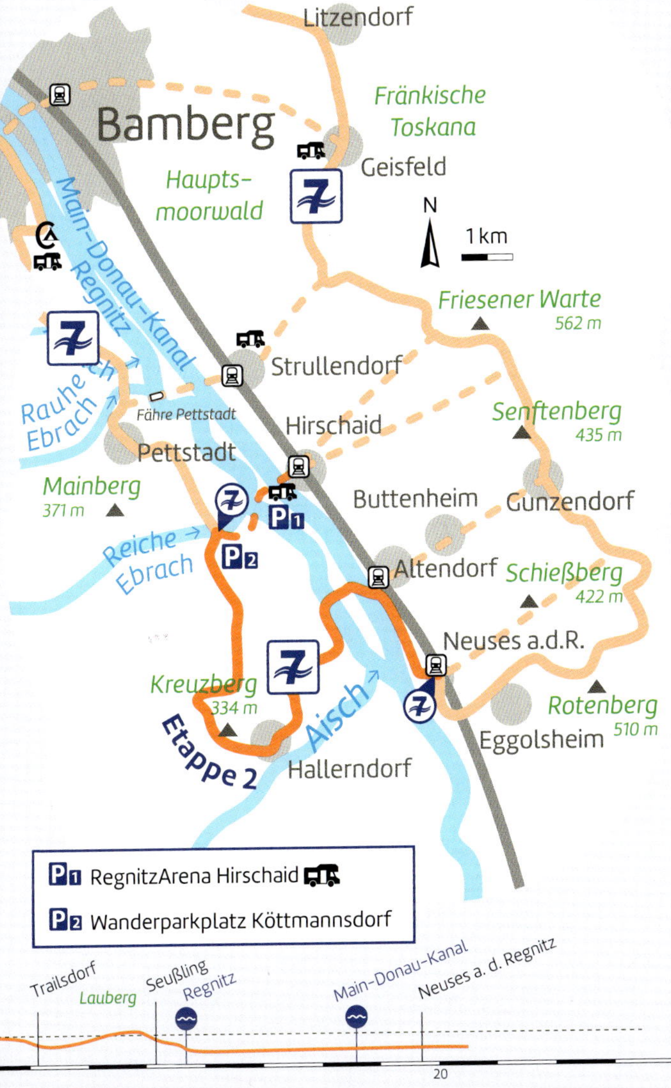

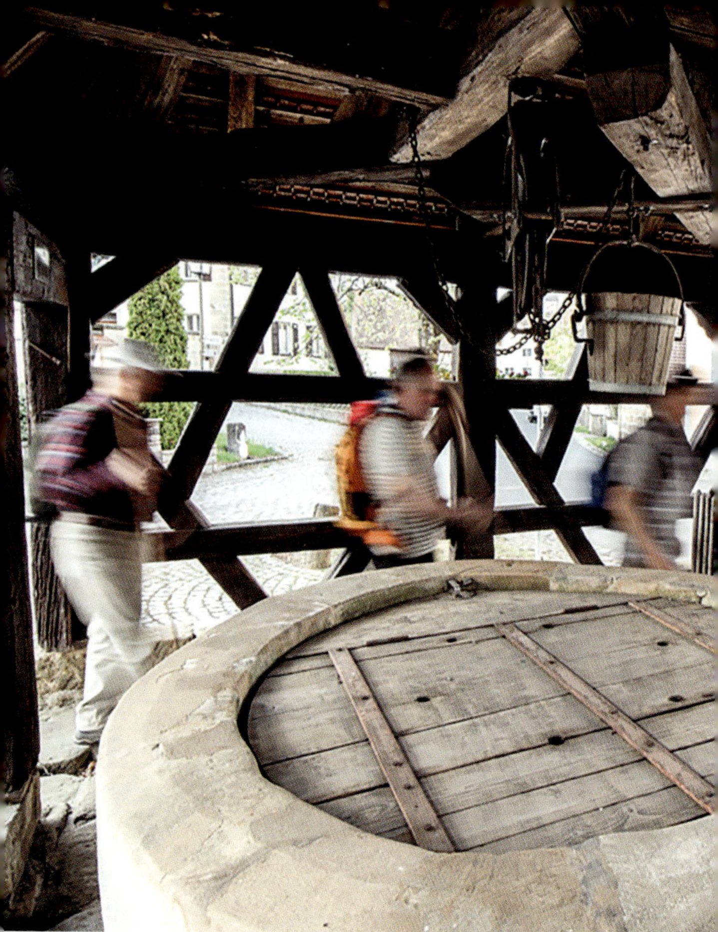

Brunnenhaus in Schnaid

Auf der zweiten Etappe des Sieben-Flüsse-Wanderwegs wandern Sie von Hirschaid durch den Köttmannsdorfer Wald über den Kreuzberg nach Hallerndorf. Mit schönen Blicken über Aischgrund und Regnitztal führt Sie diese Etappe dann durch die Regnitzauen und über den Main-Donau-Kanal zum Bahnhof Eggolsheim, der im Ortsteil Neuses a. d. Regnitz liegt.

Hirschaid – Kreuzberg

Vom Bahnhof aus leitet Sie ein mit zwei Wanderern markierter Verbindungsweg durch das Zentrum des **Marktes Hirschaid** über den **Main-Donau-Kanal**.

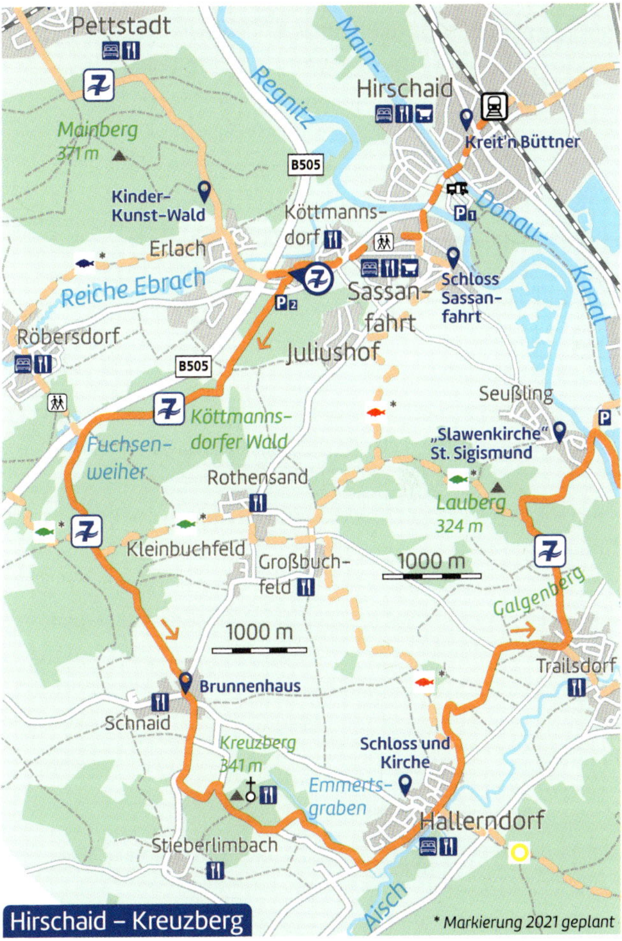

Hirschaid – Kreuzberg

* Markierung 2021 geplant

Über den Kreuzberg führt auch der Jakobusweg.

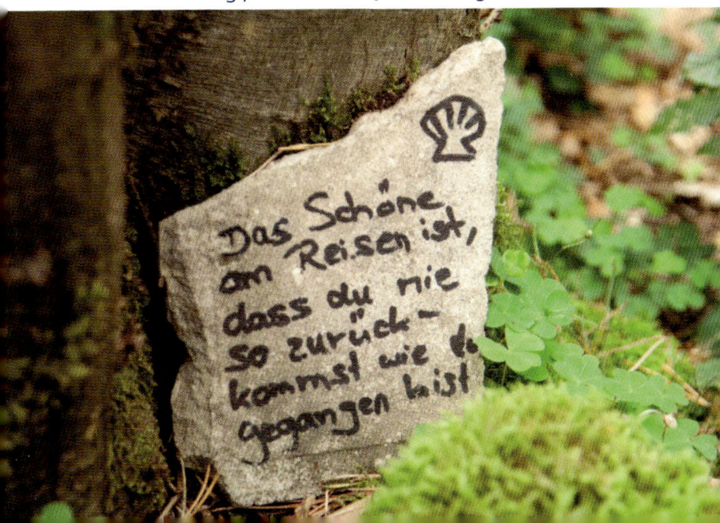

Nach der Kanalbrücke überqueren Sie auf einer weiteren Brücke die **Regnitz**. Dann biegen Sie nach links in den Ort **Sassanfahrt** und dort bald rechts in die Kellerstraße ab. Folgen Sie dieser immer gerade aus bis zu einer Geh- und Radwegeunterführung. Durch diese kommen Sie nach **Köttmannsdorf**. Immer entlang der Hauptstraße erreichen Sie den Sieben-Flüsse-Wanderweg. Folgen Sie diesem Richtung **Hallerndorf**. Nachdem Sie am Ortsausgang von **Köttmannsdorf** die Staatsstraße überquert haben, wandern Sie durch den **Köttmannsdorfer Wald** zum **Fuchsenweiher**. Je nach Witterung müssen Sie mit teilweise matschigen bis nassen Wegstücken rechnen. Zusammen mit dem aus Schlüsselfeld kommenden Jakobusweg führt Sie der auf einer Teerstraße aus dem Wald hinaus nach **Schnaid** mit seinem sehenswerten **Brunnenhaus**.

Verlassen Sie Schnaid in Richtung Stieberlimbach auf dem Geh- und Radweg entlang der Straße und zweigen Sie dann nach links vor dem Waldstück zum **Kreuzberg** ab. Die Wallfahrtskirche, mehrere Bierkeller und schöne Spielplätze laden zu einer Rast ein.

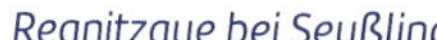

Regnitzaue bei Seußling

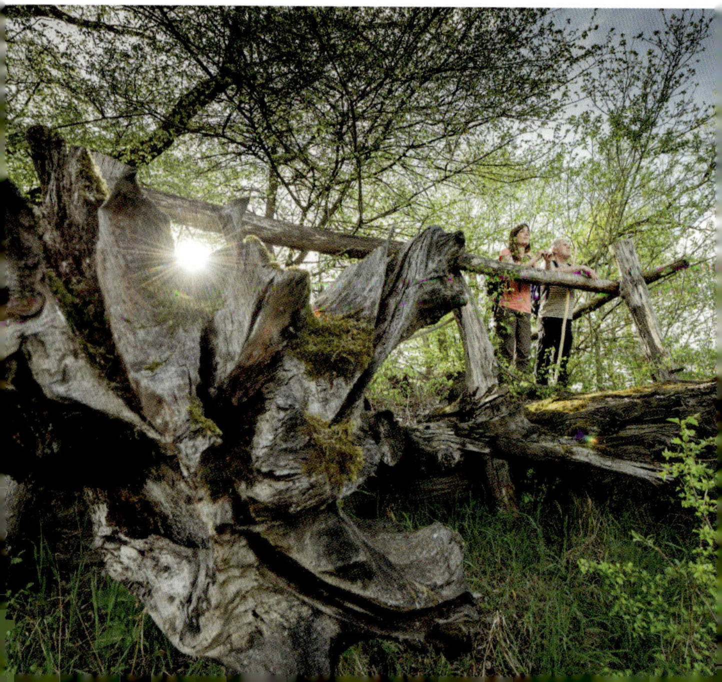

Hallerndorf – Neuses

* Markierung 2021 geplant

Genusstipp

Spargel frisch vom Feld gibt es von April/Mai (je nach Witterung) bis Johanni (Juni). **Karpfen** aus den Aisch- und Ebrachgründen wird in den Monaten mit einem „r" im Namen, also von September bis April, serviert.

Exkurs

Was hat der Spargel mit der Regnitz zu tun?

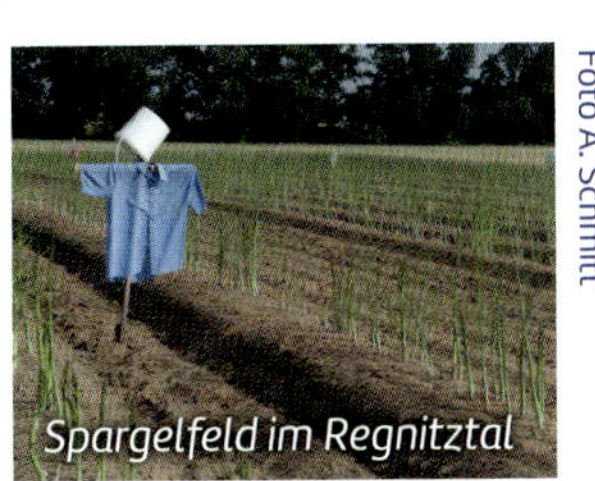
Spargelfeld im Regnitztal

Foto A. Schmitt

Im Flusskies der Regnitz spiegelt sich die Geologie der umgebenden Landschaft wider: Auffällig sind die hellen Kalksteine und die braunen Sandsteine. Der Sandreichtum des Regnitztales stammt aus der letzten Kaltzeit: Wind und Wasser zerkleinerten die anstehenden Gesteine und transportierten sie aus dem damals vegetationsarmen Steigerwaldgebiet in das Regnitztal. Auf den sandigen Böden wächst heute der Spargel. Zahlreiche Tier- und Pflanzenarten haben sich an die sandgeprägten Auen, Wälder, Wiesen und Äcker angepasst.

www.sandachse.de

Kreuzberg – Neuses a. d. Regnitz

Wandern Sie nach den Kreuzbergkellern am **Emmertsgraben** entlang und dann ganz durch **Hallerndorf** durch. Am Ortsausgang führen Sie Flurwege und Pfade um ein Waldstück herum und dann über hügeliges Gelände. Die Panoramablicke über das Regnitz- und Aischtal reichen bis in die Fränkische Schweiz.
Durchqueren Sie das oberhalb der Aischmündung gelegene **Trailsdorf** und gehen Sie dann durch den Wald über den **Galgenberg und den Lauberg** nach **Seußling**. Die schöne Sandsteinkirche St. Sigismund thront gleichsam über dem Regnitztal und gehört als sogenannte „Slawenkirche" zu den ältesten in der Region. Unmittelbar nach der Regnitzbrücke zweigt der nach rechts ab und führt Sie durch die renaturierten Regnitzauen. Hier können Sie die Spuren des Bibers entdecken.
Zwischen den durch Sand- und Kiesabbau entstandenen Seen gelangen Sie zum letzten Rest des sogenannten **Werkkanals**, der vor dem Bau des **Main-Donau-Kanals** das Wasserkraftwerk in Strullendorf speiste. Wandern Sie zwischen Werkkanal und Regnitz entlang, bis Sie kurz vor **Neuses a. d. Regnitz** den Main-Donau-Kanal überqueren. Von der Brücke haben Sie einen guten Blick auf die imposanten **Steuer- und Sperranlagen der Schifffahrtsstraße**. Gleich am Ortseingang können Sie über das örtliche Wanderwegenetz den Bahnhof in Neuses a. d. Regnitz erreichen. Dieser ist nach dem Hauptort benannt und heißt daher Bahnhof Eggolsheim.

Etappenvariante

Wenn Sie in **Buttenheim** übernachten. Nehmen Sie von Neuses aus den stündlich verkehrenden Zug zum Bahnhof Buttenheim (der in Altendorf liegt). Der Verbindungsweg führt Sie von **Altendorf** entlang der Hauptstraße und über die Autobahn ins Zentrum von Buttenheim (*1 km*). Alternativ können Sie schon nach der Regnitzbrücke bei Seußling den verlassen und den Verbindungsweg über Altendorf (*1,4 km*; ,) nach Buttenheim (*2,6 km*; /) nehmen.

Mahlzeit und Unterkunft

Hirschaid, Sassanfahrt, Köttmannsdorf, Röbersdorf, Schnaid, Stieberlimbach, Kreuzberg, Hallerndorf, Trailsdorf, Seußling, Neues a.d. Regnitz, Pautzfeld

Hirschaid, Sassanfahrt, Hallerndorf, Pautzfeld, Buttenheim

Tourtipp

Lohnenswert sind Abstecher zu **Schloss und Kirche in Hallerndorf** und zur fränkischen **Whisky-Destillerie** in Neuses.

Blick ins Regnitztal bei Seußing

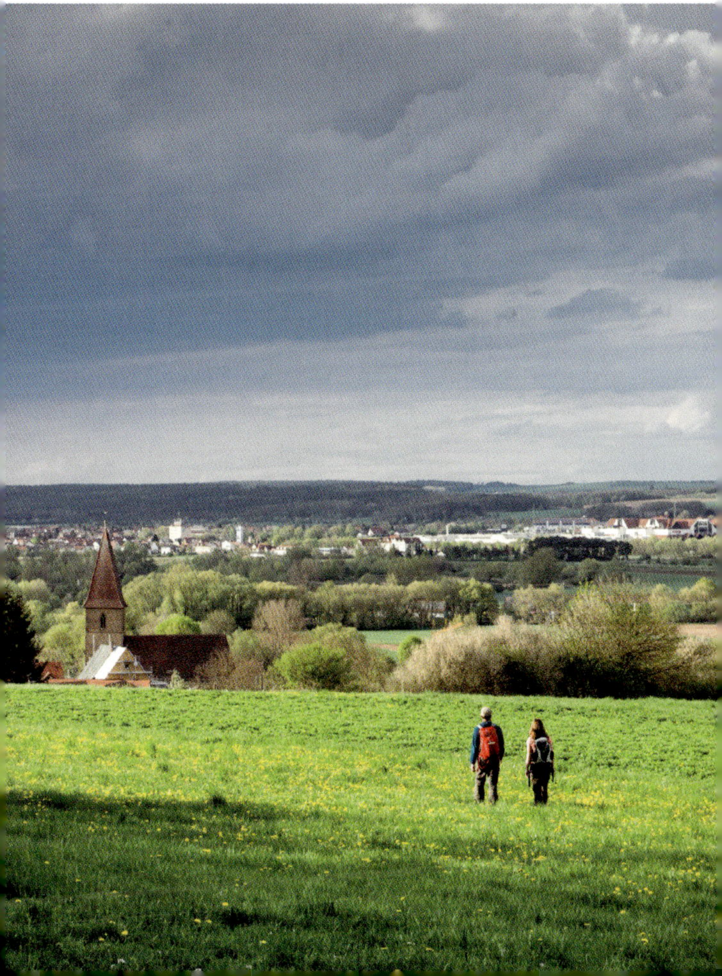

ETAPPE 3

Neuses a. d. Regnitz – Gunzendorf – Altendorf

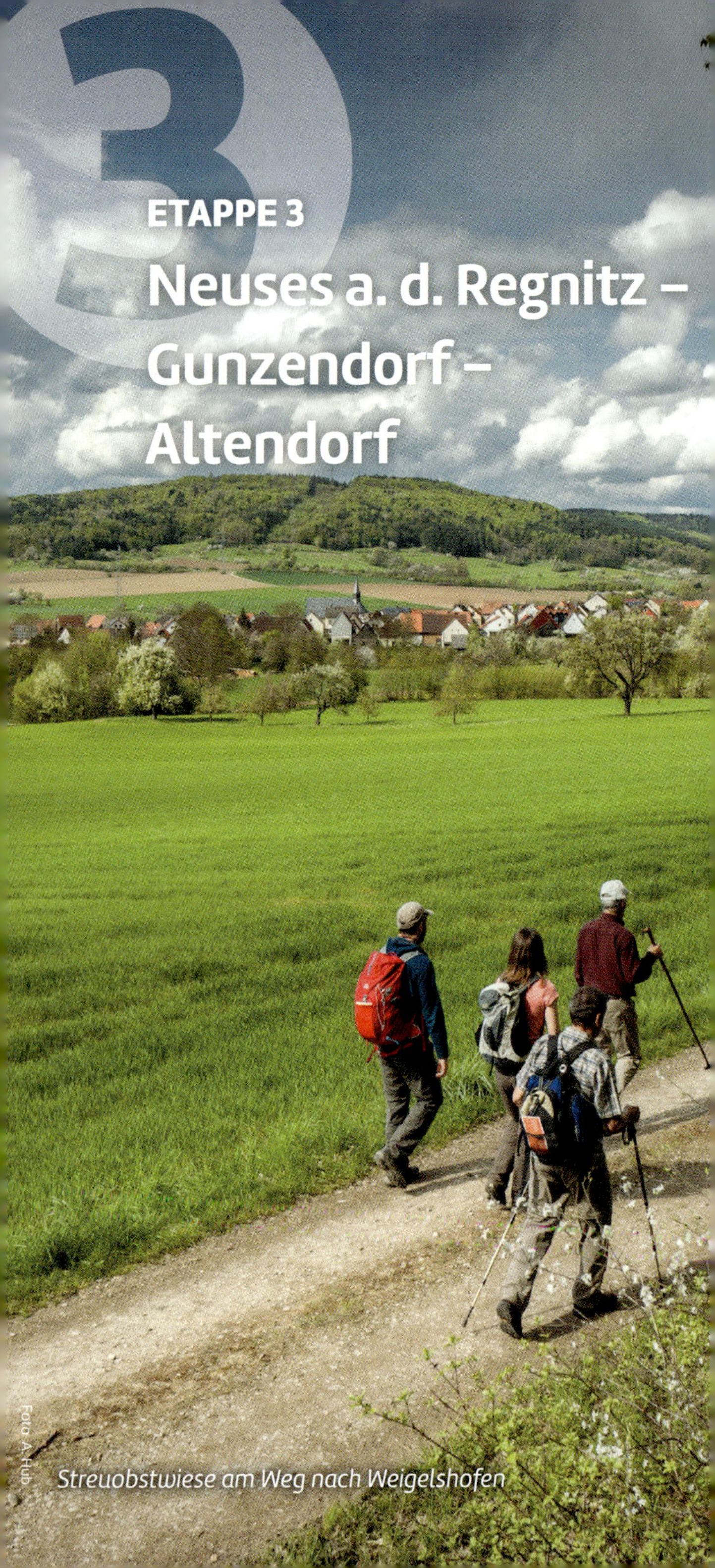

Foto: A. Hub

Streuobstwiese am Weg nach Weigelshofen

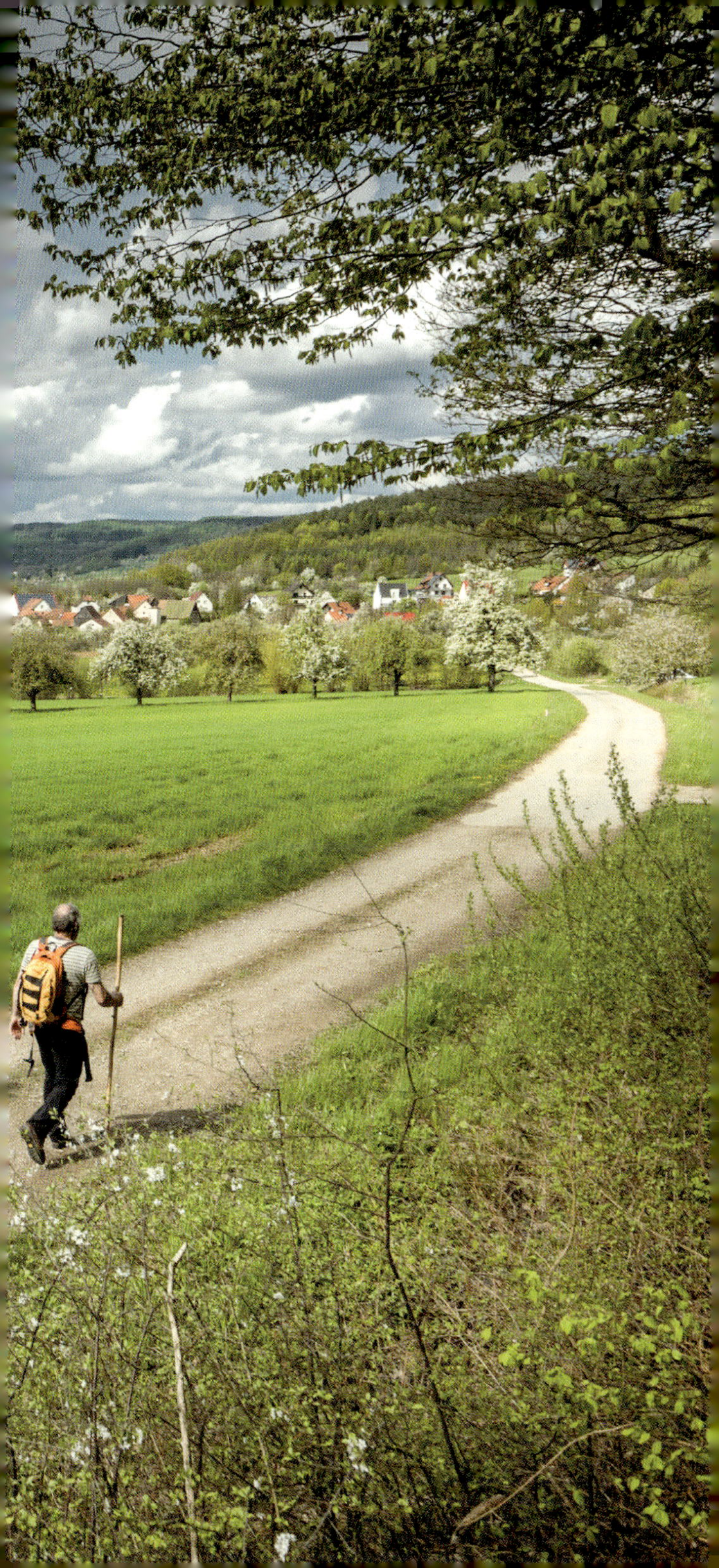

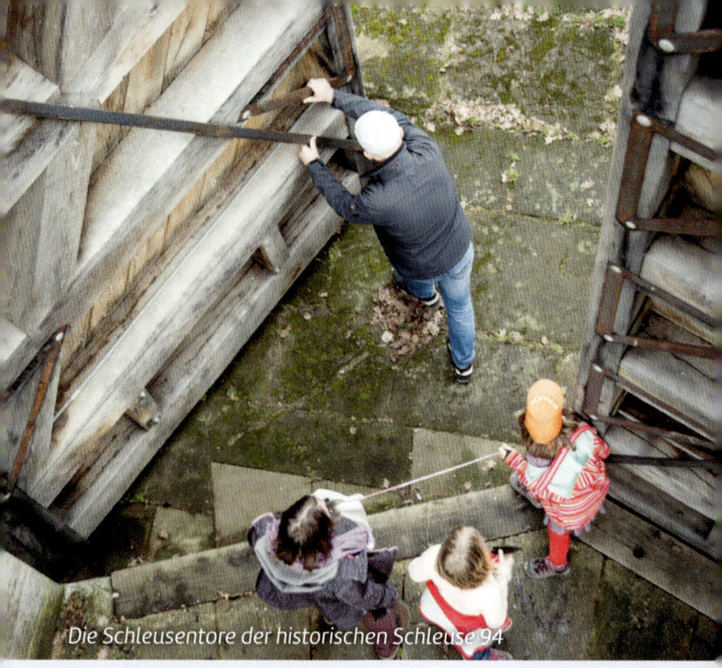

Die Schleusentore der historischen Schleuse 94

ETAPPE 3

Vom Regnitztal durch die Ausläufer der Fränkischen Schweiz

Schwierigkeit	↔	Dauer	↗	↘	↑	↓
medium	23,3 km	6:00 h	263 m	259 m	407 m	250 m

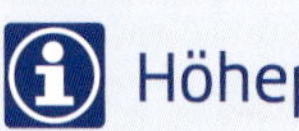

Höhepunkte

Link zur digitalen Tourbeschreibung

Naturschutzgebiet Büg // Historische Schleuse 94 // Ortskern, Hirtentor und Bildstöcke in Eggolsheim // Levi-Strauss-Museum, Pfarrkirche und Schloss in Buttenheim

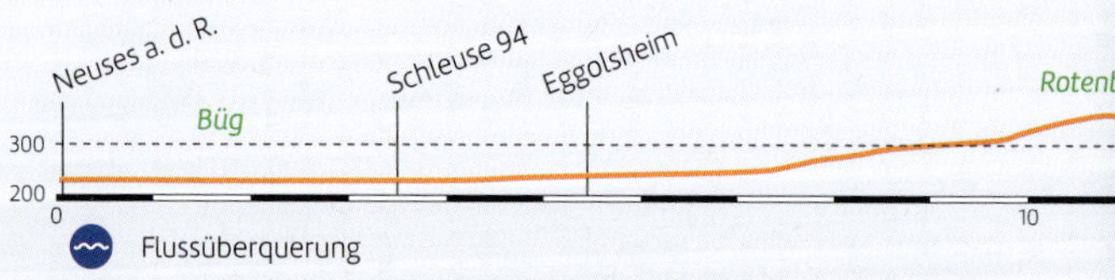

Neuses a.d. Regnitz (🚉/🍴/🛒) – Eggerbach *0,5 km* – Main-Donau-Kanal *1,5 km* – Naturschutzgebiet Büg und Ölhafen *2,5 km* – Schleuse 94 *3,5 km* – Eisenbahnbrücke *3,9 km* – Eggolsheim *5,1 km* (🍴/🛒) – Kauernhofen *7,3 km* (🍴) – Schwarzer Keller *9,6 km* – Abzweig nach Weigelshofen *11,5 km* (🍴/🛏) – Drosendorf a. Eggerbach *13,3 km* (🍴/🛏) – Querung Staatstraße 2260 *16,3 km* – Gunzendorf *16,9 km* (🍴) – Dreuschendorf *18,4 km* – Buttenheimer Bierkeller *21,2 km* (🍴) – Buttenheim *21,9 km* (🍴/🛏) – Autobahnbrücke A73 *22,7 km* – Altendorf *23,3 km* (🚉/🍴)

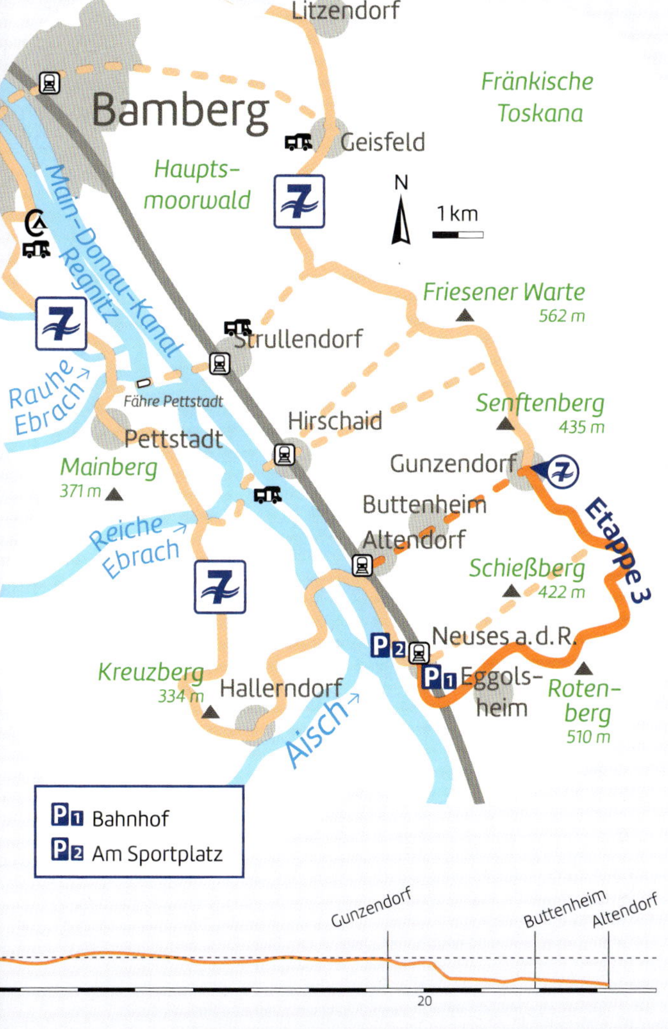

Von Neuses a. d. Regnitz aus wandern Sie durch eine vom Kiesabbau und Schifffahrt veränderte Flussaue zur historischen Schleuse 94. Durch das Eggerbachtal führt Sie der Weg dann über Eggolsheim durch die von kleinen Ortschaften, Streuobstwiesen, Feldern, Wiesen und Wäldchen geprägte Landschaft der Fränkischen Schweiz. Entlang des Deichselbachtales wandern Sie über Buttenheim nach Altendorf. Bierkeller und fränkische Gastwirtschaften laden mit selbst gebrautem Bier und regionalen Spezialitäten zum Verweilen ein.

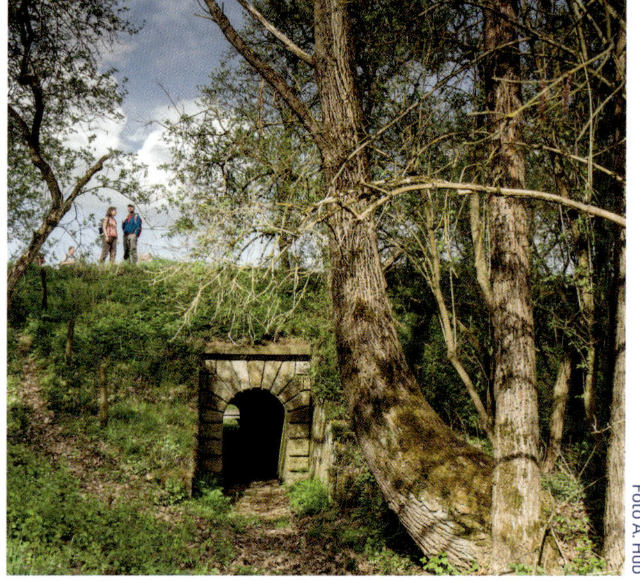

Foto A. Hub

Düker der Schleuse 94 bei Eggolsheim

Neuses a. d. Regnitz – Main-Donau-Kanal – Schleuse 94

Start ist am **Bahnhof Eggolsheim**, der im **Ortsteil Neuses a. d. Regnitz** liegt. Folgen Sie den Markierungszeichen des örtlichen Wanderwegenetzes entlang der Eisenbahnstraße. Nach der Querung der Staatsstraße an der Fußgängerampel erreichen Sie über die Bamberger Straße den Eggerbach. Ab hier führt Sie der Sieben-Flüsse-Wanderweg 7 zuerst über den Kreisverkehr durch ein Gewerbegebiet und dann entlang eines Altwassers der Regnitz zum Main-Donau-Kanal. Jetzt sind Sie mitten im **Naturschutzgebiet Büg**.

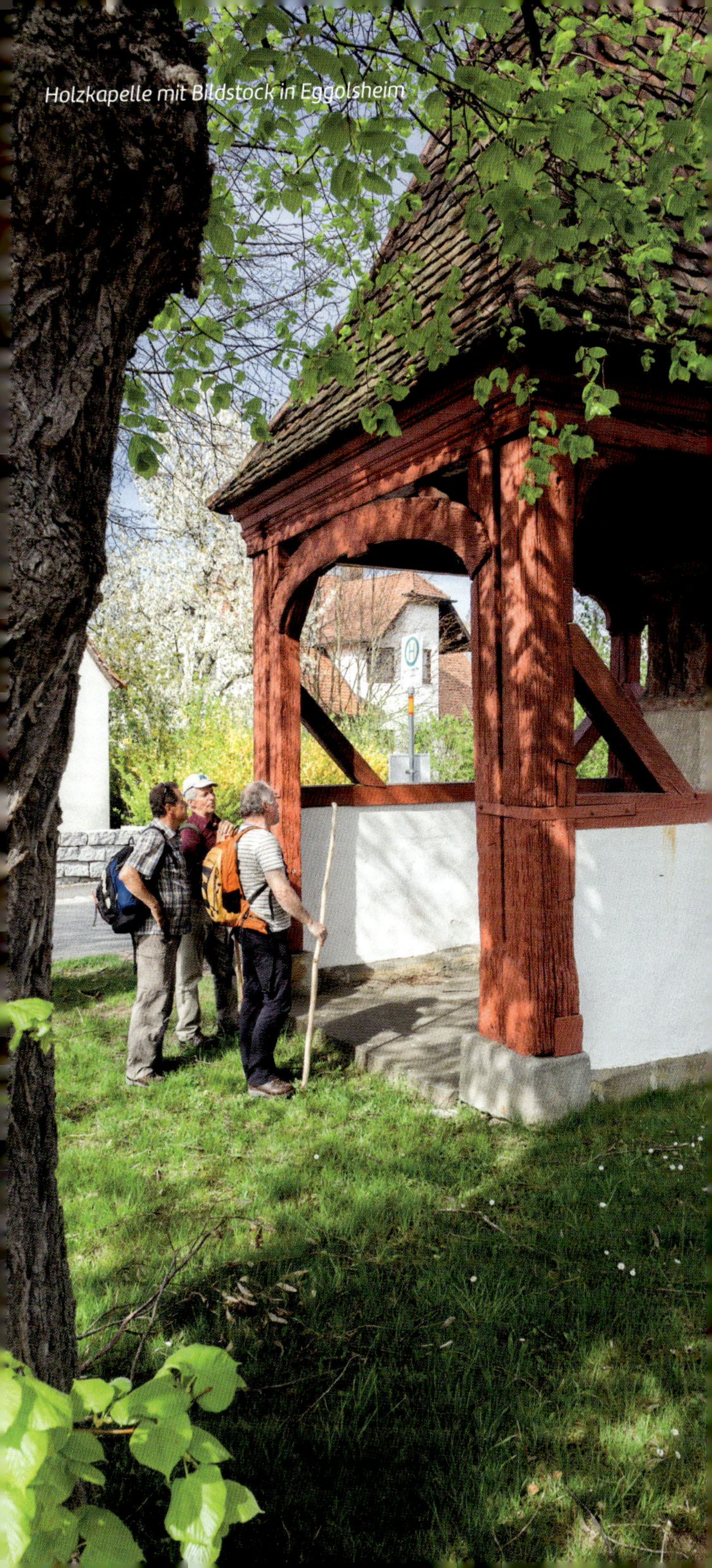

Holzkapelle mit Bildstock in Eggolsheim

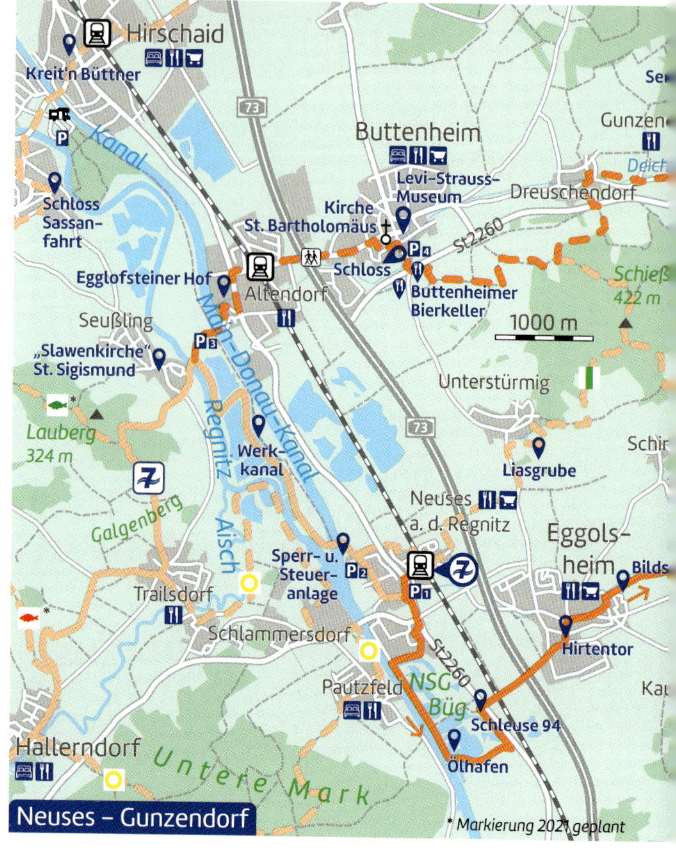

Die Flussaue ist hier durch den Sand- und Kiesabbau und dem Bau des Main-Donau-Kanals sehr stark verändert worden. Sandmagerrasen, die Altarme der Regnitz, Baggerseen, Röhrichte und Auwaldreste prägen heute dieses für Wasservögel bedeutsame Brut-, Rast- und Durchzugsgebiet. Darum bitte unbedingt auf den Wegen bleiben und Hunde ganzjährig immer an die Leine nehmen. Folgen Sie dem Uferweg am **Main-Donau-Kanal** bis zum sogenannten Ölhafen. Umrunden Sie diesen etwa bis zur Hälfte und verlassen Sie dann den Kanal. Ein Feld- und Wiesenweg führt Sie am Rande des Naturschutzgebietes entlang bis zum Damm (drei Meter Anstieg) des historischen **Ludwig-Donau-Main-Kanals.** Die behutsam restaurierte und mit neuen Schleusentoren aus Eichenholz versehene **Schleuse 94** ist ein beeindruckendes

Industriedenkmal. Die heute trockene Schleusenkammer ist begehbar. Der Infopavillon skizziert das ehemalige Schleusenwärterhaus. Abenteuerlustige können auf eigene Gefahr bei trockenem Wetter den **Düker** unter dem Damm durchschreiten. Düker ist ein Fachbegriff aus dem Wasserbau. Damit werden Bauwerke bezeichnet, mit deren Hilfe Bäche und Flüsse unter Kanälen hindurch geleitet werden.

Schleuse 94 – Eggolsheim – Gunzendorf

Nach der Überquerung der stark befahrenen Staatsstraße 2244 und der Eisenbahnbrücke kommen Sie auf der Forchheimer Straße nach **Eggolsheim**. Durch das fachwerkbunte **Hirtentor** erreichen Sie den denkmalgeschützten Ortskern. Der **Eggerbach** geleitet Sie – an einer der vier offenen Holzkapellen mit **Bildstöcken** aus dem 15./16. Jahrhundert vorbei – zum Ort hinaus. Zweigen Sie mit dem

Wanderyoga im Eggerbachtal

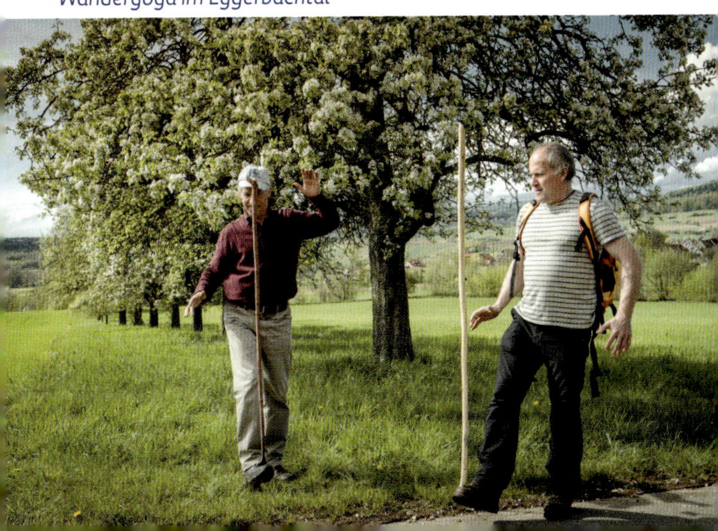

Aspach nach rechts ab und gehen Sie dann durch **Kauernhofen**.

Am Fuße der **Langen Meile**, einem Wandergebiet der Fränkischen Schweiz, führt Sie der über Flurwege und durch den Wald über den **Schwarzen Keller** bis kurz vor **Weigelshofen**. Auf der Strecke bieten sich mehrere schöne Ausblicke auf den markant am Rande des Regnitztals liegenden **Schießberg**. Im Frühjahr blühen entlang des Weges die Obstbäume und Hecken und die Dorfbrunnen sind zur Osterzeit prächtig geschmückt. Vom Abzweig nach Weigelshofen wandern Sie nach rechts auf Flurwegen in einem leichten Bogen durch eine Feld-, Wald- und Wiesenlandschaft bis **Drosendorf a. Eggerbach**. Hier trifft der mit dem Westlichen Albrandweg zusammen und führt durch die offene Landschaft über eine die Staatstraße 2260 querende Brücke nach **Gunzendorf**. Verlassen Sie nun den .

Gunzendorf – Buttenheim – Altendorf

Ein markierter Verbindungsweg leitet Sie nun auf 6 Kilometern auf Flurwegen zunächst am Deichselbach entlang nach **Dreuschendorf**. Dort folgen Sie der Straße „Am Wald" durch die Straßenunterführung hindurch und gelangen auf Flurwegen an einem Wäldchen und kleinen Weihern vorbei auf die Höhe. Kurz vor **Buttenheim** verlassen Sie den Flurweg und erreichen über einen Wiesenweg einen der beiden **Buttenheimer Bierkeller**, der zweite liegt auf der anderen Seite des Kreisverkehrs. Überqueren Sie diesen und den Deichselbach, um ins Zentrum von Buttenheim zu gelangen. Das **Levi-Strauss-Museum** liegt gleich rechts an der Marktstraße. Am Dorfbrunnen links kommen Sie entlang der Marktstraße an der imposanten Pfarrkirche St. Bartholomäus, den beiden Brauereien und dem etwas versteckt liegenden Schloss vorbei. Bitte beachten Sie, dass sich das Schloss in Privatbesitz befindet. Gehen Sie die Schlossgasse hinauf und verlassen Sie dann Buttenheim linker Hand über die Hauptstraße. So kommen Sie kurz nach der Überquerung der Autobahn 73 zum Bahnhof Buttenheim. Dieser heißt zwar „Buttenheim", liegt aber in **Altendorf**. Im Herbst schmücken unzählige Kürbisse

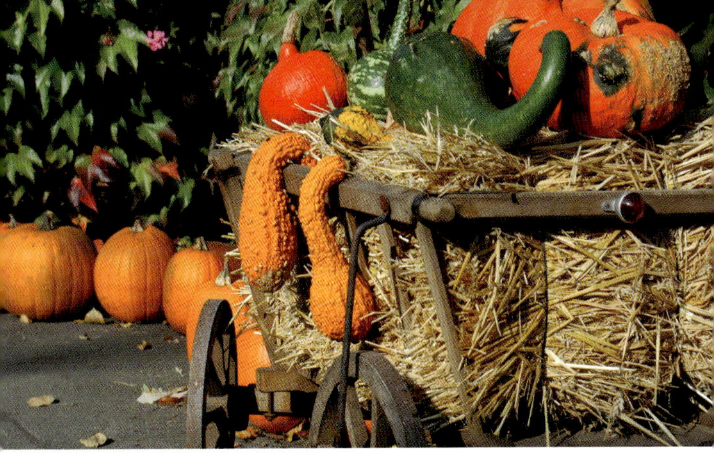

Kürbisdekoration in Altendorf

die Straßen des Dorfes mit dem markanten **Egglofsteiner Hof** – einer ehemaligen Postkutschenstation. Auch ein Besuch der **Korbflechterei** direkt hinter dem Bahnhof lohnt sich.

Etappenvariante

Für eine insgesamt 23 km lange Rundtour verlassen Sie den kurz nach Drosendorf Richtung **Unterstürmig.** Von dort wandern Sie auf dem über den **Schießberg** und die **Umweltstation Lias-Grube** zurück zum Bahnhof **Eggolsheim** in Neuses a. d. Regnitz.

Mahlzeit und Unterkunft

Neuses a. d. Regnitz, Eggolsheim, Kauernhofen, Weigelshofen, Drosendorf a. Eggerbach, Gunzendorf, Buttenheim, Altendorf

Weigelshofen, Drosendorf a. Eggerbach, Buttenheim

Tourtipp

In Buttenheim gibt es im **Levi-Strauss-Museum** die Lebensgeschichte des Erfinders der Jeans und immer wieder neue Sonderausstellungen zu entdecken.
www.levi-strauss-museum.de / Marktstraße 31, Buttenheim

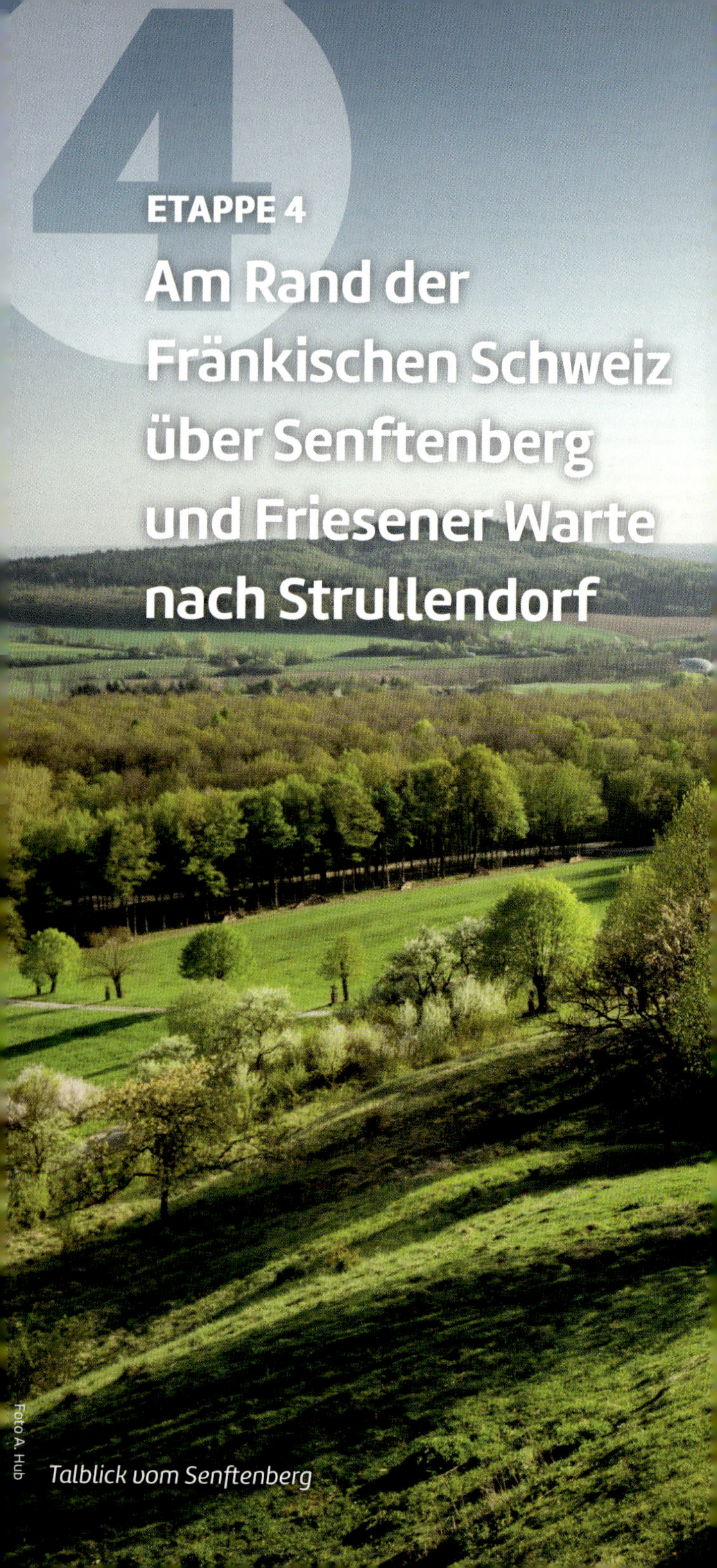

ETAPPE 4

Am Rand der Fränkischen Schweiz über Senftenberg und Friesener Warte nach Strullendorf

Foto A. Hub

Talblick vom Senftenberg

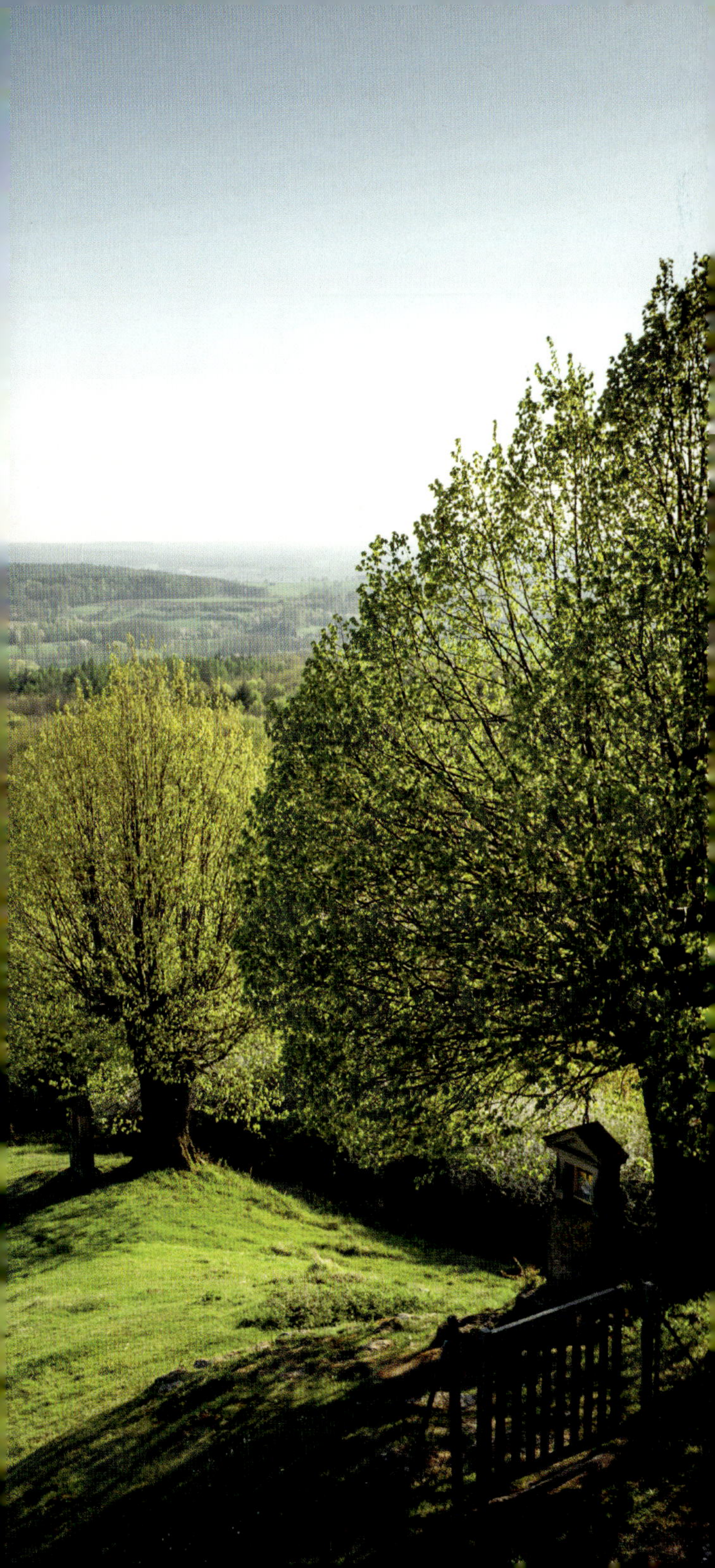

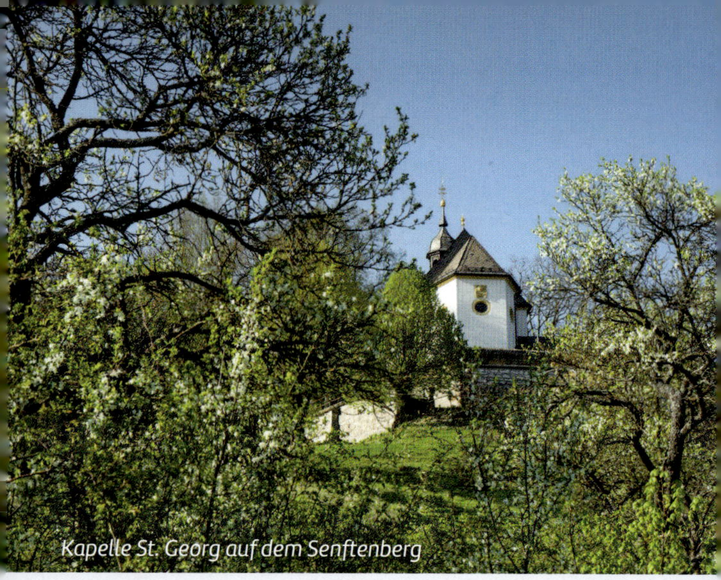

Kapelle St. Georg auf dem Senftenberg

ETAPPE 4

Am Rand der Fränkischen Schweiz über Senftenberg und Friesener Warte nach Strullendorf

medium	20,5 km	6:02 h	↗ 333 m	↘ 427 m	↑ 547 m	↓ 250 m

Höhepunkte

Link zur digitalen Tourbeschreibung

Levi-Strauss-Museum, Pfarrkirche und Schloss in Buttenheim // Senftenberg mit Kreuzweg, Kapelle und Bierkeller // Panoramaweg Friesener Warte // Kirche Amlingstadt // Kirche und Lindenalle in Strullendorf

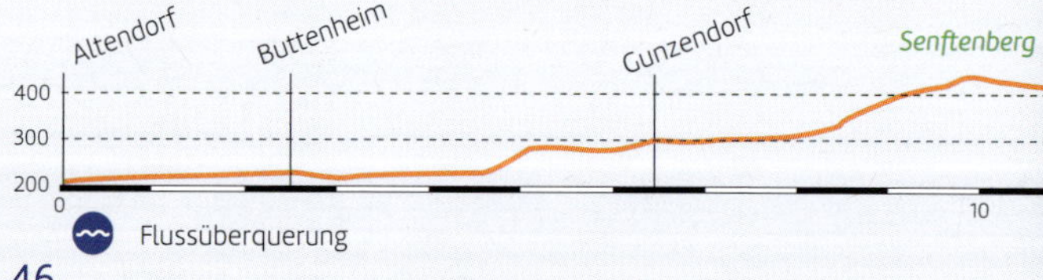

Altendorf (🚉, 🍴) – Autobahnbrücke A73 *0,6 km* – Buttenheim *1,5 km* (🍴/🛏/🛒) – Buttenheimer Bierkeller *2 km* (🍴) – Dreuschendorf *5 km* – Gunzendorf *6,4 km* (🍴) – Senftenberg *7,8 km* (🍴) – Ketschenberg *9,3 km* mit Abzweig nach Ketschendorf (*1,2 km*) und Frankendorf (*1 km*) – Hochstall *11 km* – Friesener Warte Panoramaweg *11,9 km* – Friesen Oberer Wanderparkplatz *12,7 km* – Eichwald *13,9 km* – Wernsdorf *16,4 km* (🍴/🛏) – Amlingstadt *17,2 km* – Grenzmühle *17,8 km* – Unterführung A73 *18,4 km* – Bierkeller *19,1 km* (🍴) – Strullendorf *20,5 km* (🚉, 🍴/🛒)

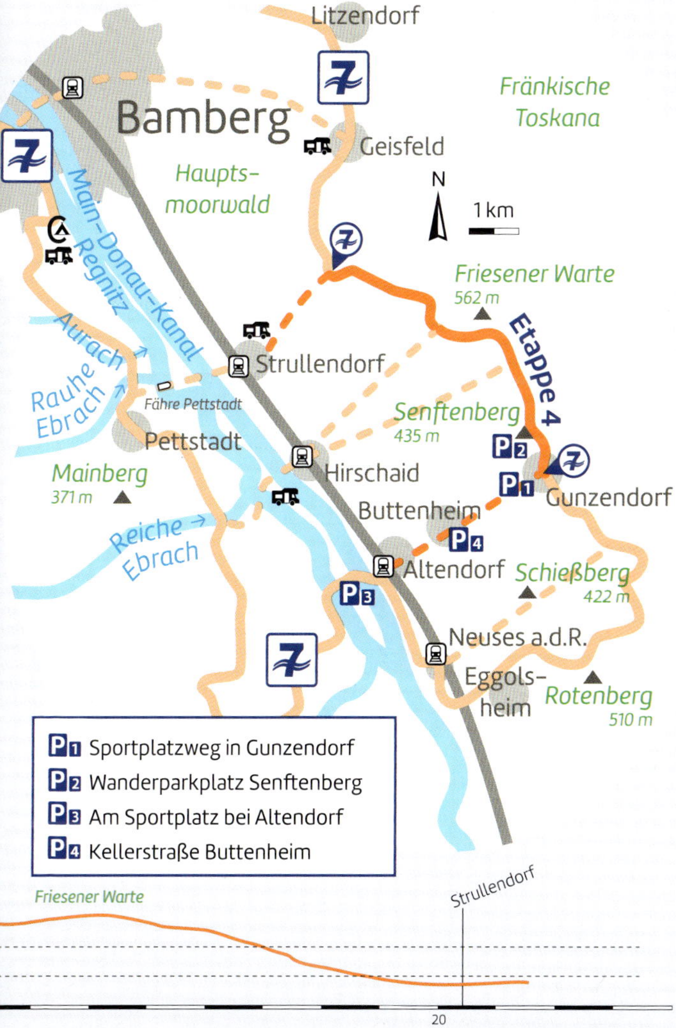

Vom Bahnhof Buttenheim in Altendorf führt Sie diese Etappe durchs Deichselbachtal hoch zum Senftenberg und auf die Hochebene der Fränkischen Schweiz. Nach Panoramablicken von der Friesener Warte wandern Sie durch den Eichwald über Wernsdorf und Amlingstadt zum Strullendorfer Bahnhof. Das leibliche Wohl kommt bei gleich mehreren Bierkellern und Gastwirtschaften bestimmt nicht zu kurz.

Altendorf – Buttenheim – Dreuschendorf – Gunzendorf

Vom **Bahnhof Buttenheim in Altendorf** gehen Sie auf dem mit [Wanderer-Symbol] markierten Verbindungsweg immer entlang der Jurastraße ortsauswärts Richtung Buttenheim, das

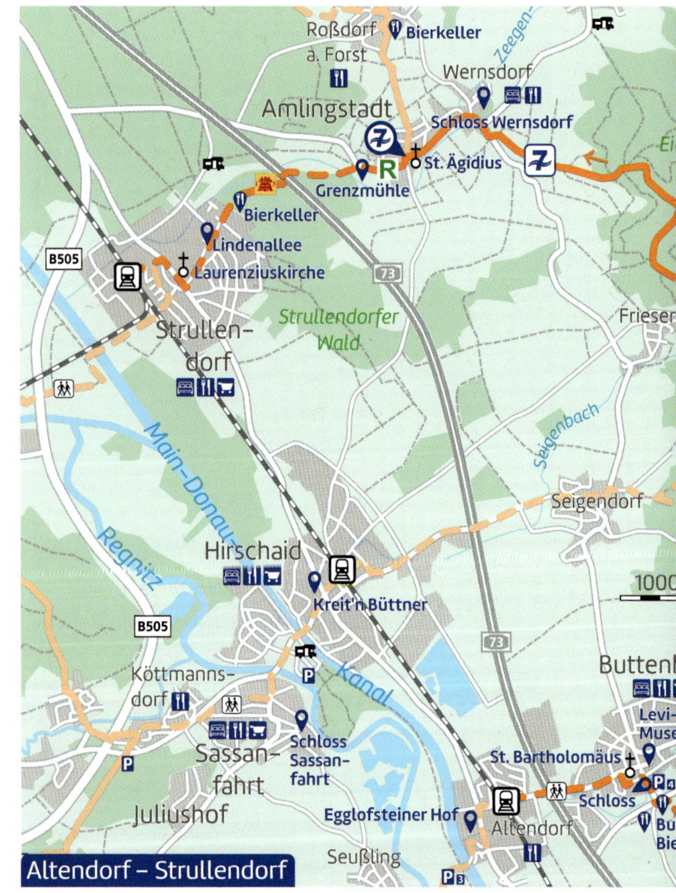

Altendorf – Strullendorf

Sie nach der Überquerung der Autobahnbrücke (A73) erreichen. Zweigen Sie in der Ortsmitte nach rechts in die Schlossstraße ab. Das am Ende der Straße liegende **Schloss Buttenheim** ist in Privatbesitz. Die Markstraße führt Sie vorbei an der imposanten Pfarrkirche St. Bartholomäus und den beiden Brauereien des Marktes. Am zur Osterzeit geschmückten Brunnen folgen Sie nach der Überquerung des Deichselbaches der Kellerstraße ortsauswärts bis zum Kreisverkehr.

Der Weg führt Sie durch das hölzerne Eingangsportal des linken der beiden **Bierkeller**, wie die Franken ihre Biergärten nennen. Denn unter der Erde liegen in den Sandstein gehauene Stollen, in denen das Bier reift und lagert. Darum geht der Franke im Sommer auch nicht in, sondern auf den Bierkeller. Der Ausschank erfolgt direkt vom Fass. Wenn Sie das schattige Grün der Bäume des Biergartens verlassen, erreichen Sie eine Wiese. Gehen Sie diese hangaufwärts und dann nach links auf den Flurweg. Folgen Sie diesem durch die hügelige Landschaft vorbei an einem Teich und am Waldrand entlang. Der Verbindungsweg biegt nach links ab und nach der Straßenunterführung erreichen Sie **Dreuschendorf**. Wenden Sie sich nach rechts und nach einem kurzen Stück auf der Hauptstraße nach links in die Ringstraße und dann gleich wieder rechts in die Mühlenstraße. Jetzt folgen Sie immer dem Lauf des Deichselbaches. Besondere Vorsicht ist bei der Querung der Ortsverbindungstraße geboten.

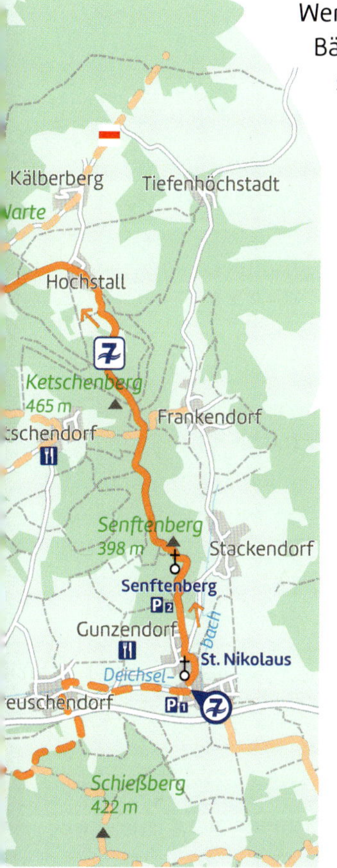

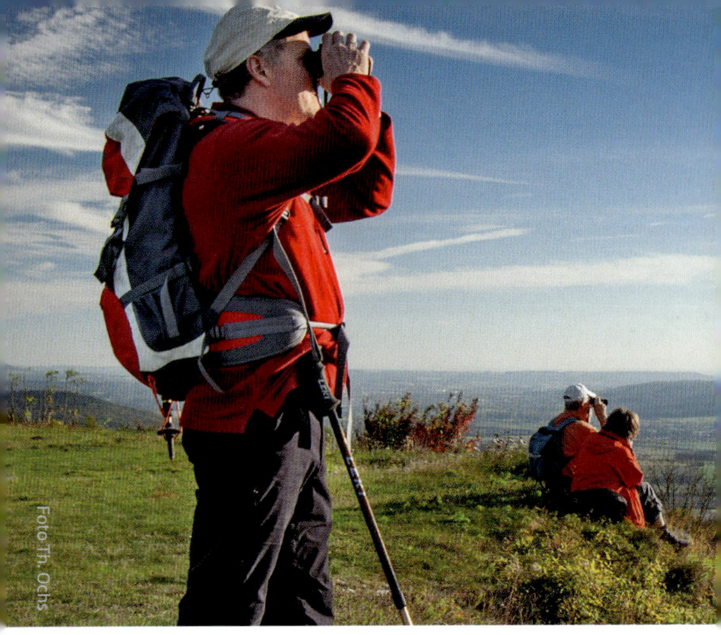

Blick ins Regnitztal von der Friesener Warte

Senftenberg – Hochstall

Auf der Nebenstraße geht es weiter entlang des Deichselbaches am Sportplatz vorbei in die Ortsmitte von **Gunzendorf** mit seiner barocken **Kirche St. Nikolaus**. Sie durchqueren die Ortschaft entlang der Jurastraße, überqueren die Staatsstraße und folgen dann der Senftenbergstraße durch den Wald. Vom Waldrand aus steigt der Weg steil zum **Senftenberg** mit seiner markanten, auf dem Fels sitzenden Kapelle empor. Hier findet zum Tag des Hl. Georg jedes Jahr Ende März entlang des historischen Kreuzwegs der Georgi-Ritt statt.
Zuerst folgt der Sieben-Flüsse-Wanderweg dem Kreuzweg, dann biegt er nach rechts auf die Serpentinenstraße ab, die um den Hügel herum durch einen Hohlweg zum Bierkeller auf den **Senftenberg** führt. Sie können stattdessen auch den Kreuzwegstationen entlang dem steileren Wiesenweg folgen, der ebenfalls direkt oben an der Kapelle mündet. Im Sommer sind die mit Schafen extensiv beweideten Hänge blühende Refugien für Schmetterlinge, Bienen und Hummeln. Von der Mauer, welche die Georgskapelle auf dem Senftenberg umgibt, schweift der Blick weit über die **Fränkische Schweiz** und das Regnitztal.

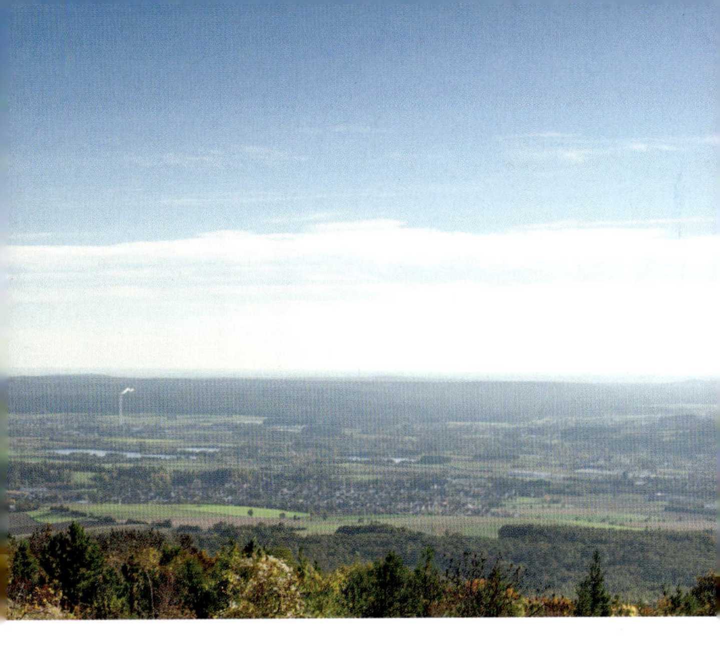

Der [7] führt am Fuße des Sandsteinhanges zwischen dem Ausschank des Bierkellers und dem Wirtschaftsgebäude hindurch. Ab hier wandern Sie ein ganzes Stück hauptsächlich durch den Wald und erreichen bei **Hochstall** schließlich die Hochebene der Fränkischen Schweiz. Äcker, aus denen die Bauernfamilien über Jahrhunderte die Kalksteine gelesen haben, kleine Wäldchen und Flurwege bestimmen das Landschaftsbild – zusammen mit dem Kälberbergsender und einigen Windrädern.

Hochstall – Friesener Warte – Eichwald – Wernsdorf

In einem weiten Bogen führt der [7] über **Hochstall** bis zur **Friesener Warte**. Die topografischen Karten bezeichnen damit eine ganz bestimmte Kuppe dieses Bergrückens. Für die Bevölkerung vor Ort ist mit „Friesener Warte" aber vor allem das Plateau des Segelflugplatzes gemeint, der auf einem etwa drei Kilometer langen **Panoramaweg** umrundet werden kann.
Hier trennt sich auch der Westliche Albrandweg wieder vom [7]. Dieser führt zunächst auf Forstwegen und dann über einen steileren Hohlweg durch den **Eichwald**. Im Herbst ist der ganze Waldboden von einem rotbraunen

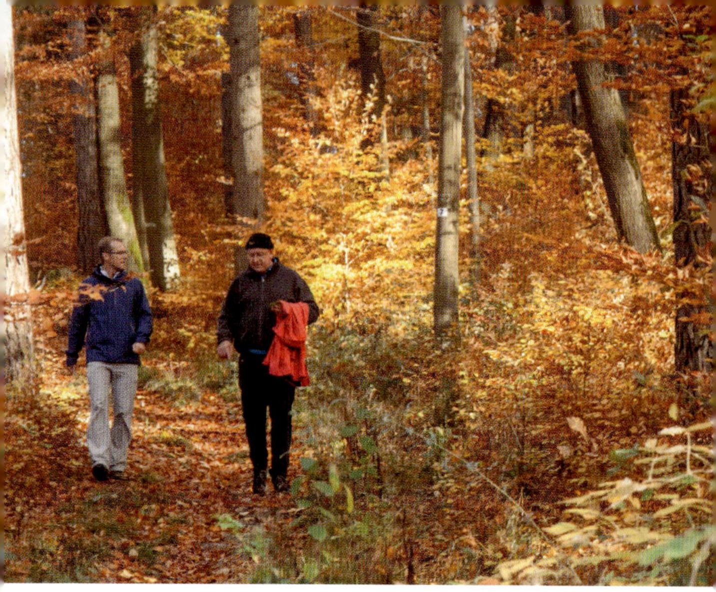

Eichwald im Herbst

Blätterteppich bedeckt. Vom Rande des Eichwalds folgen Sie dem [7] mit schönen Ausblicken über das **Zeegenbachtal**, gehen am Sportplatz vorbei und erreichen über die Friesener Straße **Wernsdorf**. Das auf der anderen Seite des Zeegenbachs gelegene **Schloss Wernsdorf** kann bei Konzerten und Führungen besichtigt werden.

Wernsdorf – Amlingstadt – Strullendorf

Auf der Amlingstadter Straße gehen Sie durch Wernsdorf, das sich scheinbar übergangslos an die Häuser des Nachbarorts **Amlingstadt** anschließt. Die imposante Kirche **St. Ägidius** geht auf eine der 14 „Slawenkirchen" Karls des Großen zurück. Im Turm lebt eine große Kolonie Fledermäuse.
An der Amlingstadter Kirche verlassen Sie den [7]. Folgen Sie nun dem „Bamberger Rennsteig" [R] ein Stück auf der Amelungenstraße und biegen Sie dann am Ortsrand nach links auf den 13-Brauereien-Weg ab. An der **Grenzmühle** vorbei wandern Sie immer durch den Wald, unter der Autobahn 73 hindurch und kommen schließlich zum **Bierkeller in Strullendorf**. Entlang der **Lindenallee** führt Sie der bis zur Kirche. Biegen Sie hier nach rechts auf die Hauptstraße ab und folgen Sie dieser, bis Sie auf der anderen Straßenseite nach links in die Bahnhofstraße und zum Bahnhof Strullendorf gelangen.

Etappenvariante

Von der Wegekreuzung am **Ketschenberg** können Sie über den Verbindungsweg nach **Ketschendorf** (/, *1 km*) hinunter wandern. Ein Weg führt dann von Ketschendorf hoch zum Panoramaweg auf der Friesener Warte. Oder sie können weiter über **Seigendorf** (*3,5 km*) nach **Hirschaid** (*6,5 km*, , //) laufen.

Mahlzeit und Unterkunft

Altendorf, Buttenheim, Senftenberg, Ketschendorf, Wernsdorf, Strullendorf, Hirschaid

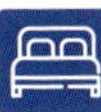

Drosendorf a. Eggerbach, Buttenheim, Wernsdorf, Strullendorf, Hirschaid

Tourtipp

Die fantastische Aussicht vom Plateau der **Friesener Warte** über das Regnitztal lohnt sich zu jeder Jahreszeit. Im Frühling blühen lila Küchenschellen, im Sommer blauer Lein und der wilde Thymian verströmt seinen herben Duft. Der Wanderschäfer sorgt mit seiner vielköpfigen Herde dafür, dass auf den ungedüngten Wiesen Orchideen wachsen. Wachholderbüsche stehen wie stumme Wächter daneben. In den Hangwäldern finden sich Seidelbast, Märzenbecher und Klematis. Die Friesener Warte ist ein besonders geschützter Lebensraum und hat eine lange Kulturgeschichte, die bis in die Frühzeit zurückreicht.

Perlmutterfalter-Schmetterling auf der blühenden Friesener Warte

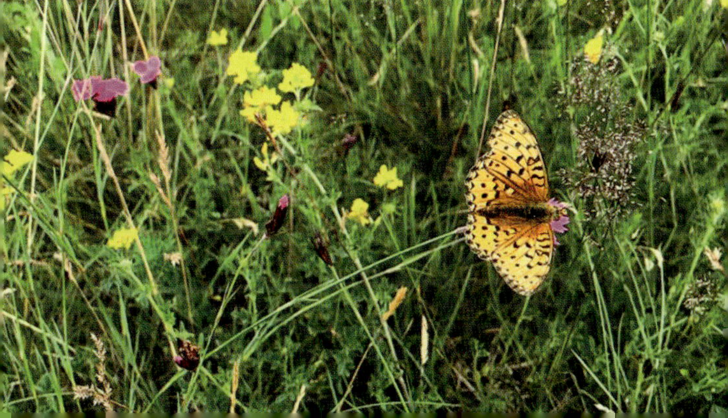

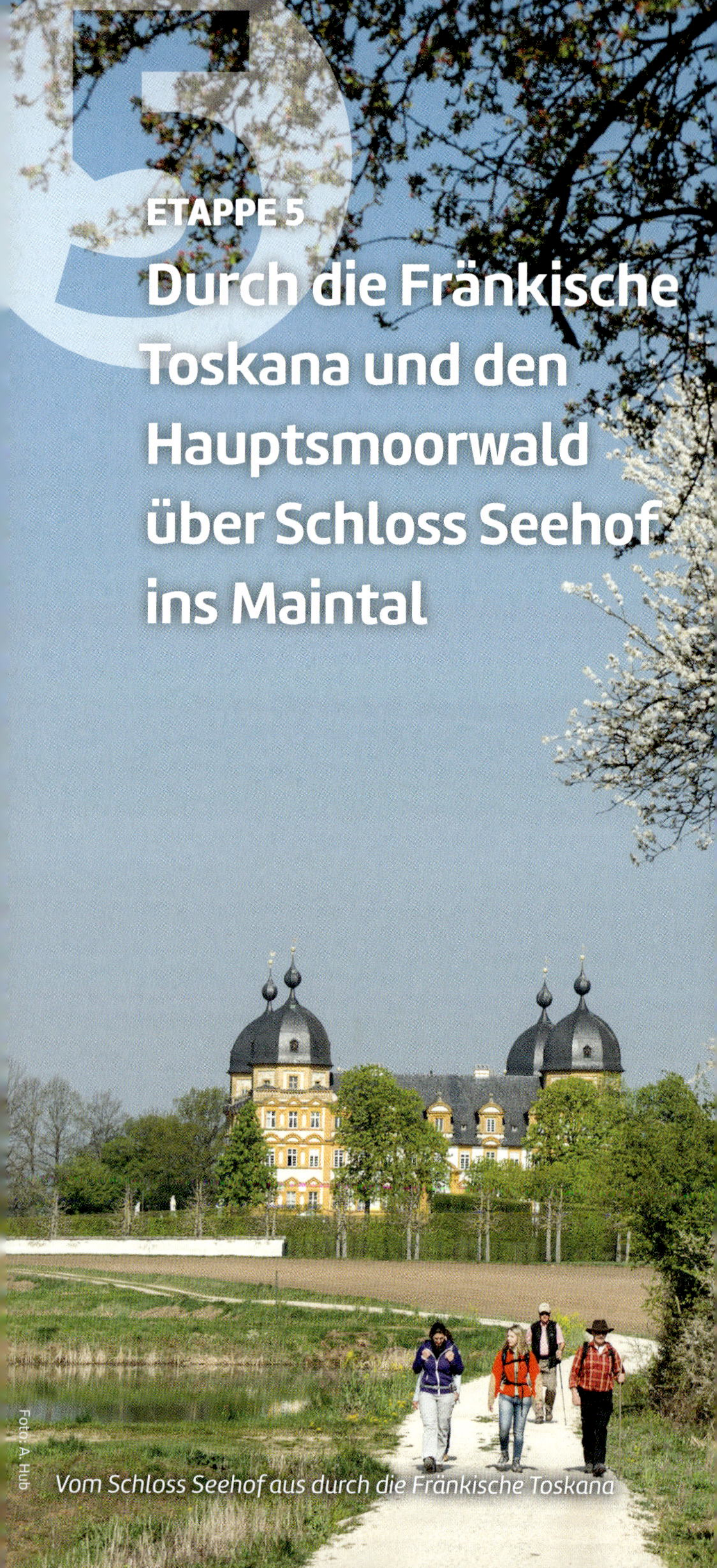

ETAPPE 5

Durch die Fränkische Toskana und den Hauptsmoorwald über Schloss Seehof ins Maintal

Foto: A. Hub

Vom Schloss Seehof aus durch die Fränkische Toskana

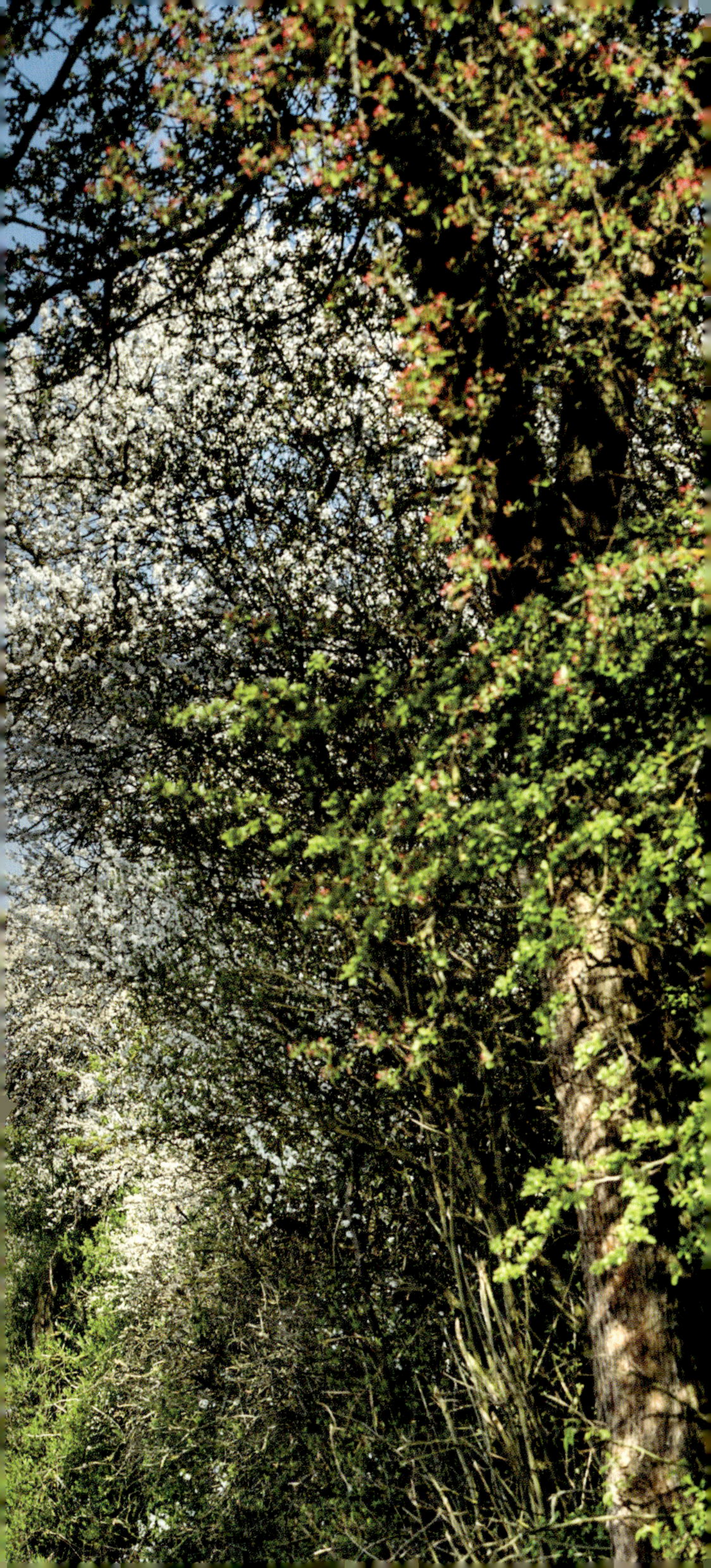

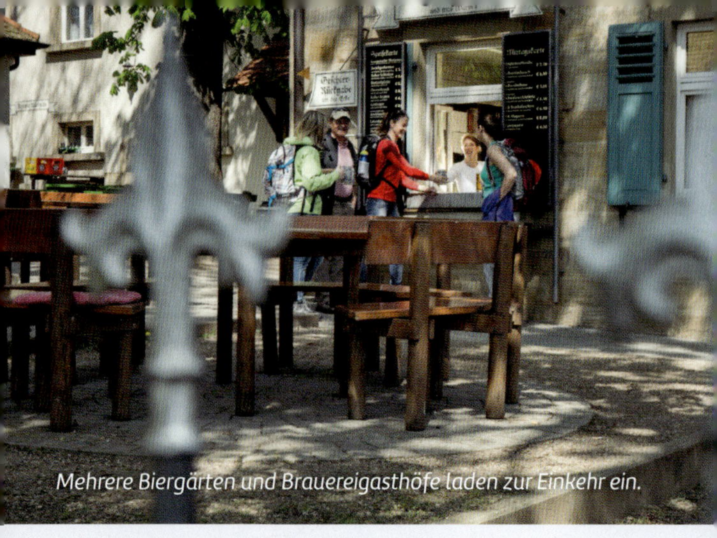

Mehrere Biergärten und Brauereigasthöfe laden zur Einkehr ein.

ETAPPE 5

Durch die Fränkische Toskana und den Hauptsmoorwald über Schloss Seehof ins Maintal

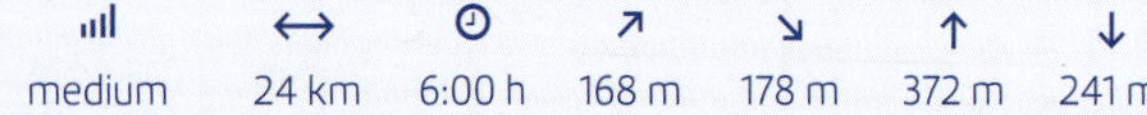

medium	24 km	6:00 h	168 m	178 m	372 m	241 m

Höhepunkte

Link zur digitalen Tourbeschreibung

Laurentiuskirche und Lindenallee in Strullendorf // Kirche St. Ägidius in Amlingstadt // Wendelinuseiche im Geisfelder Forst // Keltische Hügelgräber bei Geisfeld // Dientzenhofer-Kirche in Litzendorf // Hauptsmoorwald // Schloss Seehof bei Memmelsdorf // NSG Börstig bei Hallstadt

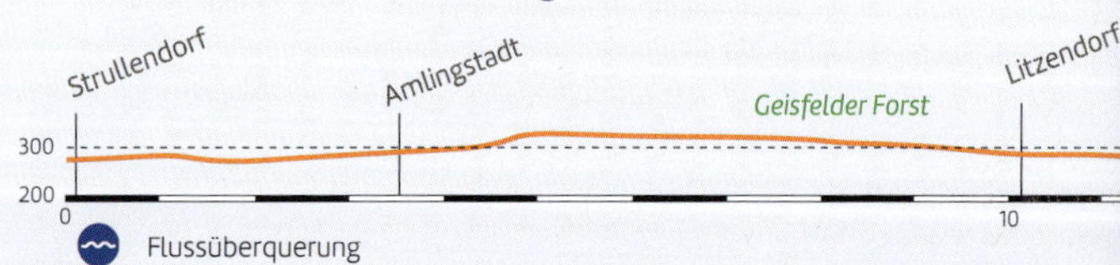

Strullendorf (🚉, 🍴/🛏/🛒) – A73 Unterführung 2 *km* – Zeegenbach mit Grenzmühle 2,6 *km*– Amlingstadt/ Wernsdorf (🍴/🛏) 3,4 *km* – Roßdorf a. F. (🍴/🛏) 4,8 *km* – Geisfeld (🍴/🛏) 7,9 *km* – Wendelinuseiche im Geisfelder Forst 8,8 *km* – Keltische Hügelgräber 10,3 *km* – Ellernbach in Naisa (🍴) 12,1 *km* – Litzendorf (ℹ, 🍴/🛏) – Pödeldorf (🍴/🛏/🛒) 13,4 *km* – Hauptsmoorwald 14 *km* – Schloss Seehof (🍴) bei Memmelsdorf (🍴/🛏/🛒) 18 *km* – Lichteneiche (🍴/🛒) 20 *km* – Autobahnkreuz A70/A73 20,9 *km* – Hirschknock/Kramersfeld/Bruckertshof (🍴/🛏) 21,5 *km* – Brücke A70 22 *km* – Naturschutzgebiet Börstig 22,5 *km* – Hallstadt (🚉, 🍴/🛏/🛒 24 *km*)

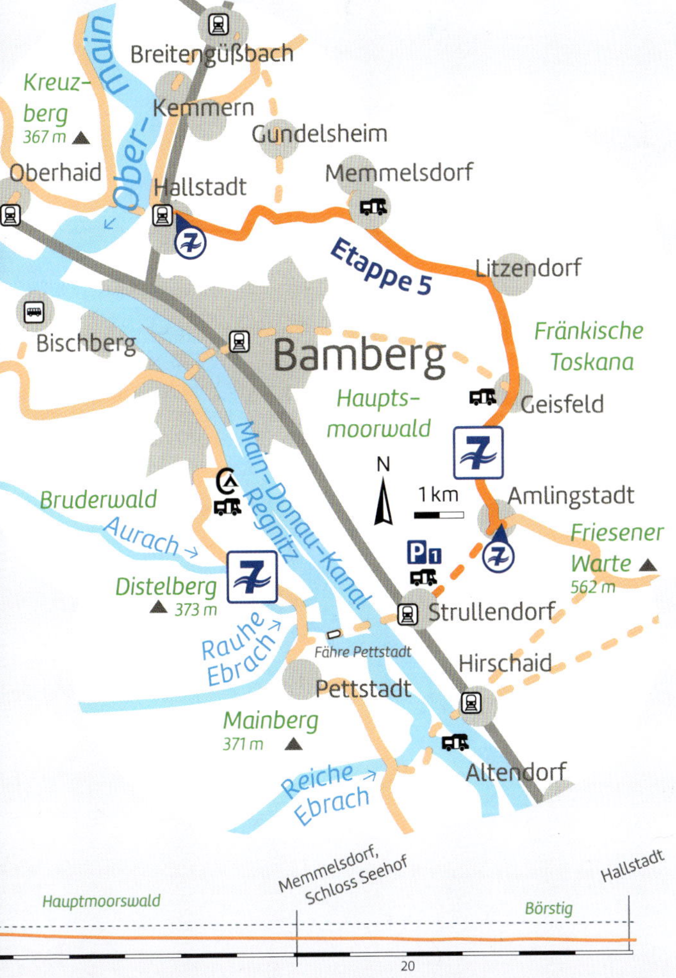

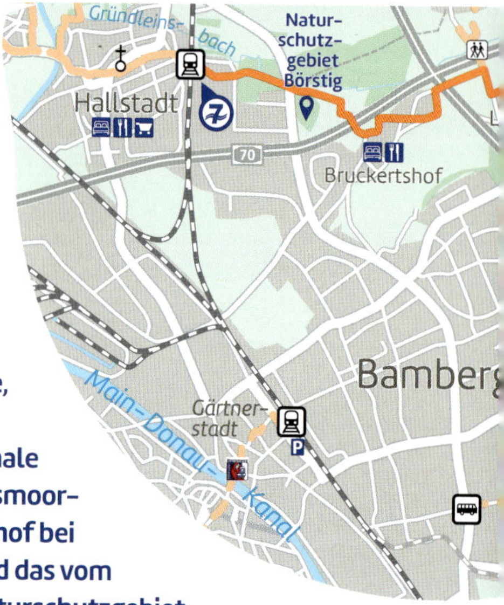

Die 5. Etappe bietet vom Strullendorfer Bahnhof durch die Fränkische Toskana bis Hallstadt viel Kultur und Natur: Die Amlingstadter Kirche, keltische Hügelgräber, das Nationale Naturerbe Hauptsmoorwald, Schloss Seehof bei Memmelsdorf und das vom Sand geprägte Naturschutzgebiet Börstig bei Hallstadt liegen direkt an der Route.

Strullendorf – Amlingstadt

Vom Bahnhof in **Strullendorf** führt Sie der 13-Brauereienweg in die Ortsmitte zur Laurentiuskirche und dann

Keltische Hügelgräber zwischen Geisfeld und Litzendorf

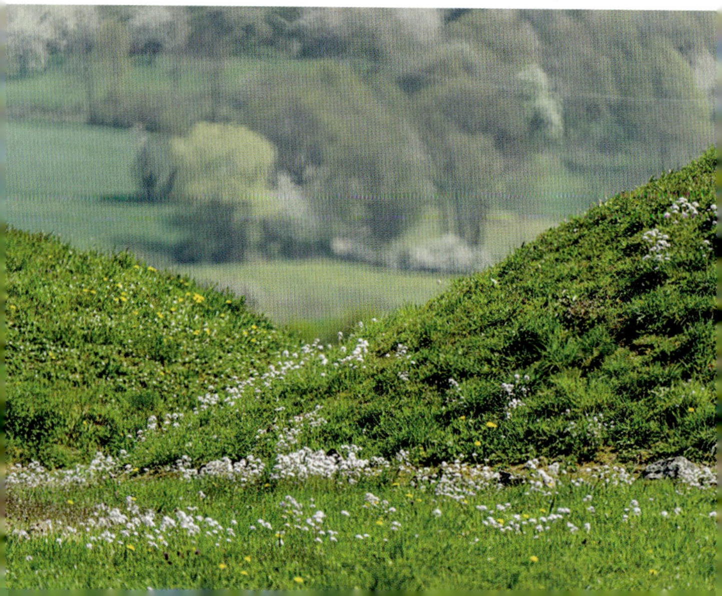

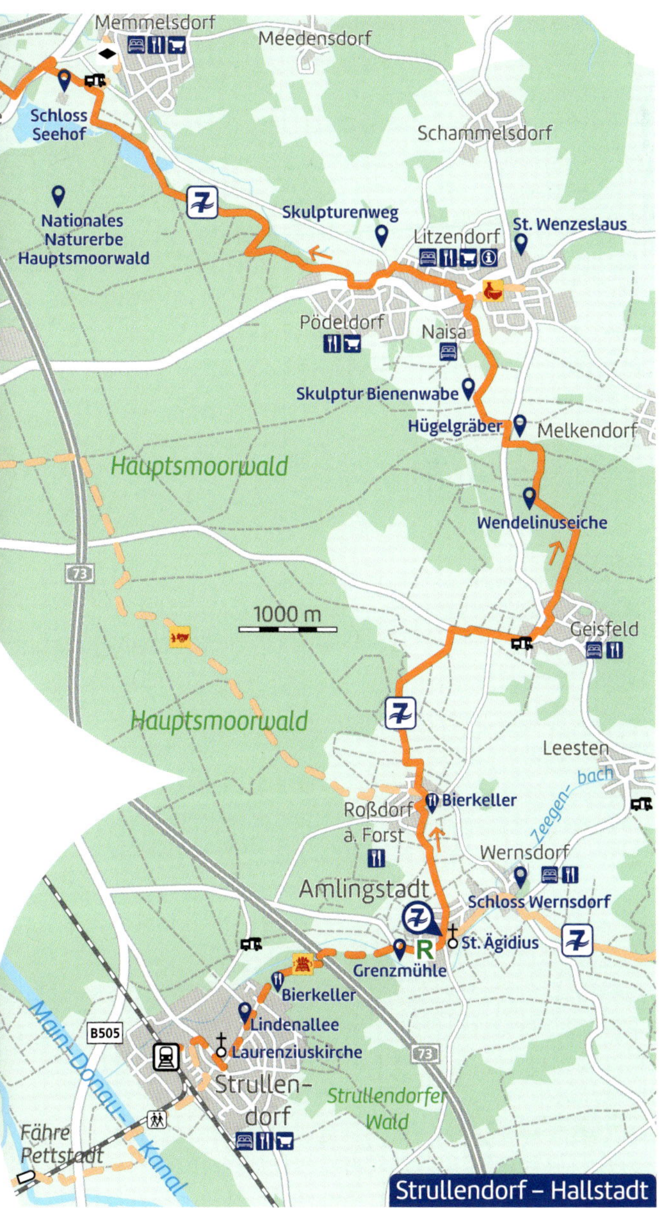

durch die Lindenallee. Sie geht wie die Kirche zurück auf die Pläne von Lorenz Fink, der nach der weitgehenden Zerstörung des Ortes durch die Franzosen im Jahre 1796 einen Plan zum Wiederaufbau Strullendorfs erarbeitete. Gehen Sie nach dem Wegkreuz weiter auf der Straße geradeaus und am Bierkeller vorbei in den Strullendorfer Wald. Dieser sichert einen Großteil der gemeindlichen Trinkwasserversorgung. Der Weg führt immer geradeaus bis zur Autobahn 73. Vor dieser zweigen Sie nach links ab und gehen dann nach rechts unter der Autobahnbrücke hindurch und weiter geradeaus. Kurz nach dem Waldrand überqueren Sie auf einer kleinen Brücke den Zeegenbach mit der Grenzmühle. Verlassen Sie dann den und folgen Sie nun auf einem kurzen Stück dem **Bamberger Rennsteig** R nach rechts bis zur imposanten Kirche St. Ägidius in Amlingstadt. Hier treffen Sie auf den **Sieben-Flüsse-Wanderweg** 7, dessen Wanderwegemarkierung Sie die gesamte weitere Etappe leitet.

Exkurs

Die **Grenzmühle** ist eine von acht Mühlen, die in historischer Zeit von dem nur zwölf Kilometer langen **Zeegenbach** angetrieben wurden. Damals wurde die Wasserkraft der Mühlen je nach Standort und Ausstattung zum Mahlen von Getreide, zum Schneiden von Holz oder zum Schleifen verwendet. Heute treibt das Wasser Turbinen zur Stromerzeugung an. Die Schneidsäge der **Amlingstadter Mittelmühle** ist bis heute in Betrieb. Der Zeegenbach entspringt hinter Zeegendorf aus mehreren Quellen und fließt über Mistendorf, Leesten, Wernsdorf und Amlingstadt nach Strullendorf. Nach Strullendorf wird er auf Höhe der B505-Brücke mit einem **Düker** unter dem Main-Donau-Kanal durchgeleitet und mündet dann ein Stück flussabwärts bei der Pettstadter Fähre in die Regnitz.

Ganz ähnlich sind die Verläufe der anderen kleinen Zuflüsse wie **Eggerbach** oder **Deichselbach**, die aus der Fränkischen Schweiz in die Regnitz münden. Typisch für ihren Oberlauf sind sogenannte **Sinterbildungen**. Sie entstehen, wenn der vom Wasser aus dem anstehenden Juragestein gelöste Kalk wieder ausfällt. Hier legt der **Feuersalamander** gerne seine Eier ab. Nach **Starkregenereignissen** können diese sonst so beschaulichen Bächlein verheerenden Schaden anrichten.

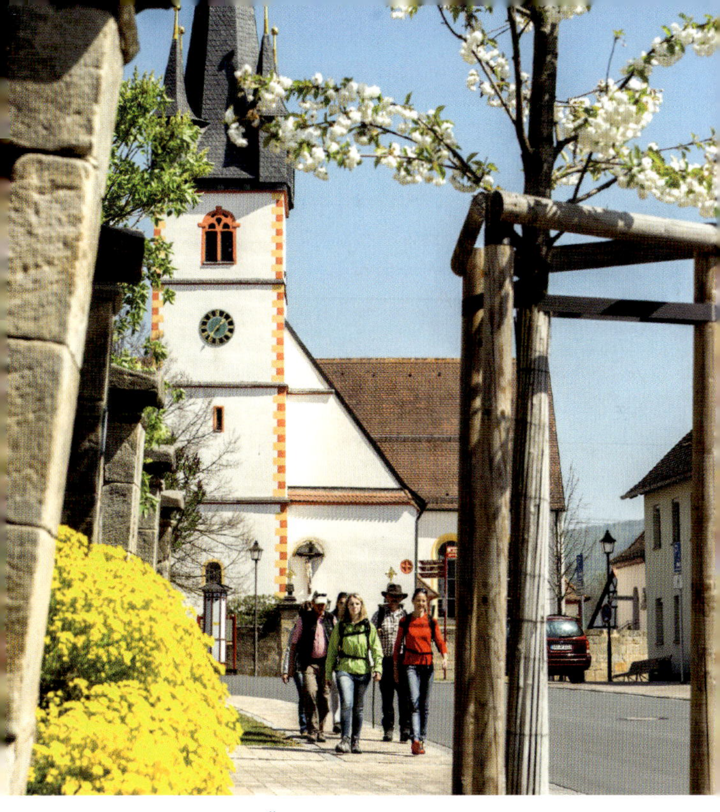

Vorbei an der Kirche St. Ägidius in Amlingstadt

Amlingstadt – Roßdorf a. Forst – Geisfeld – Geisfelder Forst

In **Amlingstadt** geht es zunächst auf der „Alten Heerstraße" bergaufwärts zum Ort hinaus und dann hinunter ins Geisbachtal. Gleich vor dem ersten Haus der nächsten Ortschaft, **Roßdorf a. Forst**, führt Sie der Weg vorbei an dem idyllisch gelegenen Bierkeller und dann auf der Straße „Zum Felsenkeller" in die Ortsmitte. Folgen Sie dem 7 an der Gastwirtschaft vorbei und auf den Straßen „Sutte" und „Steinweg" zum Ort hinaus. Jetzt gelangen Sie durch eine Landschaft aus Feldern und Gräben in einem weiten Bogen bis zu der aus Bamberg kommenden Staatsstraße. Diese überqueren Sie und folgen ihr dann nach rechts auf dem Geh- und Radweg bis zur Ortsmitte von **Geisfeld**. Von der „Alten Dorfstraße" mit ihren vielen Fachwerkhäusern zweigt ein Gässchen nach links ab. Durch dieses gelangen Sie zuerst links über die Straße „Unterer Geisberg" und dann rechts über die Melkendorfer

Straße zum **Geisfelder Forst**. Der Forstweg führt kerzengerade in den Wald hinein. An der zweiten Waldkreuzung biegen Sie nach links ab. Wenn Sie direkt an der **Wendelinuseiche** vorbeiwollen, achten Sie auf den Wegweiser, der Sie auf einen Waldpfad zu den Resten dieser einstmals riesigen Eiche und dann wieder zurück auf den führt.

Geisfelder Forst – Naisa – Litzendorf

Nach einem weiteren Stück auf dem gerade verlaufenden Forstweg zweigt der nach rechts auf einen Waldweg ab. Folgen Sie diesem in einer leichten Kurve nach links bis zum Waldrand. Dort fallen auf der Wiese eigentümlich runde, hügelige Gebilde auf. Diese sind rekonstruierte Zeugnisse eines in die frühkeltische Zeit datierten **Hügelgräberfeldes**. Über 30 der originalen Grabhügel sind im Wald nebenan bis heute erkennbar. Die Anlage wurde etwa 300 Jahre lang für Bestattungen genutzt und um das Jahr 400 v. Chr. aufgegeben. Die Hügel sind bis zu vier Meter hoch. Der Steinkranz um den bis zu 25 Meter im Durchmesser messenden Hügelfuß markiert vermutlich symbolisch die Grenze zwischen Leben und Tod. Überqueren Sie die Staatsstraße am Wanderparkplatz und folgen Sie ein kurzes Stück dem daneben verlaufenden Geh- und Radweg, ehe Sie dann mit dem nach links auf einen Flurweg abzweigen. Kurz danach kommen Sie an dem **Kunstwerk „Bienenwabe"** vorbei und wandern auf Flurwegen über **Naisa** nach **Litzendorf**.

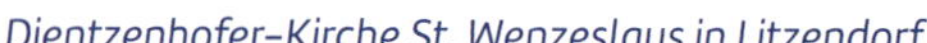

Dientzenhofer-Kirche St. Wenzeslaus in Litzendorf

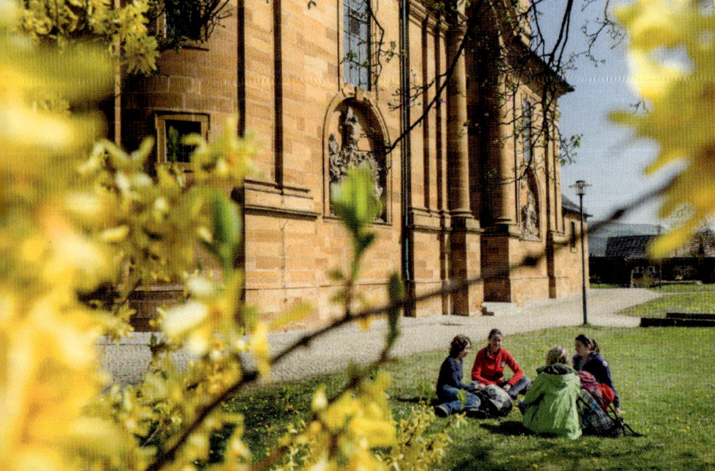

Tourtipp

Im **Ellertal** zwischen Litzendorf und Lohndorf und entlang des Radwegs zwischen Pödeldorf und Memmelsdorf können Sie zahlreiche Kunstwerke in der Natur entdecken. Informationen dazu gibt es bei der Touristinformation Fränkische Toskana in Litzendorf (Am Wehr 3). Der Abstecher in die Ortsmitte von **Litzendorf** lohnt unbedingt. Der „Weg durch die Siedlungsgeschichte" führt Sie die Stufen bis hoch zur **Dientzenhofer-Kirche** St. Wenzeslaus mit ihrer imposanten Fassade und Kirchenmauer.

Litzendorf – Pödeldorf – Hauptsmoorwald – Schloss Seehof und Memmelsdorf

Von Litzendorf begleitet Sie der **Ellernbach** über die Straße „Zum Kayweg" bis zum Ortsrand von **Pödeldorf**. Dort folgen Sie der Hauptstraße bis zum Gasthaus am Ortsrand. Der zweigt dann zusammen mit dem **Bamberger Rennsteig** R nach rechts ab und führt hinunter zum Ellernbach. Folgen Sie diesem am Hebewerk vorbei und gehen Sie dann auf einem Waldpfad in den Hauptsmoorwald. Ein Teil dieses großen Waldgebietes ist zum Nationalen Naturerbe erklärt worden.

Im **Hauptsmoorwald** führt Sie der rechts an einem Teich vorbei. Kurz danach nehmen Sie den Forstweg, der in einem spitzen Winkel nach rechts abzweigt und Sie immer an einem kleinen Bach entlang in einem großen Bogen in den Talgrund leitet. Gehen Sie dann parallel zum Bach auf dem Forstweg, der später zu einem Waldweg wird, geradeaus weiter, bis Sie auf der rechten Seite zu einer kleinen Brücke kommen. Überqueren Sie diese und folgen Sie links dem Pfad durch den Wald bis zu den Seehofweihern.

Diese Karpfenteiche sind im Privatbesitz und werden bewirtschaftet. Bitte verhalten Sie sich rücksichtsvoll und bleiben Sie auf dem markierten Wanderweg.

Der nähert sich der imposanten Schlossanlage des ehemaligen fürstbischöflichen **Jagdschlosses Seehof** von der Rückseite. Der markierte Wanderweg läuft entlang der Schlossmauer und über den Parkplatz um die weitläufige

Parkanlage herum. Sie können aber auch durch den Park spazieren und über das Haupttor auf der anderen Seite wieder auf den Wanderweg gelangen. Nur gut 600 Meter entfernt liegt das Ortszentrum von **Memmelsdorf** mit seiner imposanten Kirchhofmauer, auf der zwölf Heiligenfiguren stehen. Diese schuf im 18. Jahrhundert der Bildhauer Ferdinand Dietz. An den beiden Brauereigasthöfen startet der 13-Brauereien-Weg durch die Fränkische Toskana.

Schloss Seehof – Lichteneiche – Bruckertshof – Hallstadt

Nach der Überquerung der Staatsstraße führt der durch die Kleingartenanlagen bei **Lichteneiche**. Sie lassen das Autobahnkreuz (A70/A73) hinter sich und erreichen die zur Stadt Bamberg gehörenden Ortsteile Hirschknock, Kramersfeld und **Bruckertshof**. Auf einer Brücke überqueren Sie die Autobahn 70 und sind gleich danach Mitten im **Naturschutzgebiet Börstig**. Nach dem Kieferwäldchen und einem Feldkreuz wandern Sie durch eine Straßenunterführung und dann am **Gründleinsbach** entlang bis zum Hallstadter Freibad. Überqueren Sie hier die Straße und gehen Sie geradeaus weiter in die als Sackgasse gekennzeichnete Michelinstraße. An deren Ende zweigt links ein auf einem Damm laufender Fuß- und Radweg ab, auf dem Sie direkt zum Bahnhof in **Hallstadt** gelangen.

Karge Schönheit im Naturschutzgebiet Börstig bei Hallstadt

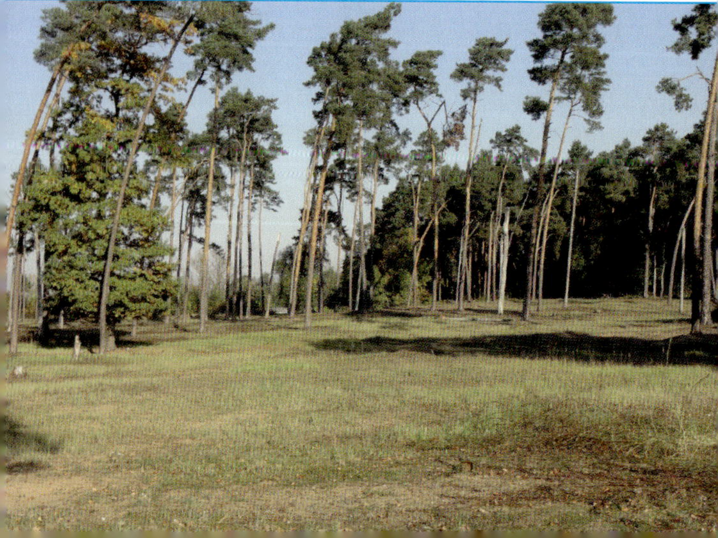

Etappenvariante

Der Alte Roßdorfer Stadtweg *(7,5 km)* verläuft fast ausschließlich durch den Hauptsmoorwald und verbindet Roßdorf a. Forst () mit Bamberg (, / /).
In Bamberg besteht mit der Buslinie 911 (Haltestelle Max-Planck-Straße) eine direkte Busanbindung zum Bahnhof (10 Min.) und in die Innenstadt.

Von Lichteneiche aus führt ein Verbindungsweg über Gundelsheim *(1,2 km)* und die MUNA *(5,6 km)* durch den Zückshuter Forst *(3,5 km)* nach Breitengüßbach zum Bahnhof *(6,4 km)*.

Mahlzeit und Unterkunft

Strullendorf, Wernsdorf, Roßdorf a. Forst, Geisfeld, Litzendorf, Pödeldorf, Memmelsdorf, Schloss Seehof, Gundelsheim, Bruckertshof, Lichteneiche, Hallstadt

Strullendorf, Wernsdorf, Geisfeld, Naisa, Litzendorf, Memmelsdorf, Bruckertshof, Hallstadt

Tourtipp

Das vom Sand des Regnitztales geformte **Naturschutzgebiet Börstig** sieht mit seinen krüppeligen Kiefern und mageren Gräsern auf den ersten Blick so gar nicht nach üppiger Natur aus. Aber genau diese Kargheit ist es, die hier eine ganz besonderen Tier- und Pflanzenvielfalt gedeihen lässt. Spezialisten wie Silbergras, Sand-Strohblume, Sand-Thymian und Karthäusernelke sowie viele Wildbienen- und Wespenarten wie die **Kreiselwespe** kommen mit Trockenheit und Nährstoffarmut besser als andere Arten zurecht.

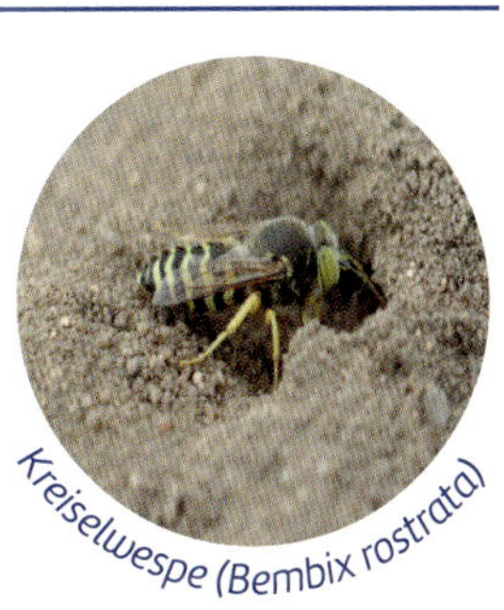

Kreiselwespe (Bembix rostrata)

www.sandachse.de

www.lpv-bamberg.de/bayerns-ureinwohner/kreiselwespe

ETAPPE 6

Von Hallstadt durchs Obermaintal und den Zückshuter Forst nach Zapfendorf

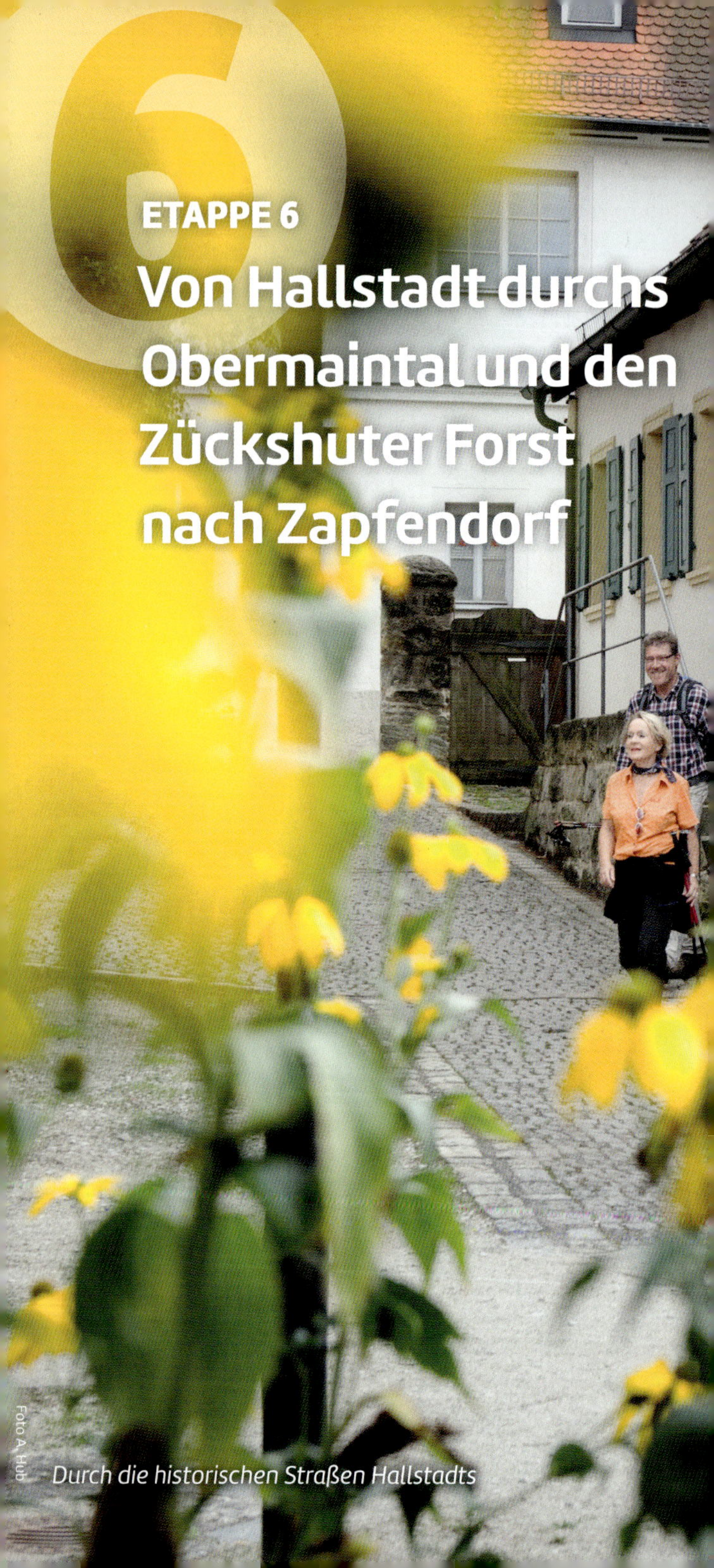

Foto A. Hub

Durch die historischen Straßen Hallstadts

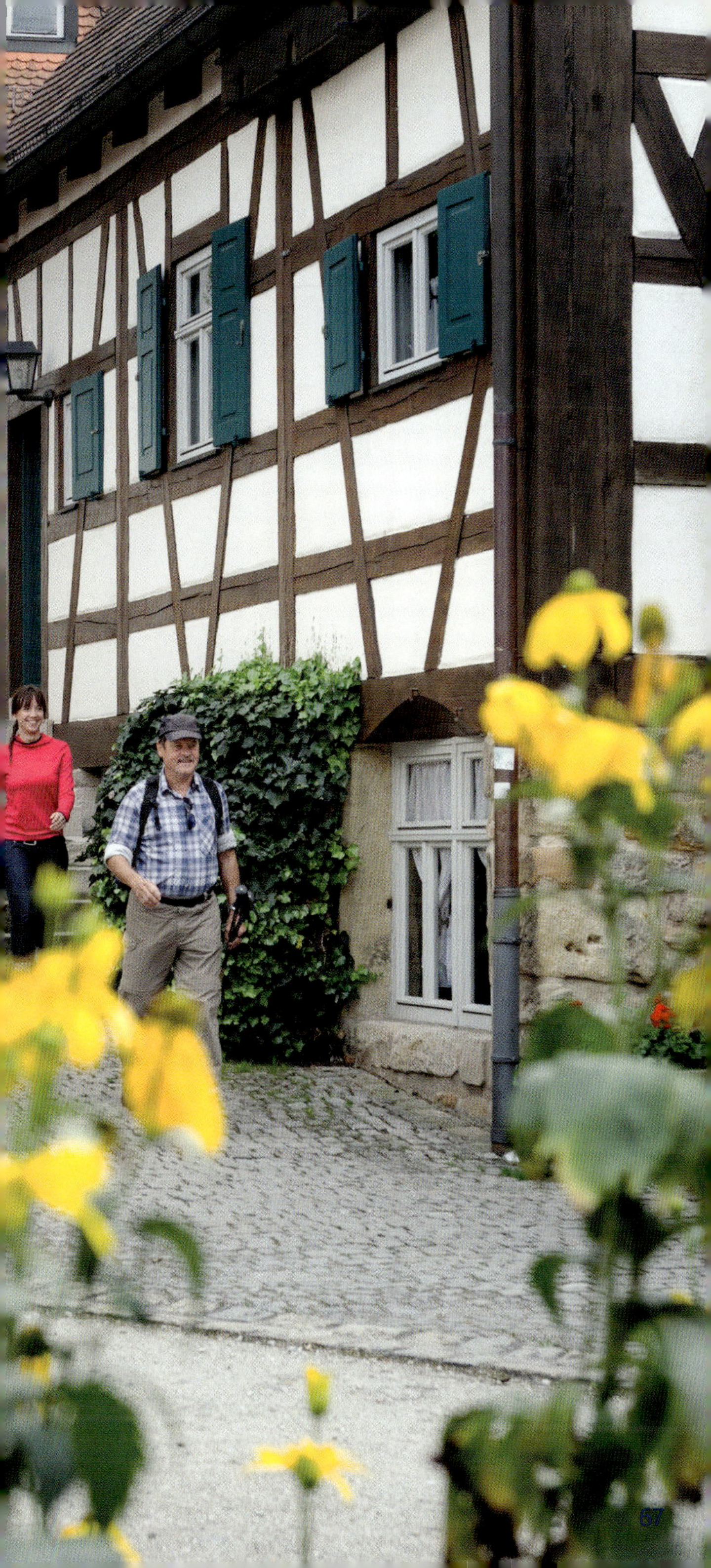

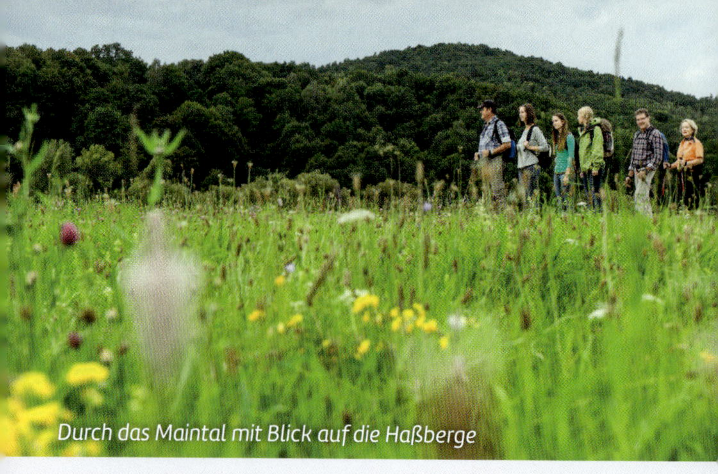
Durch das Maintal mit Blick auf die Haßberge

ETAPPE 6

Von Hallstadt durchs Obermaintal und den Zückshuter Forst nach Zapfendorf

medium	19,9 km	5:15 h	196 m	185 m	373 m	234 m

Höhepunkte

Link zur digitalen Tourbeschreibung

St.-Anna-Kapelle, Königsmühle, Marktplatz mit spätgotischer Hallenkirche St. Kilian und Mainschlösschen in Hallstadt // Flussgesichter-Skulpturen am Auenweg Obermain // Kirchplatz in Kemmern // Historisches Schulhaus in Sassendorf // Obstparadies Bamberger Land bei Lauf

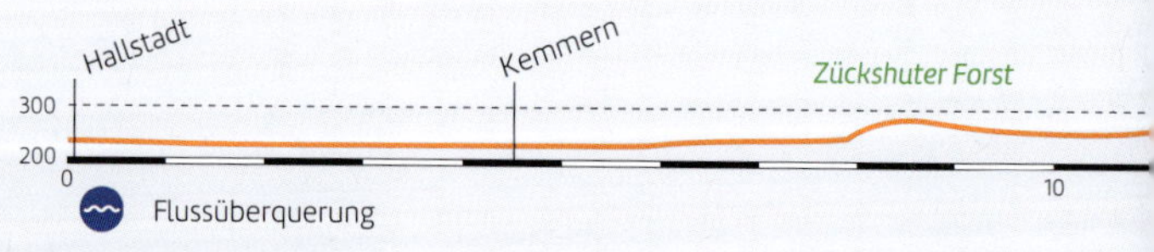

Hallstadt (🚆, 🍴/🛏/🛒) – **Gründleinsbach** *1,9 km* – Leitenbach *3 km* – Kemmern *4,5 km* (🍴/🛏/🛒) – Hängig im Zückshuter Forst *7,3 km* – Zückshut *9,5 km* (🍴/🛏) – Güßbach *9,9 km* – Hohengüßbach *12 km* – Zeilangergraben *12,8 km* – Sassendorf *13,7 km* (🍴) – Buchwald *15,5 km* – **Laufer Bach** *16 km* – Lauf *17,6 km* – A73 *18,2 km* – Zapfendorf *19,9 km* (🚆, 🍴/🛏/🛒)

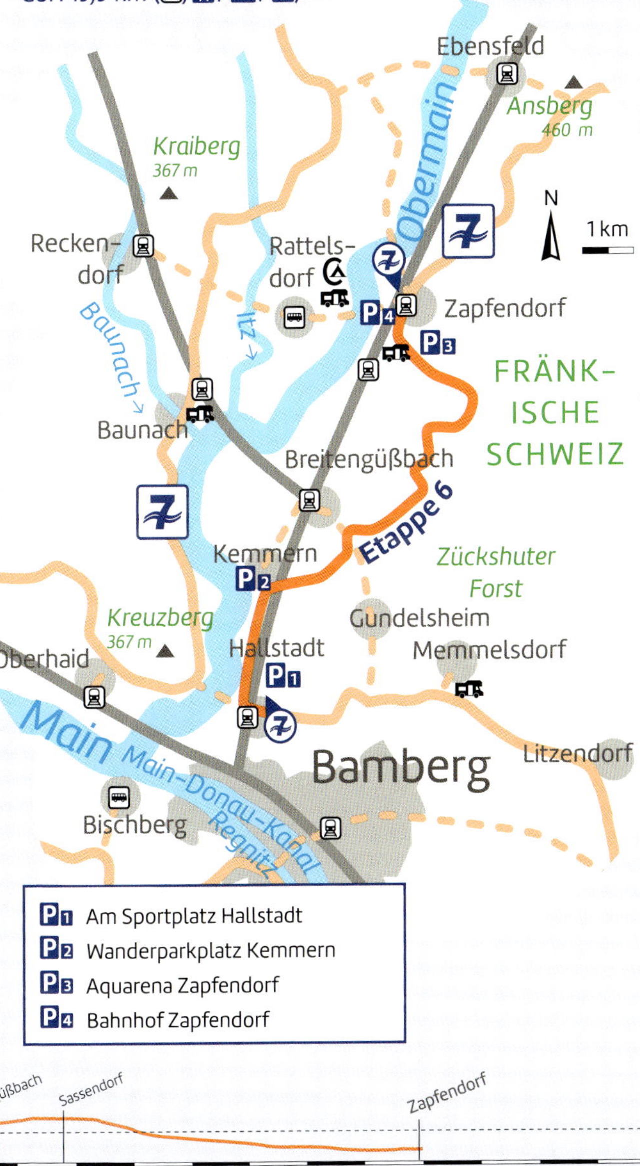

P1 Am Sportplatz Hallstadt
P2 Wanderparkplatz Kemmern
P3 Aquarena Zapfendorf
P4 Bahnhof Zapfendorf

engüßbach
Sassendorf
Zapfendorf
20

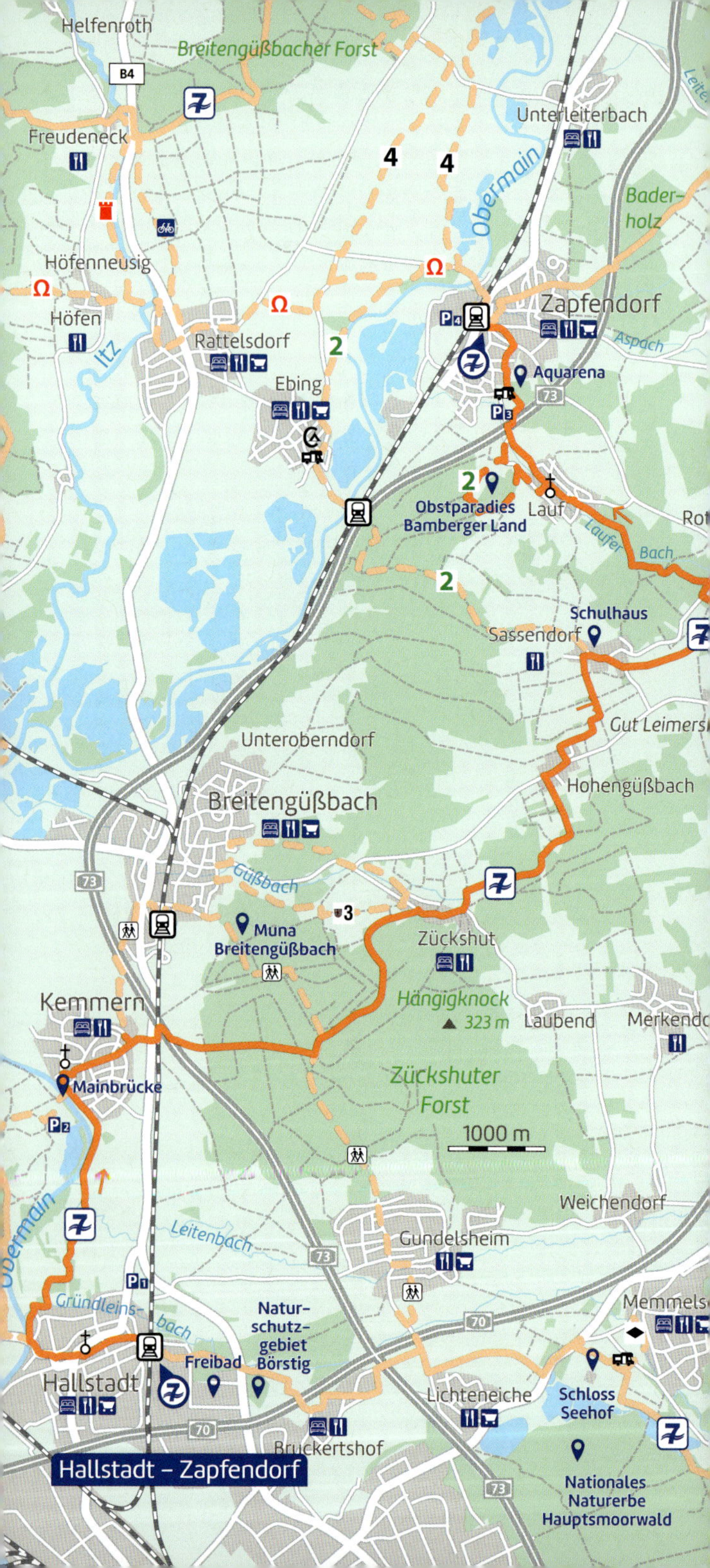

Helfenroth
Breitengüßbacher Forst
B4
Freudeneck
Unterleiterbach
4
4
Obermain
Bader-
holz
Höfenneusig
Höfen
Zapfendorf
Rattelsdorf
Aspach
Itz
2
Ebing
Aquarena
73
2
Obstparadies
Bamberger Land
Lauf
Laufer Bach
2
Schulhaus
Sassendorf
Gut Leimers
Unteroberndorf
Hohengüßbach
Breitengüßbach
73
Güßbach
3
Muna
Breitengüßbach
Zückshut
Hängigknock
323 m
Laubend
Merkend
Kemmern
Mainbrücke
Zückshuter
Forst
1000 m
Weichendorf
Obermain
Leitenbach
Gundelsheim
73
Gründleins-
bach
Natur-
schutz-
gebiet
Börstig
Memmels
70
Freibad
Hallstadt
Lichteneiche
Schloss
Seehof
70
Bruckertshof
Hallstadt – Zapfendorf
73
Nationales
Naturerbe
Hauptsmoorwald

Auf der 6. Etappe wandern Sie vom Bahnhof in Hallstadt durchs Maintal nach Kemmern, dann durch den Zückshuter Forst und hinauf nach Sassendorf, bevor Sie über die Ortschaft Lauf wieder ins Maintal zum Zapfendorfer Bahnhof gelangen.

Hallstadt – Kemmern

Vom Bahnhof **Hallstadt** gehen Sie die Unterführung hinauf zur barocken **St.-Anna-Kapelle** und dann immer am Mühlbach entlang über die Königsmühle bis ins Zentrum von Hallstadt. In den Hofläden der **Hallstadter Gärtner** können Sie saisonales Obst und Gemüse direkt aus der Region erwerben. Die Ortsmitte der ehemaligen Königsstadt beeindruckt mit der spätgotische Hallenkirche **St. Kilian**, dem imposanten **Rathaus**, mehreren prächtigen Fachwerkbauten sowie dem modernen Bürgerhaus. Der Sieben-Flüsse-Wanderweg 7 leitet Sie an der Kirche vorbei über den Marktplatz und folgt dem Mühlbach durch die Bachgasse an der Reubelsmühle (Mühlenladen) vorbei bis zum Kiliansplatz.
Entlang der Mainstraße geht es weiter bis kurz vor die **Mainbrücke**. Gehen Sie an der Flussgesichter-Skulptur und der Informationstafel des Naturparkes Haßberge auf dem Hochwasserdamm flussaufwärts hinter dem **Main-**

Kirche St. Kilian in Hallstadt

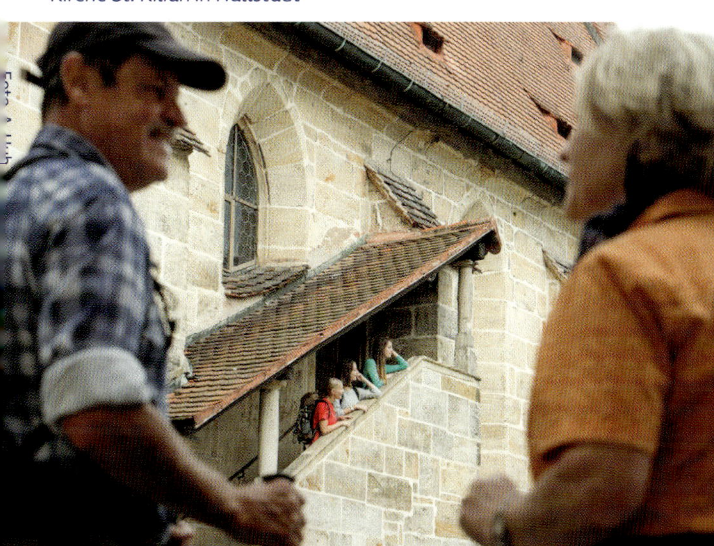

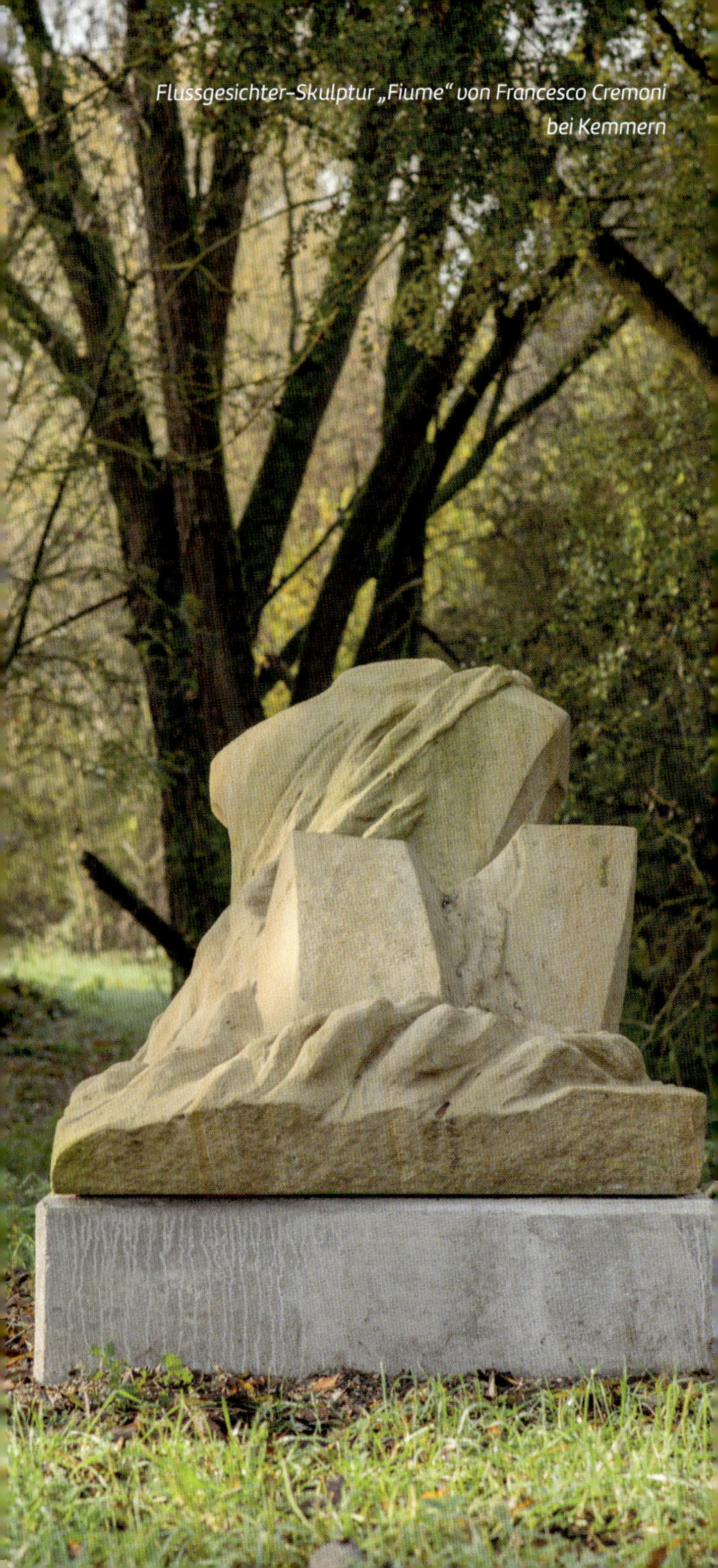

Flussgesichter-Skulptur „Fiume“ von Francesco Cremoni bei Kemmern

schlösschen vorbei und überqueren Sie dann den Gründleinsbach. Folgen Sie diesem ein Stück nach rechts und zweigen Sie dann nach links auf einen Feldweg durch die weiten Mainauen ab. Am westlichen Talrand sehen Sie die bewaldeten Hänge des **Kreuzbergs** und des **Sembergs**, die zum Gebiet der Haßberge gehören. Wenn Sie sich umdrehen, thront auf einem zum Steigerwald gehörenden Hügel die Altenburg über Bamberg. Und zu Ihrer Rechten können Sie am östlichen Horizont die markanten Höhenzüge der Fränkischen Alb erkennen.
Biegen Sie am Ende des Feldweges erst nach rechts und gleich danach nach links auf den geteerten Rad- und Fußweg ab. An der Brücke über den Leitenbach lädt eine Bank dazu ein, den Geräuschen des Wassers und der Natur zu lauschen. Nun wandern Sie ein Stück den Leitenbach entlang und kommen an einer weiteren Flussgesichter-Skulptur dem Main ganz nahe. Flussaufwärts, am Kemmerner Schwall, lassen sich Graureiher beobachten. Wer Glück hat, kann sogar einen Eisvogel oder die Spuren des Bibers entdecken und in warmen Sommernächten Glühwürmchen fliegen sehen. Folgen Sie dem Weg an der Kläranlage vorbei und bald erreichen Sie die Mainbrücke in **Kemmern**. Hier gibt es eine „Hörstation", an der Sie mittels QR-Code mehr über die Geschichte des Bauwerks erfahren können. Direkt neben der Brücke steht ein unscheinbares Gebäude: Hier wird am „Pegel Kemmern" fortlaufend der Wasserstand des Mains gemessen. Am Kirchturm in der Ortsmitte künden in den Sandstein geritzte Marken von historischen Hochwasserereignissen. Sowohl im Ort als auch auf den Bierkellern auf der anderen Mainseite lässt es sich gut einkehren.

Kemmern – Zückshuter Forst – Zückshut – Hohengüßbach

Der 7 führt Sie an der örtlichen Brauerei vorbei die Hauptstraße entlang zum Ort hinaus. Dort überqueren Sie nach dem Hotel auf der Brücke zuerst Staatsstraße und Eisenbahn, dann biegen Sie nach links ab und gehen unter der Autobahnbrücke hindurch. Halten Sie sich danach zuerst rechts und dann biegen Sie nach links auf einen von Birken gesäumten Weg ab, der Sie direkt in den **Zückshuter Forst** leitet.

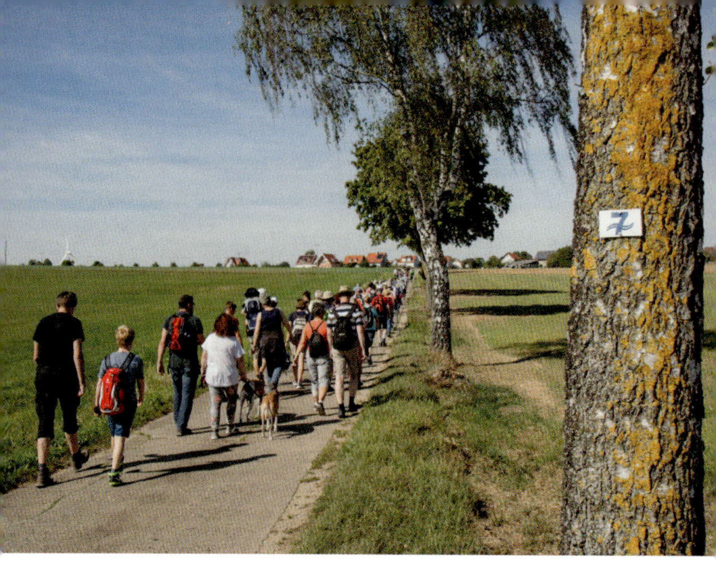

Auf der Höhe zwischen Hohengüßbach und Sassendorf

Auf dem Forstweg wandern Sie mit mehreren Anstiegen immer geradeaus bis auf den sogenannten Hängig. Nach rechts zweigt hier ein Verbindungsweg Richtung Gundelsheim ab. Nach links können Sie durch das früher als Munitionsdepot genutzte **MUNA-Gelände** auf einem Verbindungsweg den Bahnhof **Breitengüßbach** erreichen. Folgen Sie dem 7 unterhalb des **Hänigknocks** zuerst ebenfalls nach links und dann nach rechts durch den Wald bis nach **Zückshut**. Am Wirtshaus und an der Kapelle vorbei biegen Sie von der Hauptstraße links zum Sportplatz ab. Auf der anderen Talseite des **Güßbaches**, in dem der Biber seit einigen Jahren wieder heimisch ist, biegen Sie nach rechts ab und folgen dem kleinen Bach bergan. Am Ende eines Wäldchens geht es dann nochmal steil den Berg hinauf nach **Hohengüßbach**.

Hohengüßbach – Sassendorf – Lauf

In **Hohengüßbach** folgen Sie der Hohengüßbacher Straße nach rechts an der Kirche und einem Apfelhof vorbei bis fast zum Ortsende. Dann biegen Sie nach links in die Wiesenstraße ab. An deren Ende führt Sie die Straße „Giechburgblick“ zum Ort hinaus. Die Ruine der Giechburg mit der Gügel-Kapelle auf einem benachbarten Hügel gehört zu den weithin sichtbaren Wahr-

zeichen des Bamberger Landes. Ein Stück entlang des **Zeilangergrabens** durchwandern Sie die ackerbaulich genutzte Flur, biegen dann nach links ab und erreichen bald darauf **Sassendorf** mit seinem 1794 erbauten ehemaligen Schulhaus. Durchwandern Sie Sassendorf, bis Sie die Hohe Straße zum Ort hinaus am alten Sportplatz vorbei zum Waldrand führt. Nach einem Stück am Waldrand entlang haben Sie Ausblicke auf das **Maintal** mit dem markanten **Staffelberg**. Von hier aus kann über einen lokalen Wanderweg 1 über Oberoberndorf auch das Kloster Maria Frieden (Pilgerherberge) in **Kirchschletten** (5 *km*) erreicht werden.
Biegen Sie links nach einem Wäldchen ab und überqueren Sie die Kreisstraße. Dann führt Sie der 7 zusammen mit dem aus Königsfeld über die Giechburg und Scheßlitz kommenden Pfaffenritt Ω in das Waldgebiet Buchholz. Dieses durchwandern Sie zuerst auf Waldwegen und durch Schluchten und dann auf Forstwegen und an Teichen vorbei, bis Sie zusammen mit dem **Laufer Bach** die Ortschaft Lauf erreichen. Besonders im Frühling zur Obstblüte und im Herbst empfiehlt sich an der Kirche der Abzweig über das **Obstparadies Bamberger Land** mit seinen 200 verschiedenen Apfel- und Birnensorten.

Einkehr in Kemmern

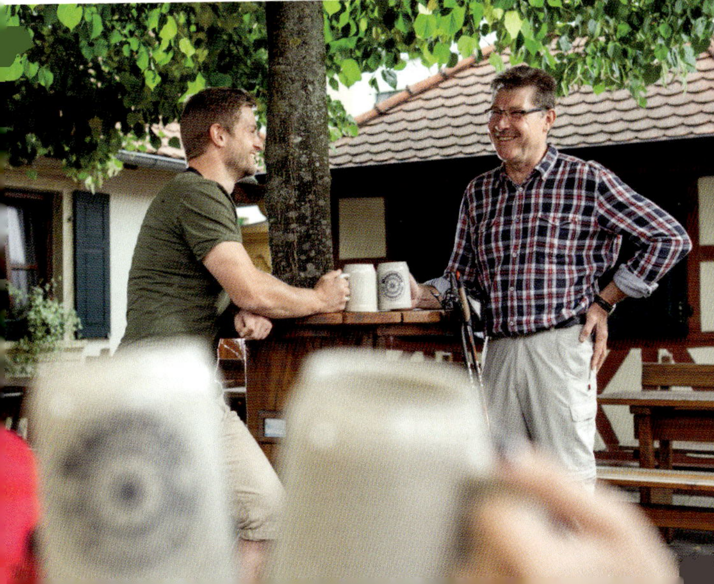

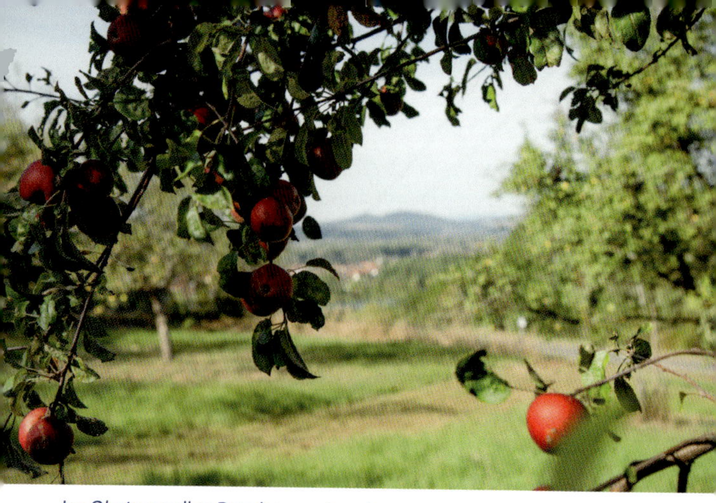

Im Obstparadies Bamberger Land

Lauf – Zapfendorf

Der 7 führt Sie auf der Dreikönigsstraße durch Lauf, dann auf dem Geh- und Radweg unter der Autobahnbrücke hindurch und schließlich direkt hinter dem Warmwasser-und Freizeitbad Aquarena vorbei. Noch ein kurzes Stück geht es durch ein Wäldchen, dann biegen Sie nach der evangelischen Kirche links in die Herrngasse ein. So gelangen Sie in das Ortszentrum von **Zapfendorf**. Der Bahnhof liegt zentral und ist nach der Überquerung der Hauptstraße in nur 100 Metern schnell erreicht. Auf dem Bahnhofsvorplatz erinnert eine Skulptur des Bamberger Künstlers Bernd Wagenhäuser an die fast vollständige Zerstörung des Ortes, als am 1. April 1945 amerikanische Tiefflieger in Zapfendorf einen Munitionszug zur Explosion brachten.

Tourtipp

Obstparadies Bamberger Land
Besonders im Frühling zur Obstblüte und im Herbst empfiehlt sich in Lauf (Markt Zapfendorf) ein Abzweig über das Obstparadies Bamberger Land mit seinen 200 verschiedenen Apfel- und Birnensorten. Folgen Sie von der Kirche in Lauf dem örtlichen Wanderweg 2 über den Kirchberg und den Mühlweg bis zum Sportplatz, wo der mit Infotafeln gestaltete zwei Kilometer lange Rundweg

startet. Wenn Sie Obst und Äste an den Bäumen lassen, helfen Sie mit, die Sortenvielfalt der fränkischen Streuobstwiesen für die Zukunft zu erhalten! Beim Kreisverband Bamberg für Gartenbau und Landespflege sind fachkundige Führungen für Gruppen mit Verkostung buchbar (Tel. 0951-85534).

Info

Flussgesichter-Skulpturen am Auenweg Obermain: Zwölf Sandsteinskulpturen internationaler Künstler*innen sowie Naturerlebnisorte entlang des Mains und seiner Nebenflüsse machen auf die Bedeutung lebendiger Flüsse für Mensch und Natur aufmerksam. www.flussgesichter.de

Hinweis

Wenn der Main **Hochwasser** führt (470 cm am Pegel Kemmern, www.hnd.bayern.de, Tel. 01804-370037-524, 0,20 € pro Anruf aus d. dt. Festnetz, Mobilfunkpreise können abweichen) ist ein Stück des Weges zwischen Hallstadt und Kemmern nicht begehbar. Wandern Sie dann auf der anderen Mainseite auf dem (siehe Etappe 10) am Waldrand von Dörfleins bis zur Kemmerner Wandertafel und weiter zur Mainbrücke nach Kemmern oder starten Sie die Etappe in Kemmern bzw. am Bahnhof Breitengüßbach.

Etappenvariante

Die Verbindungswege durch den Zückshuter Forst ermöglichen Rundtouren z. B. nach Gundelsheim (*2,3 km*, Stadtbusanbindung nach Bamberg, /) oder Breitengüßbach (*2,5 km*, , / /).

Mahlzeit und Unterkunft

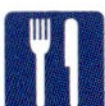

Hallstadt, Kemmern, Breitengüßbach, Zückshut, Leimershof, Sassendorf, Zapfendorf, Unterleiterbach

Hallstadt, Kemmern, Breitengüßbach, Zückshut, Kirchschletten, Zapfendorf, Unterleiterbach

ETAPPE 7

Von Zapfendorf über Ansberg und Staffelberg nach Bad Staffelstein

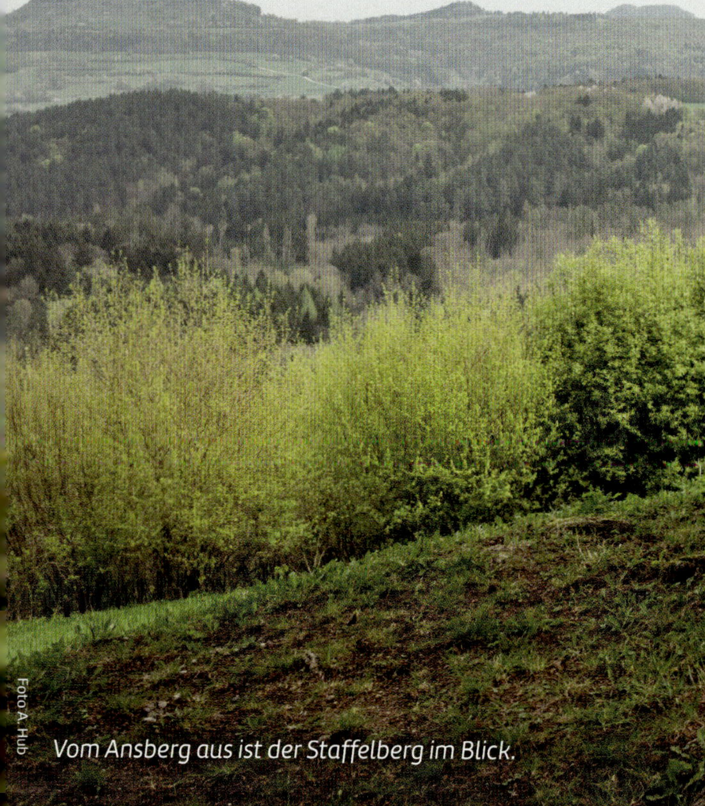
Foto A. Hub

Vom Ansberg aus ist der Staffelberg im Blick.

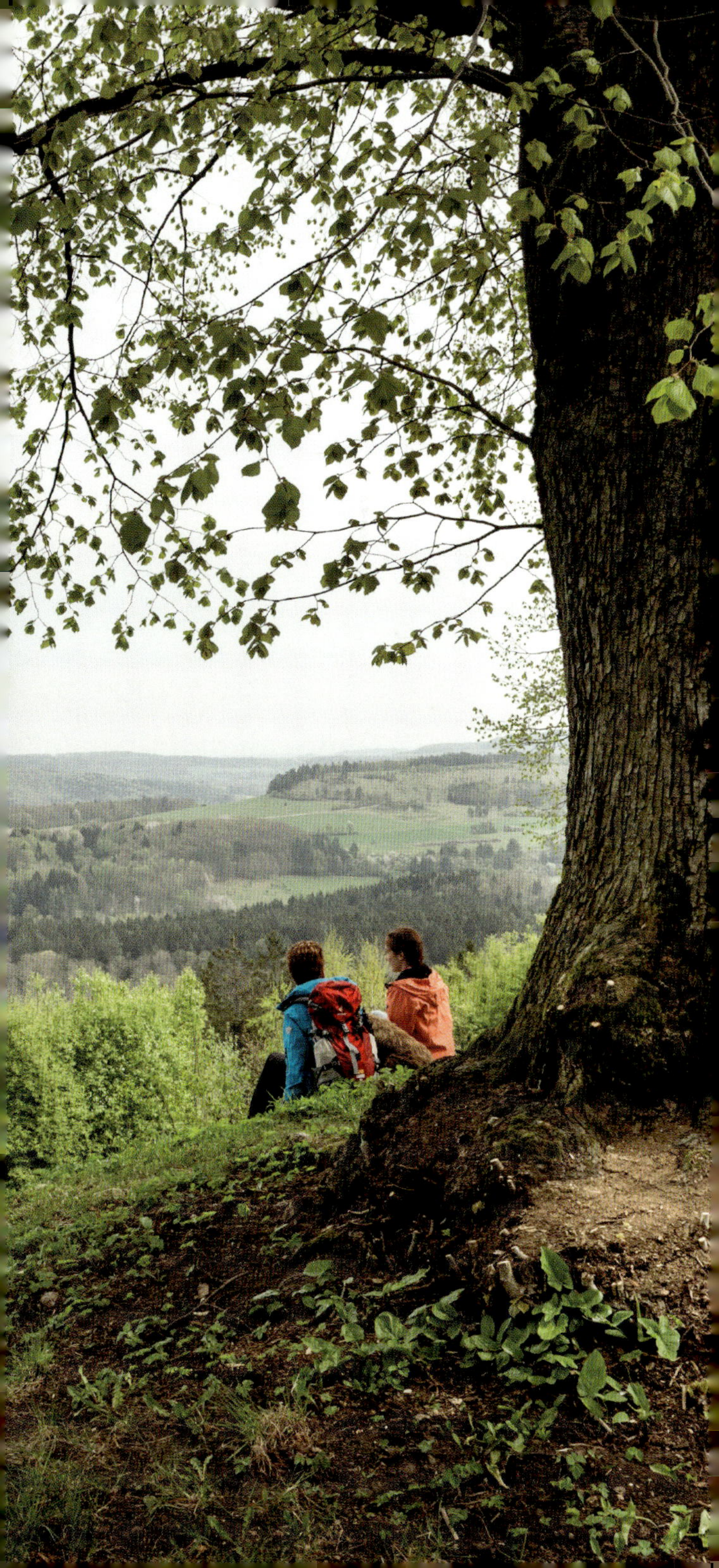

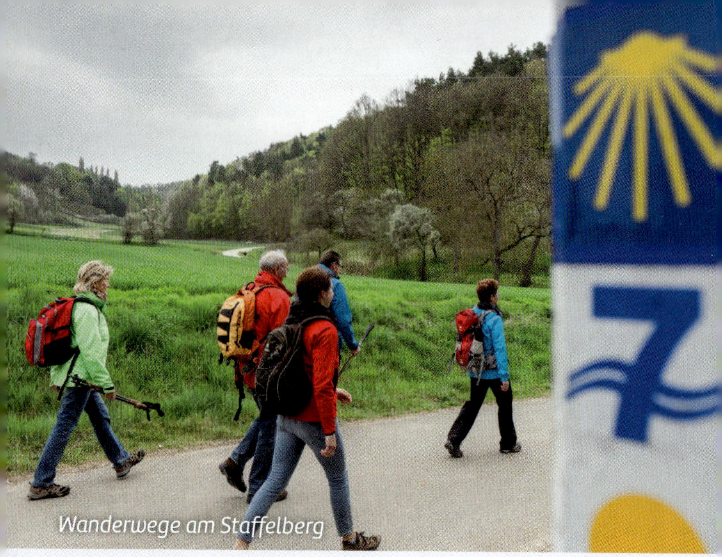

Wanderwege am Staffelberg

ETAPPE 7

Von Zapfendorf über Ansberg und Staffelberg nach Bad Staffelstein

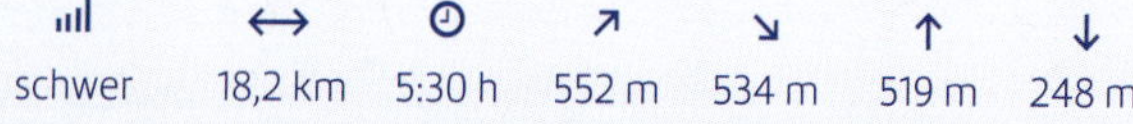

Höhepunkte

Link zur digitalen Tourbeschreibung

Kirche St. Laurentius in Oberleiterbach // Hankirche // Ansberg mit Veitskapelle und Lindenkranz // Morgenbühl // Staffelberg mit Adelgundlskapelle, spatkeltischem Oppidum und Trockenbiotopen // Bad Staffelstein

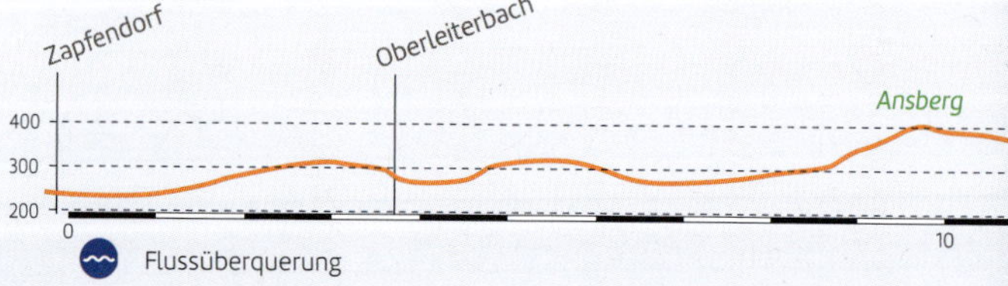

Zapfendorf (🚉, 🍴/🛏/🛒) – **Aspach** *0,3 km* – A73 *1,7 km* – Oberleiterbach *3,8 km* – Gießhügel *5,5 km* – Hankirche *6,2 km* – **Kellbach** *6,4 km* – Prächting (🍴/🛏) *6,9 km* – Dittersbrunn (🍴) – Abzweig zum Ansberg mit Veitskapelle *9,5 km* – Sträublingshof *10,4 km* – Naturfreundehaus am Dornig *10,9 km* – Morgenbühl *11,6 km* – **Lauter** in Loffeld (🍴/🛏) *12,7 km* – Staffelberg *14,5 km* – A73 *16,2 km* – Bad Staffelstein *18,2 km* ℹ (🚉, 🍴/🛏/🛒)

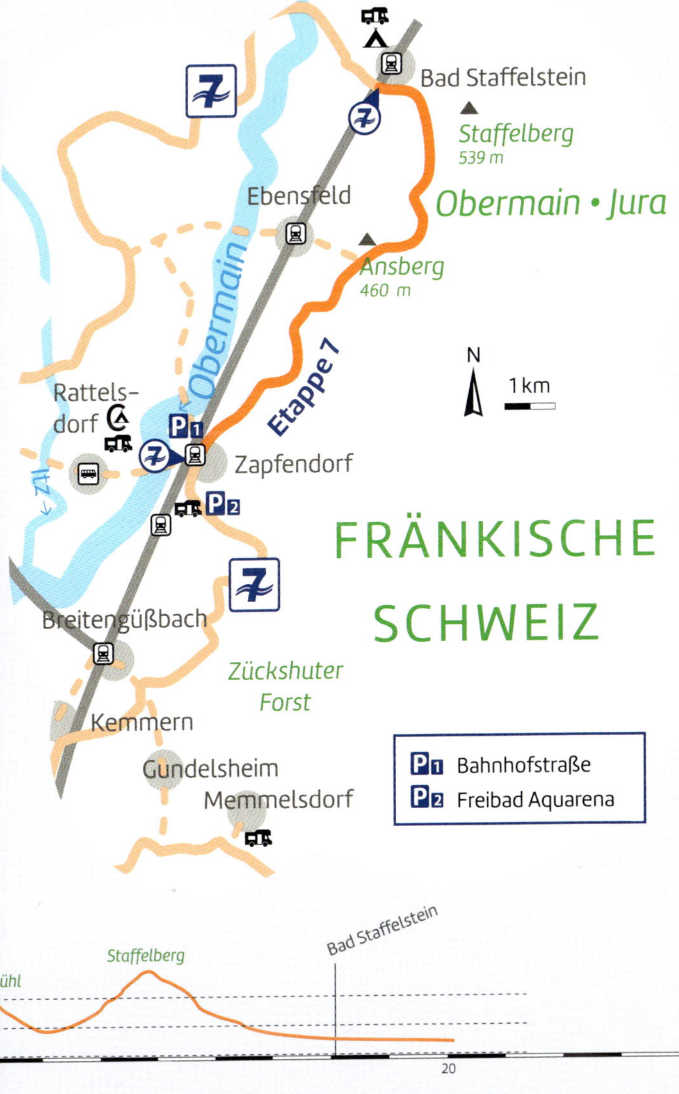

Auf der 7. Etappe von Zapfendorf in die Kurstadt Bad Staffelstein genießen Sie von der Hankirche, dem Ansberg und dem Morgenbühl Panoramablicke über das Maintal und den Staffelberg – dem letzten Anstieg und Höhepunkt der Tour.

Zapfendorf – Oberleiterbach

Vom Bahnhof **Zapfendorf** erreichen Sie nach 100 m und der Überquerung der Hauptstraße die **Pfarrkirche St. Peter und Paul** in Zapfendorf. Diese musste – wie fast der gesamte Ort – nach dem Zweiten Weltkrieg neu aufgebaut werden. Amerikanische Tiefflieger hatten am 1. April 1945 einen Munitionszug zum Explodieren gebracht. Von der Kirche blieben nur einige Mauern stehen. Gehen Sie auf der Hauptstraße nach links vor der Kirche vorbei und biegen Sie dann nach rechts in die Kirchgasse und nochmals links in die Alte Landstraße ab. Diese führt über den **Aspach** und direkt auf eine kleine Altarkapelle zu. Folgen Sie dem Aspach ein kurzes Stück bachaufwärts, dann wenden Sie sich nach links

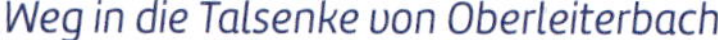

Weg in die Talsenke von Oberleiterbach

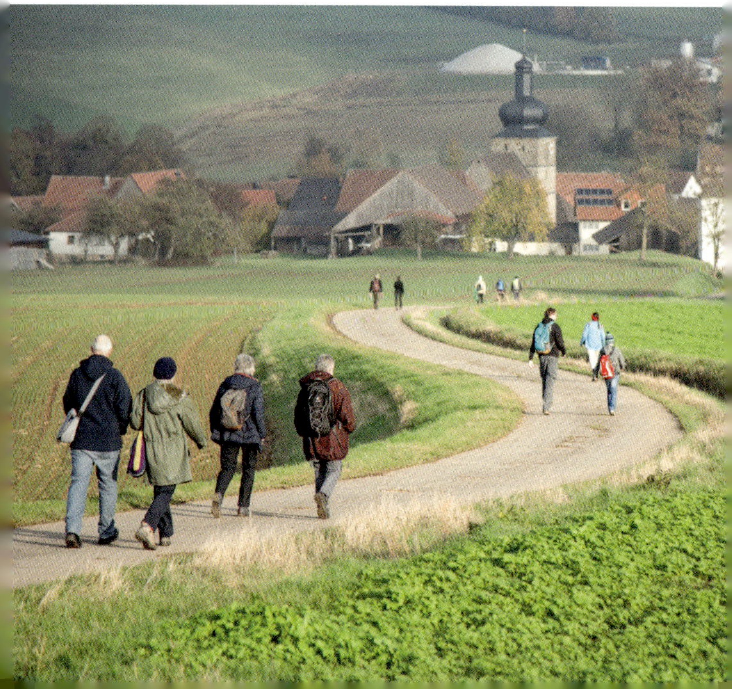

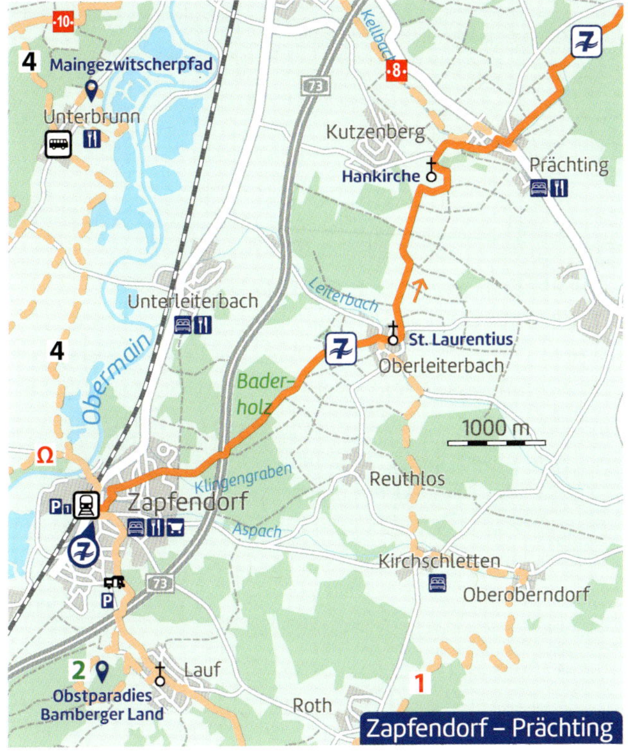

und wandern über den Freiberg und dann auf der Oberleiterbacher Straße zum Ort hinaus. Sie überqueren nun zuerst den **Klingengraben** und gehen am Zapfendorfer Bienenhaus vorbei durch die Autobahnunterführung in das Waldgebiet des **Baderholzes**. Ein Hohlweg führt Sie durch den Wald, dann wandern Sie auf Flurwegen vorbei an einer Solarstromanlage in das idyllisch im Tal gelegene **Oberleiterbach**. Der Sieben-Flüsse-Wanderweg führt Sie direkt an der umfriedeten Wallfahrtskirche **St. Laurentius** vorbei. Auf dem Friedhof hinter der Kirche liegt das Grab des letzten Einsiedlers vom Staffelberg, des Oberleiterbachers Ivo Hennemann, den Viktor von Scheffel im Frankenlied besingt.

Oberleiterbach – Hankirche – Prächting

Kurz vor dem Ende des mehrfach prämierten Dorfes wenden Sie sich in der Kleukheimer Straße nach links und wandern bergan durch die offene Feldflur. Dabei über-

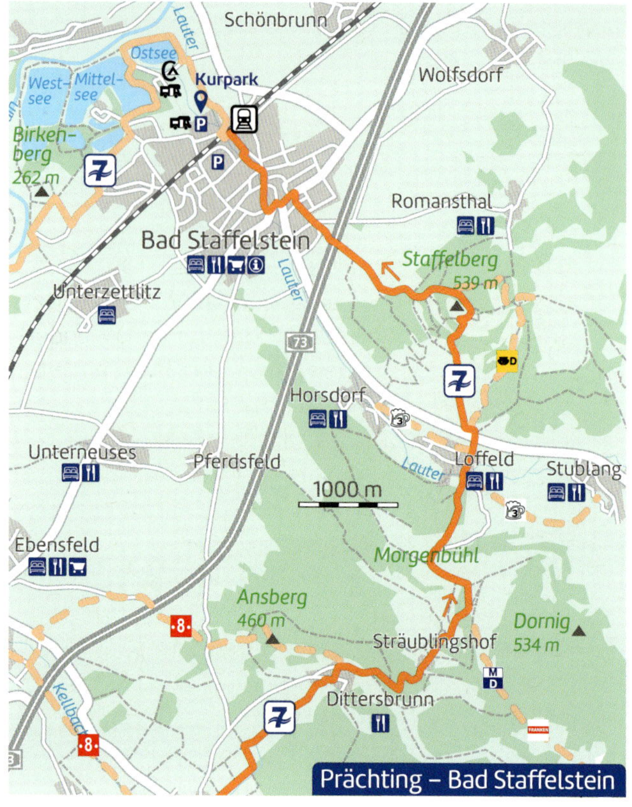

winden Sie über 60 Höhenmeter hinauf zum **Gießhügel**. Auf halber Strecke lädt eine Bank dazu ein, den Blick schweifen zu lassen. Markant erhebt sich im Süden die Giechburg über das Bamberger Land.
Nach dem Anstieg wandern Sie auf den Flurwegen erst rechts und kurz danach wieder links und gelangen durch ein kleines Waldgebiet an den Hügel, auf dem die **Hankirche** steht. Genießen Sie hier den Panoramablick über das nördliche Obermaintal. Dann wandern Sie ins Kellbachtal hinab nach **Prächting**, dessen Ortsbild von zahlreichen denkmalgeschützten Fachwerkhäusern und Bildstöcken geprägt wird.

Prächting – Dittersbrunn – Ansberg

Sie überqueren die Hauptstraße und folgen am Ortsrand dem Zeitelbach, einem Zufluss des Kellbachs, auf

Tourtipp

Der historische Dorfrundgang in Oberleiterbach ist mit QR-Codes abrufbar.

www.oberleiterbach.de/dorfrundgang.html

die andere Talseite und dann hinauf nach **Dittersbrunn**. Sie können von hier aus direkt einen unmarkierten Fußweg zum **Ansberg** hinaufgehen. Oder Sie verlassen den Ort auf dem 7 und biegen kurz vor dem Wanderparkplatz nach links auf den knapp 1 km langen Weg (8) zum Ansberg ab. Der mächtige Lindenkranz, der die Kapelle umgibt, und der nächste Panoramablick auf das Maintal und den markanten Staffelberg lohnen auf jeden Fall. Der Ansberg wird in der Gegend nach der auf ihm stehenden Kapelle meist als Veitsberg bezeichnet.

Ansberg – Morgenbühl – Loffeld

Gehen Sie vom Ansberg wieder zurück und dann am Wanderparkplatz vorbei auf der sich durch den Wald windenden Teerstraße nach **Sträublingshof**. Gleich am Ortseingang steht eine kleine Kapelle. Sie wandern auf

Zu Ostern werden im Fränkischen Jura die Brunnen geschmückt.

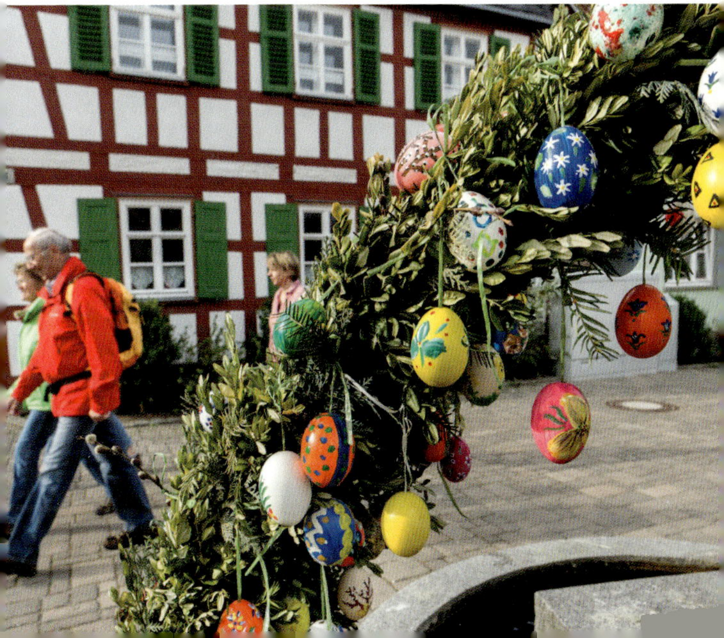

der Hauptstraße durch den Ort und dann die nächste Steigung hinauf zum Naturfreundehaus am Dornig. Hier trifft der 7 auf gleich zwei berühmte Fernwanderwege: den aus dem Frankenwald kommenden Frankenweg und den durch die Fränkische Schweiz und die Oberpfalz bis Regensburg führenden Main-Donau-Wanderweg (Juralinie M D). Alle diese Wanderwege führen über den **Morgenbühl** hinauf auf den **Staffelberg**. Aber zuvor geht es noch einmal hinab in den Lautergrund ins idyllisch gelegene **Loffeld**. Sie überqueren die **Lauter** und verlassen den Ort auf dem Löwentalweg. Auf der anderen Seite der Staatsstraße laufen Sie quer über den Wanderparkplatz.

Loffeld – Staffelberg – Bad Staffelstein

Der anschließende Anstieg zum **Staffelberg** führt relativ steil zwischen den sonnigen, mit Hecken und Obstbäumen bestandenen Wiesen hinauf. Alternativ können Sie das Tälchen entlang über den längeren Keltenweg D wandern. Auf alle Fälle werden Sie auf dem Plateau bei gutem Wetter mit einer fantastischen Aussicht belohnt. Nehmen Sie sich Zeit, die mit verschiedenen Infotafeln dargestellte Geschichte dieses besonderen oberfränkischen Berges zu erkunden.

Die Gastwirtschaft neben der Kapelle lädt ebenfalls zum Verweilen ein. Zusammen mit dem Mainwanderweg führt Sie der 7 dann entlang des Kreuzweges durch einen bewaldeten Hohlweg und über die A73-Fußgängerbrücke nach **Bad Staffelstein**. Das Zentrum erreichen Sie auf direktem Weg über die Viktor-von-Scheffel-Straße und die Lichtenfelser Straße. Der 7 führt Sie dann an der **Lauter** entlang zum Bahnhof.

Mahlzeit und Unterkunft

Zapfendorf, Prächting, Loffeld, Stublang, Horsdorf, Staffelberg, Romansthal, Bad Staffelstein

Zapfendorf, Ebensfeld, Prächting, Loffeld, Stublang, Horsdorf, Romansthal, Bad Staffelstein

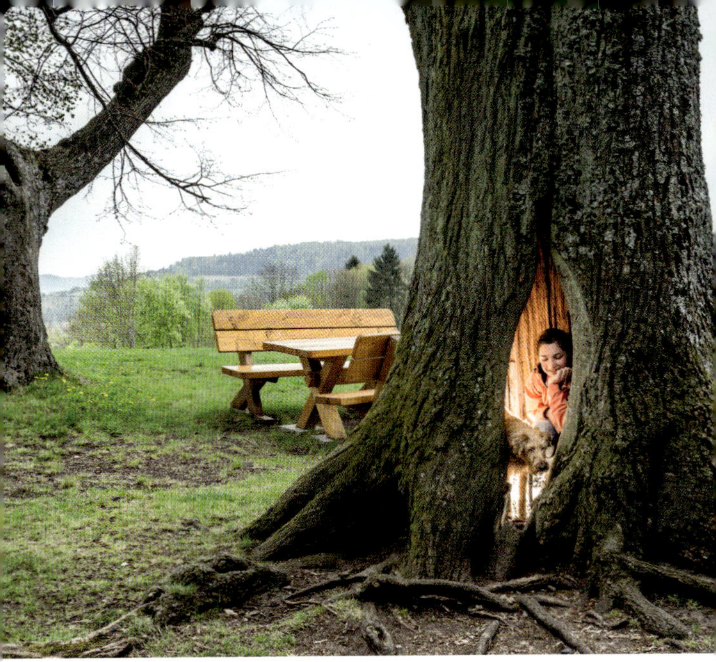

Hohle Linde auf dem Ansberg

Exkurs

Trockenbiotop Staffelberg: Mit seinen schroffen Felsen thront der Staffelberg weithin sichtbar über dem Obermaintal. In den alten Streuobstwiesen und Hecken leben Wendehals und Neuntöter, auf den Kalkmagerrasen blühen Orchideen, Enzian und Küchenschelle. Wärmeliebende Tierarten wie der Deutsche Sandlaufkäfer und die Kreuzotter fühlen sich auf den besonnten Hängen wohl. Die Beweidung durch die Wanderschäferei sorgt dafür, dass diese als blütenreiche Wiesen erhalten bleiben.

Etappenvariante

Wanderung in zwei Etappen Zapfendorf–Oberleiterbach–Hankirche–Prächting–Ebensfeld (*11 km*) und Ebensfeld–Ansberg–Loffeld–Bad Staffelstein (*15 km*) durch Kombination des Sieben-Flüsse-Wanderwegs mit dem ·8· mit direktem Bahnanschluss

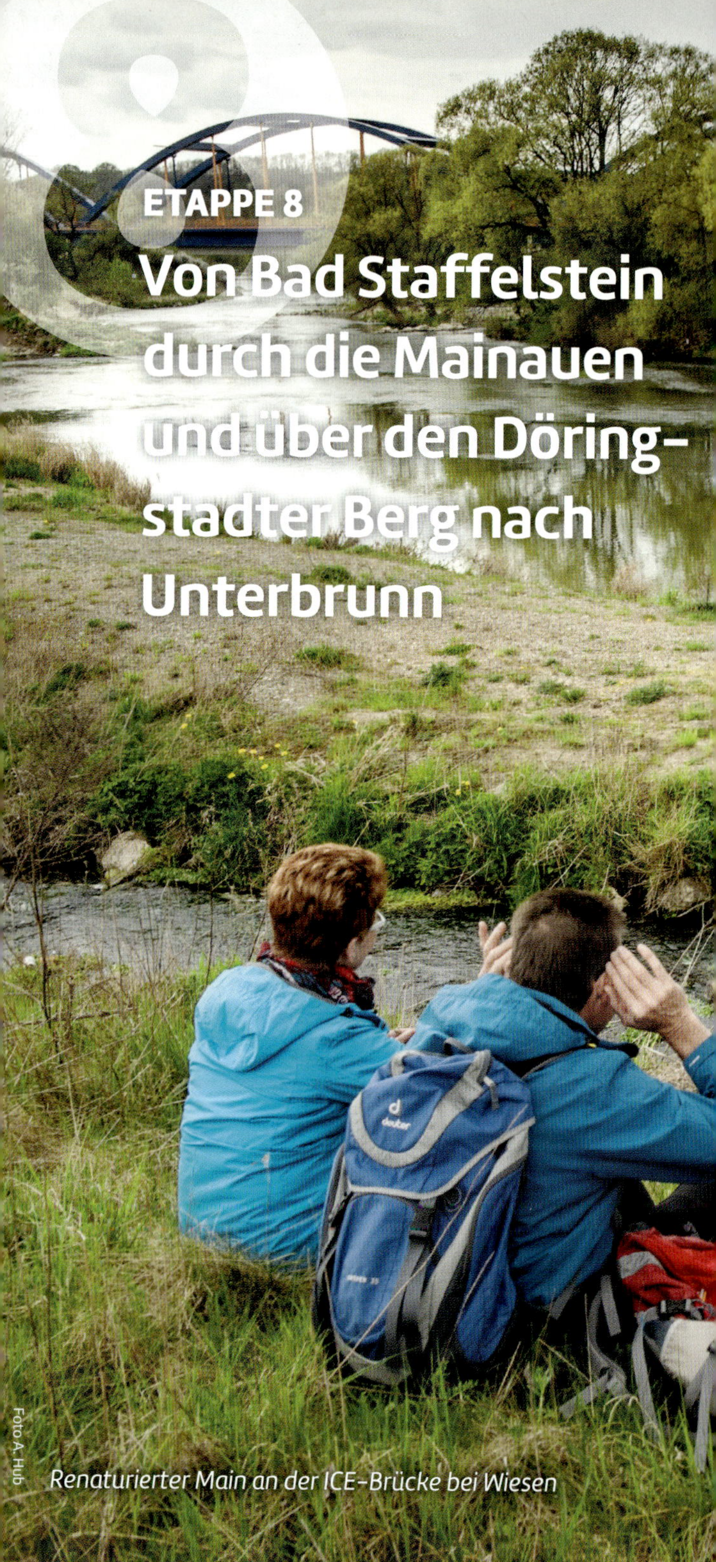

ETAPPE 8

Von Bad Staffelstein durch die Mainauen und über den Döring- stadter Berg nach Unterbrunn

Foto A. Hub

Renaturierter Main an der ICE-Brücke bei Wiesen

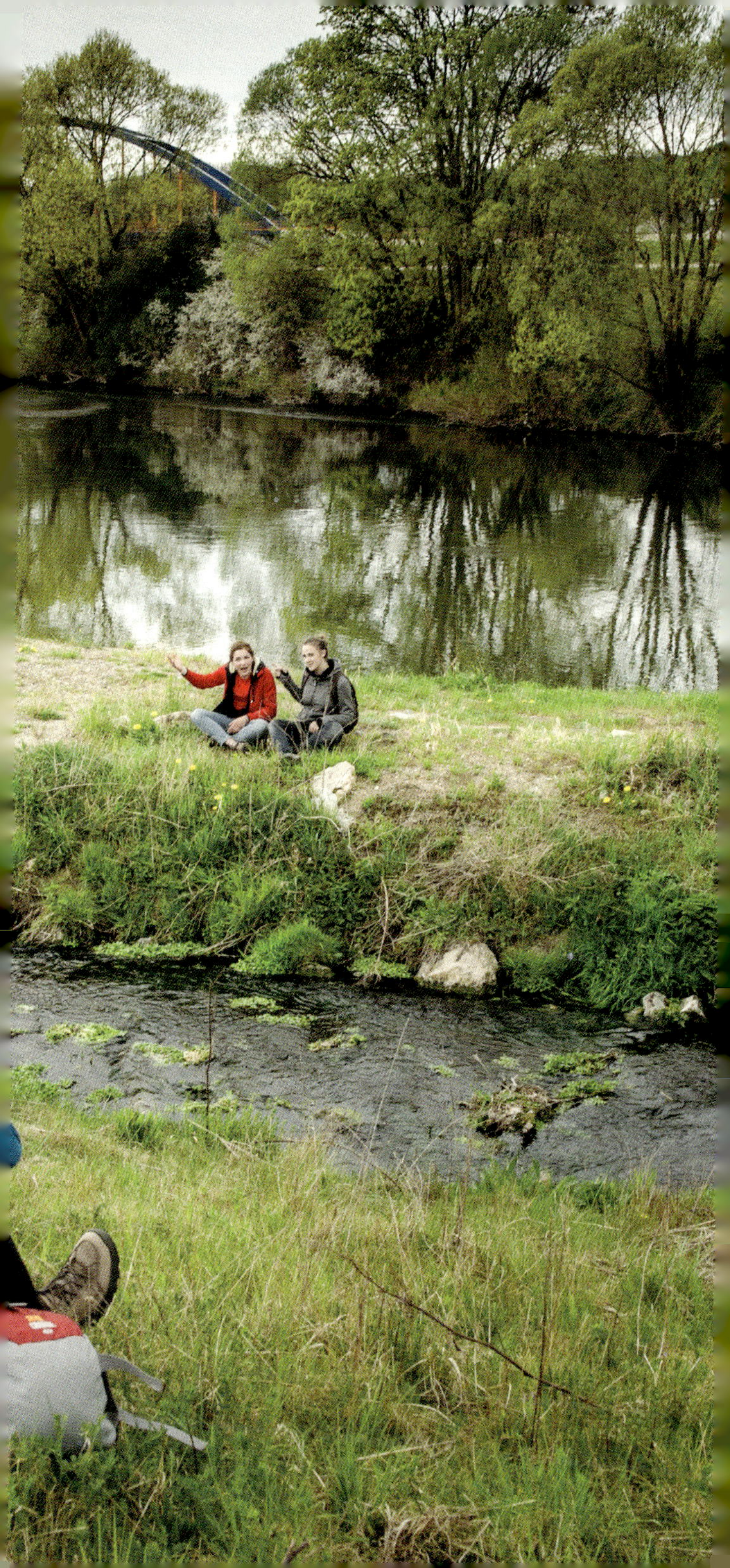

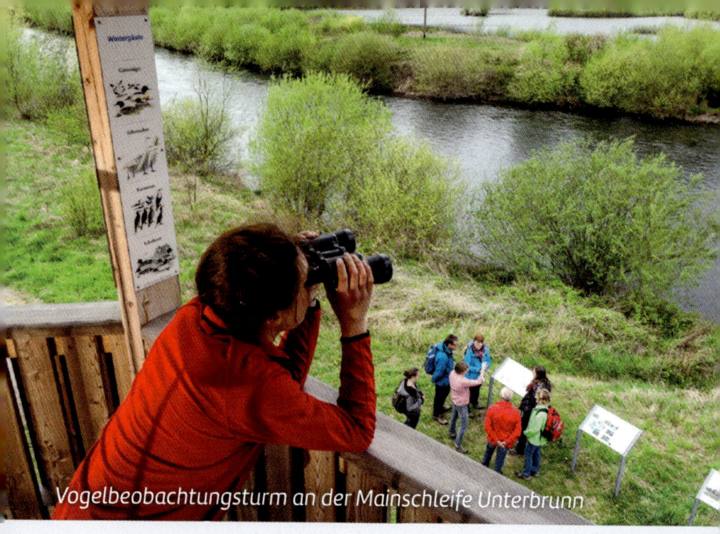
Vogelbeobachtungsturm an der Mainschleife Unterbrunn

ETAPPE 8

Von Bad Staffelstein durch die Mainauen und über den Döringstadter Berg nach Unterbrunn

medium	17,8 km	4:45 h	160 m	170 m	369 m	251 m

Höhepunkte

Link zur digitalen Tourbeschreibung

Adam-Riese-Stadt Bad Staffelstein, Kurpark mit Gradierwerk und Skulpturen // naturnahe Mainauen mit ICE-Talbrücke // Ortsbild Wiesen // Marienkirche Birkach // Mainschleife Unterbrunn mit Vogelbeobachtungsturm und Maingezwitscher-Pfad

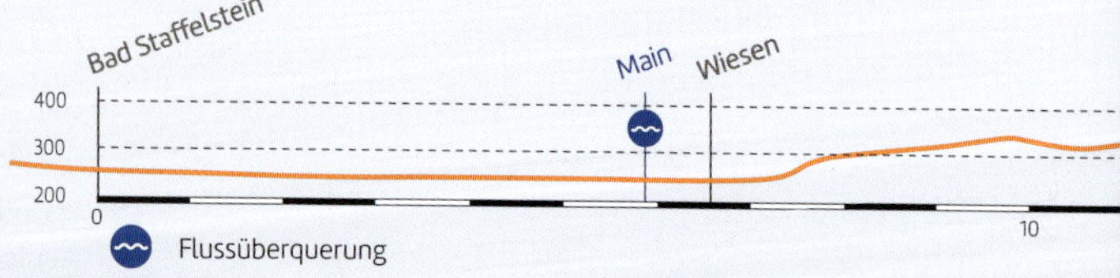

Bad Staffelstein (🚉, 🍴/🛏/🛒/⛺) – Tourist-Information ℹ – **Lauterbrücke** am **Ostsee** *1 km* – Hütte am **Riedwaldsee** *2,5 km* – Oberau *2,9 km* – Kläranlage *4,2 km* – Birkenberg *4,5 km* – ICE-Brücke *5,5 km* – **Mainbrücke** *5,7 km* – Wiesen *6,4 km* (🍴/🛏) – Kapelle am Döringstadter Berg *8,6 km* – Poppenbühl *9,5 km* – Wegekreuz am Roten Bühl *10,1 km* – Tannenbühl *10,9 km* – Wegekreuz bei Messenfeld *12,5 km* – Birkach *14,5 km* – Abzweig Dietzenruh *16,2 km* – Unterbrunn *17,8 km* (🍴) mit Busanbindung nach Ebensfeld (🚉, 🍴/🛏/🛒)

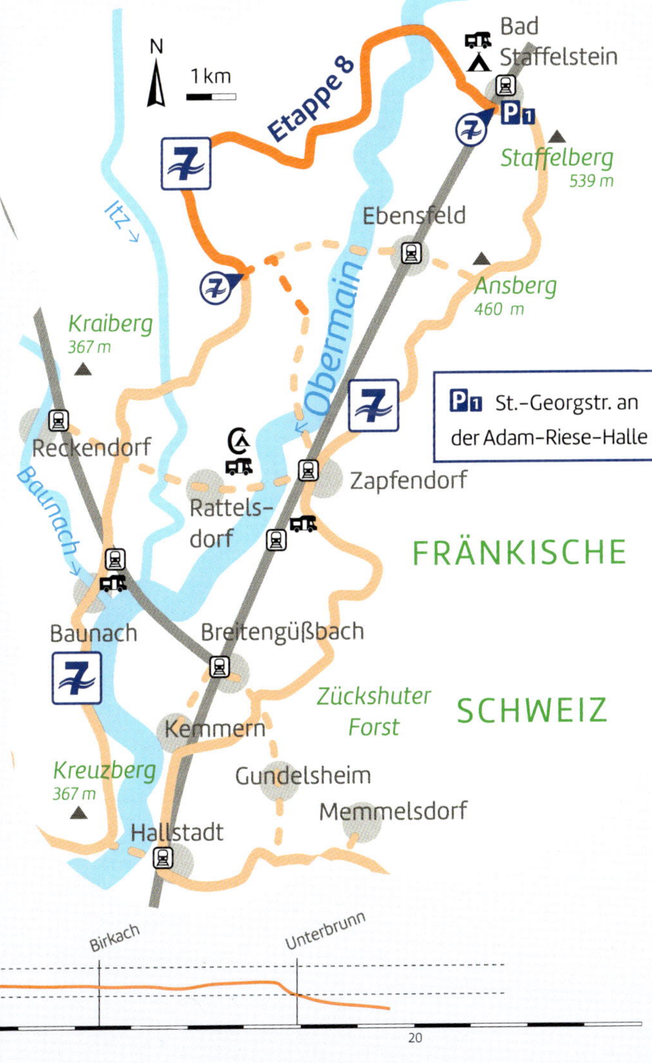

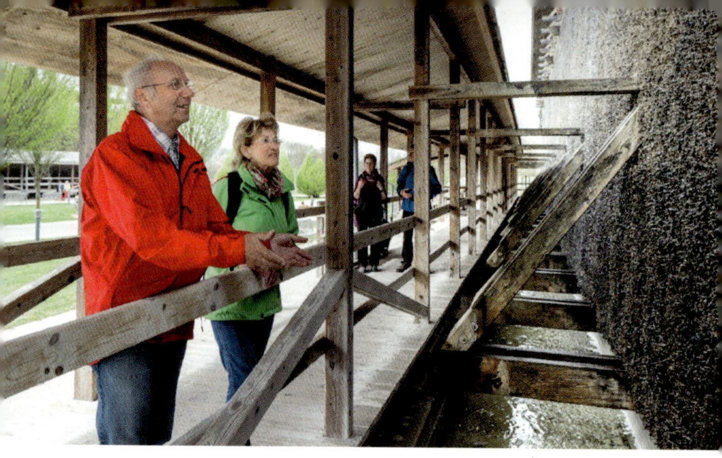

Gradierwerk im Kurpark von Bad Staffelstein

Auf der 8. Etappe wandern Sie um die Bad Staffelsteiner Seen unter der ICE-Brücke hindurch über den Main nach Wiesen, bevor Sie über den Döringstadter Berg durch Wälder und weite Ackerfluren in einem großen Bogen mit Blicken über das Maintal nach Unterbrunn gelangen.

Bad Staffelstein – Wiesen

Vom Bahnhof **Bad Staffelstein** wandern Sie an der **Lauter** entlang mit schönem Blick auf Kloster Banz, das sich auf der anderen Flussseite über dem Maintal erhebt. Tagsüber können Sie alternativ den Weg durch den **Kurpark** mit seinem beeindruckenden Gradierwerk nehmen. Acht lebensgroße, bronzene Frauenfiguren des fränkischen Bildhauers Wilhelm Uhlig können im Kurpark bewundert werden.

Überqueren Sie dann die Seestraße und folgen Sie dem Sieben-Flüsse-Wanderweg [7] einmal rund um den

Bambolino TOURTIPP 1

Ostsee. *Bambolino-Tipp zu einer Familientour um den Ostsee siehe S. 170.*

Dieser ist seit 2011 mit der Blauen Flagge für Badeseen ausgezeichnet. Wenden Sie sich am Ende des Sees nach links und wandern Sie auf einem schönen Dammweg zwischen dem Mittel- und dem Ostsee und dann nach rechts weiter am Mittelsee entlang und an **Oberau** vorbei. Auf der Straße Am Ochsenanger biegen Sie vor dem Reitverein nach rechts ab und folgen dann den Flurwegen an Biotopen und der Auwaldsiedlung vorbei bis zur Kläranlage. Hier biegen Sie nach rechts und dann an der Flurwegekreuzung am Fuße des Birkenbergs wieder nach links ab. Nach dem Birkenberg gehen Sie auf dem Flurweg nach links und an der ersten Kreuzung wieder nach rechts. Vor sich sehen Sie jetzt die ICE-Brücke, die mit ihren drei markanten blauen Bögen das Maintal überspannt. Unter dieser wandern Sie direkt am Ufer des **Mains** hindurch. Der Fluss ist hier zum Ausgleich für den Bau der neuen Bahnlinie naturnah umgestaltet worden. Statt starrer, befestigter Ufer prägen hier wieder Inseln und Buchten seinen Lauf, der mit jedem Hochwasser sein Bett ein wenig verändert.

Bald erreichen Sie die Straße mit der Mainbrücke. Vor der Flussüberquerung können Sie am Rastplatz die Flussgesichter-Skulptur eines weiteren fränkischen Bildhauers sehen. Manfred Reinhart schuf ein Figurenpaar aus Sandstein, das den Main und die durch Bad Staffelstein fließende Lauter darstellt. Am Rastplatz liegen auch einige dunkle Baumstämme, sogenannte Rannen. Das sind Eichen, die über Jahrhunderte unter der Erde im Maintal liegen und beim Kiesabbau ausgebaggert werden. Die Gerbsäure der Eichen sorgt dafür, dass diese nicht verfaulen und färbt das Holz zusammen mit dem Eisen aus dem Grundwasser schwarz.

Wandern Sie über die Brücke und dann entlang der Straße geradeaus bis zur Ortschaft **Wiesen**. Über die Altmain-

Die Ortschaft Wiesen im Maintal

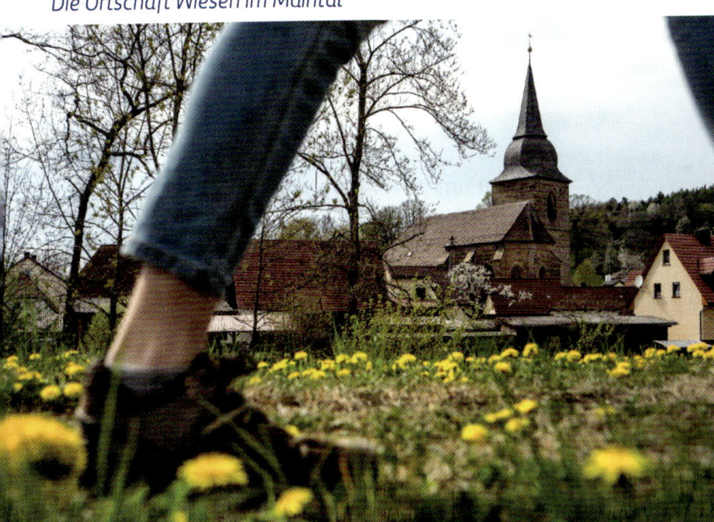

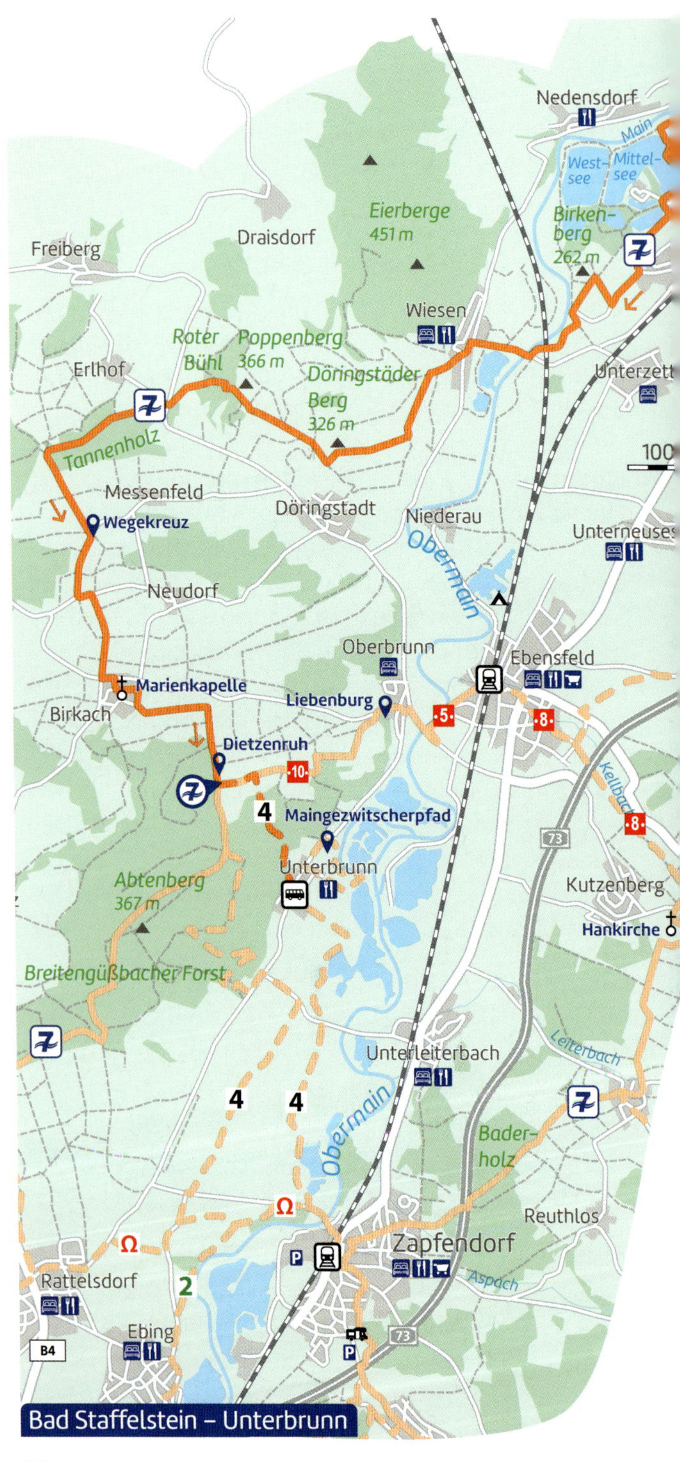
Nedensdorf
Main
West-see
Mittel-see
Birken-berg
262 m
Eierberge
451 m
Draisdorf
Freiberg
Wiesen
Roter Bühl
Poppenberg
366 m
Döringstäder Berg
326 m
Erlhof
Unterzett
Tannenholz
Messenfeld
Döringstadt
Niederau
Wegekreuz
Unterneuses
Obermain
Neudorf
Oberbrunn
Ebensfeld
Marienkapelle
Birkach
Liebenburg
5
8
Dietzenruh
10
4
Maingezwitscherpfad
Kellbach
8
73
Unterbrunn
Kutzenberg
Abtenberg
367 m
Hankirche
Breitengüßbacher Forst
Unterleiterbach
Leiterbach
4
4
Obermain
Bader-holz
Reuthlos
Zapfendorf
Aspach
Rattelsdorf
2
Ebing
B4
73
Bad Staffelstein – Unterbrunn

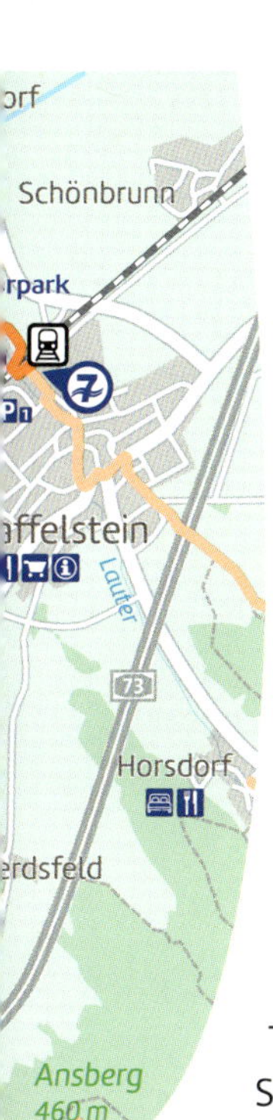

straße erreichen Sie den idyllischen Ortskern. Wiesen liegt am Fuße der **Eierberge**, die zu allen Jahreszeiten einen eigenen Wanderausflug wert sind. Zumal in Wiesen gleich zwei Gastwirtschaften zur Einkehr einladen.

Wiesen – Birkach

Der 7 trifft in Wiesen auf den in einem weiten Bogen von Kloster Banz kommenden Mainwanderweg. Beide Wanderwege führen entlang eines von Obstbäumen gesäumten Flurweges an einer kleinen Kapelle vorbei und durch die ackerbaulich genutzte Flur auf den 326 Meter hohen **Döringstadter Berg**. Dieser ist Teil des Höhenzuges zwischen Maintal und Itzgrund und unterscheidet sich landschaftlich deutlich vom auf der anderen Talseite liegenden Fränkischen Jura.

Sie wandern abseits der Ortschaften zuerst überwiegend auf Waldwegen über den **Poppenberg**, den **Roten Bühl** und durch das **Tannenholz**. Am Ende dieses Waldstücks biegen Sie links ab. Bis **Birkach** ist die Landschaft jetzt stark durch den

Sonnenblumenfeld bei Birkach

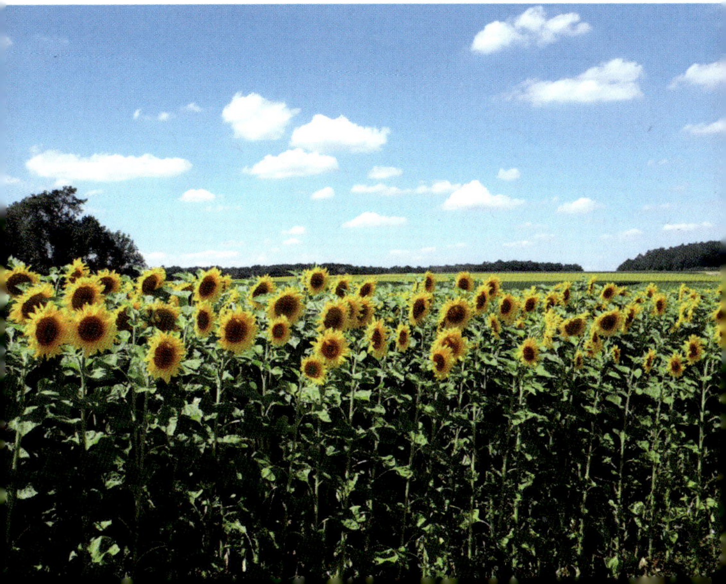

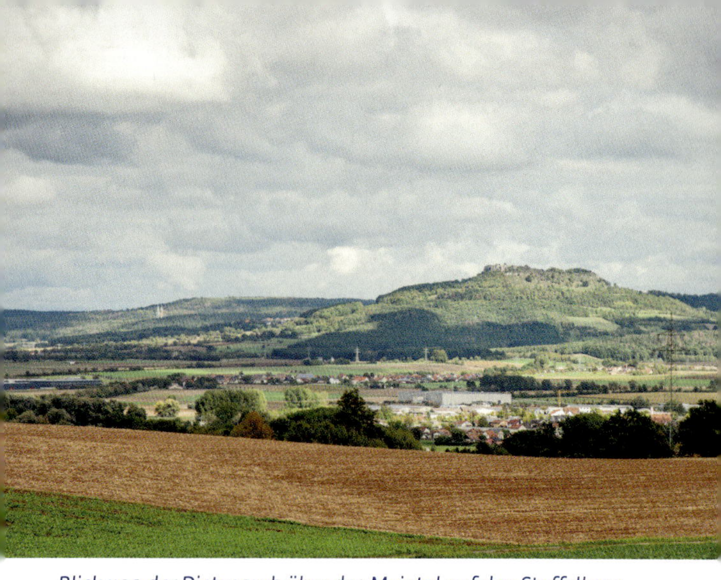

Blick von der Dietzenruh über das Maintal auf den Staffelberg und Vierzehnheiligen

Ackerbau geprägt. Im Frühling wiegen sich die grünen Getreidefelder im Wind und der Raps leuchtet gelb. Je nach Fruchtfolge können im Sommer auch weitläufige Sonnenblumenfelder die Landschaft in ein Gemälde verwandeln. An einigen Wegkreuzungen stehen noch markante alte Lindenbäume. Ein langes Stück wandern Sie aber auch auf Nebenstraßen und dann auf einem naturbelassenen Feldweg mitten durch die offene Feldflur, bis Sie die Ortschaft **Birkach** mit ihrer **Marienkapelle** erreichen.

Birkach – Dietzenruh – Unterbrunn

Nach Birkach geht es nochmals ein Stück auf baumlosen Feldwegen entlang, bis Sie am Waldrand des **Abtenberges** die sogenannte **Dietzenruh** erreichen. Hier verlassen Sie den 7 und wechseln auf die mit einer 4 gekennzeichnete Zapfendorfer Maintalrunde des Rennsteigvereins. Diese führt Sie zuerst talwärts ein kleines Stück nochmals durch die offene Flur und dann zweigen Sie nach rechts in ein bewaldetes Gebiet ab. So erreichen Sie auf der Straße Waldweg die Kirche in Unterbrunn. Von hier haben Sie die Möglichkeit, mit dem Bus zum Bahnhof nach **Ebensfeld** zu fahren.

Hinweis

Bus von Unterbrunn zum Bahnhof Ebensfeld: Die Buslinie 1252 hat direkten Anschluss an die in Ebensfeld haltenden Züge. Wichtig: Am Wochenende sowie am Morgen und am Abend fährt die Linie 1252 als Rufbus. Bitte dann 60 Minuten vor Abfahrt des Busses unter Tel. 09571 / 18180 die Mitfahrt anmelden. Gruppen ab 6 Personen bitte spätestens am Vortag bis 16 Uhr anmelden. (www.vgn.de).

Etappenvariante

Auf dem 4er-Wanderweg des Rennsteigvereins von Unterbrunn weiter durchs Maintal bis zum Bahnhof Zapfendorf (*4 km*, (, / /))

Mahlzeit und Unterkunft

Bad Staffelstein, Unnersdorf, Nedensdorf, Wiesen, Unterbrunn, Ebensfeld

Bad Staffelstein, Unnersdorf, Unterzettlitz, Oberbrunn, Wiesen, Ebensfeld

Tourtipp

Maingezwitscher-Pfad Unterbrunn: 2 km langer Rundweg entlang der neuen Mainschleife mit Naturerlebnisstationen für Kinder und Vogelbeobachtungsturm. Hier wurde dem Main wieder die Möglichkeit gegeben, sich dynamisch zu entwickeln. Von einem erhöhten Pavillon gleich am Ortseingang von Unterbrunn oder vom Vogelbeobachtungsturm am Ende der Mainschleife kann das Gebiet gut überblickt werden. Entlang der Mainschleife können Kinder an den fünf Stationen des Maingezwitscher-Pfades Vögel, Fische, Steine und die Geschichte des Mains kennenlernen.

Hinweis

Für die Wanderung über den Döringstadter Berg ausreichend Verpflegung und Getränke mitnehmen, da nur in Wiesen und Unterbrunn Einkehrmöglichkeiten direkt am Weg liegen. Bitte erkundigen Sie sich vorab, ob die Gastwirtschaften geöffnet sind.

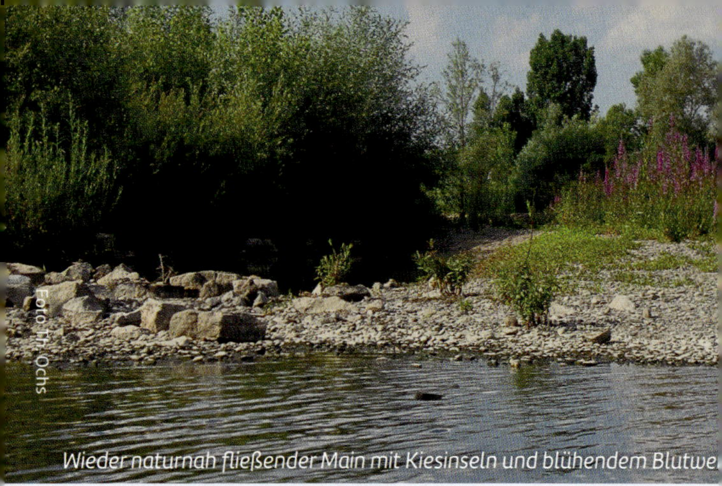
Foto: Th. Ochs

Wieder naturnah fließender Main mit Kiesinseln und blühendem Blutwe

Die Flüsse an der Nord- und Westschleife

Obermain-Jura und Haßberge bzw. Haßberge und Steigerwald

Main: der Vielseitige

Zwei Quellflüsse hat der Main: Der Weiße Main verdankt seinen Namen dem hellen Granitgestein des Fichtelgebirges, der Rote Main den lehmigen Schichten der Fränkischen Alb bei Bayreuth. Bei Schloss Steinhausen vereinigen sich die beiden Flüsse zum Main. Man erzählt sich, dass zwischen Hallstadt und Kemmern ein Wassergeist im Fluss spukt: der Mainpöppel.
Seit den 1990er Jahren wird der Obermain Schritt für Schritt wieder naturnah gestaltet. Eisvogel, Biber, Barbe und Prachtlibelle finden so gute Lebensbedingungen.
Ab Hallstadt ist der Main zur Schifffahrtsstraße ausgebaut.

Quelle: Zusammenfluss von Rotem und Weißem Main am Schloss Steinhausen bei Kulmbach

⟷ Länge: 472 km

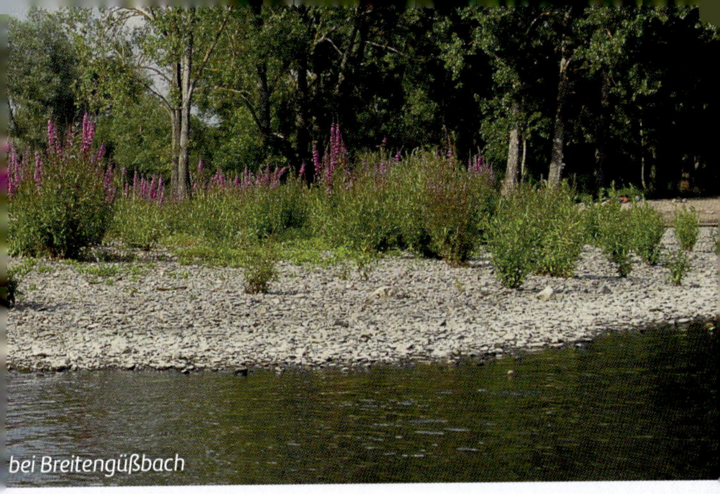
bei Breitengüßbach

Baunach & Itz: die Geheimnisvollen

Itz und Baunach münden nicht weit voneinander zwischen Rattelsdorf und Baunach in den Main. Bei Hochwasser verwandeln sie den Talgrund in eine weitläufige Seenlandschaft. Von Weiden und Erlen begleitet, schlängeln sich die beiden Schwesterflüsse durch grüne Talgründe. Im Frühling vollführt der Kiebitz seinen spektakulären Balzflug und im Sommer staken Störche durch die blühenden Wiesen. Einen schönen Talblick kann man vom Kraiberg bei Baunach aus genießen.

Quelle: Itz bei Stelzen i. Thüringer Wald ⟷ Länge: Itz 88 km

Quelle: Baunach bei Leinach am Großen Breitenberg ⟷ Länge: 54 km

---

Hochwasser bei Baunach

Foto Th. Ochs

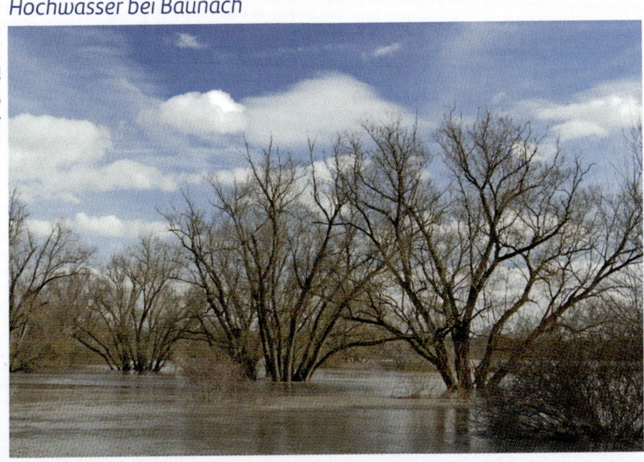

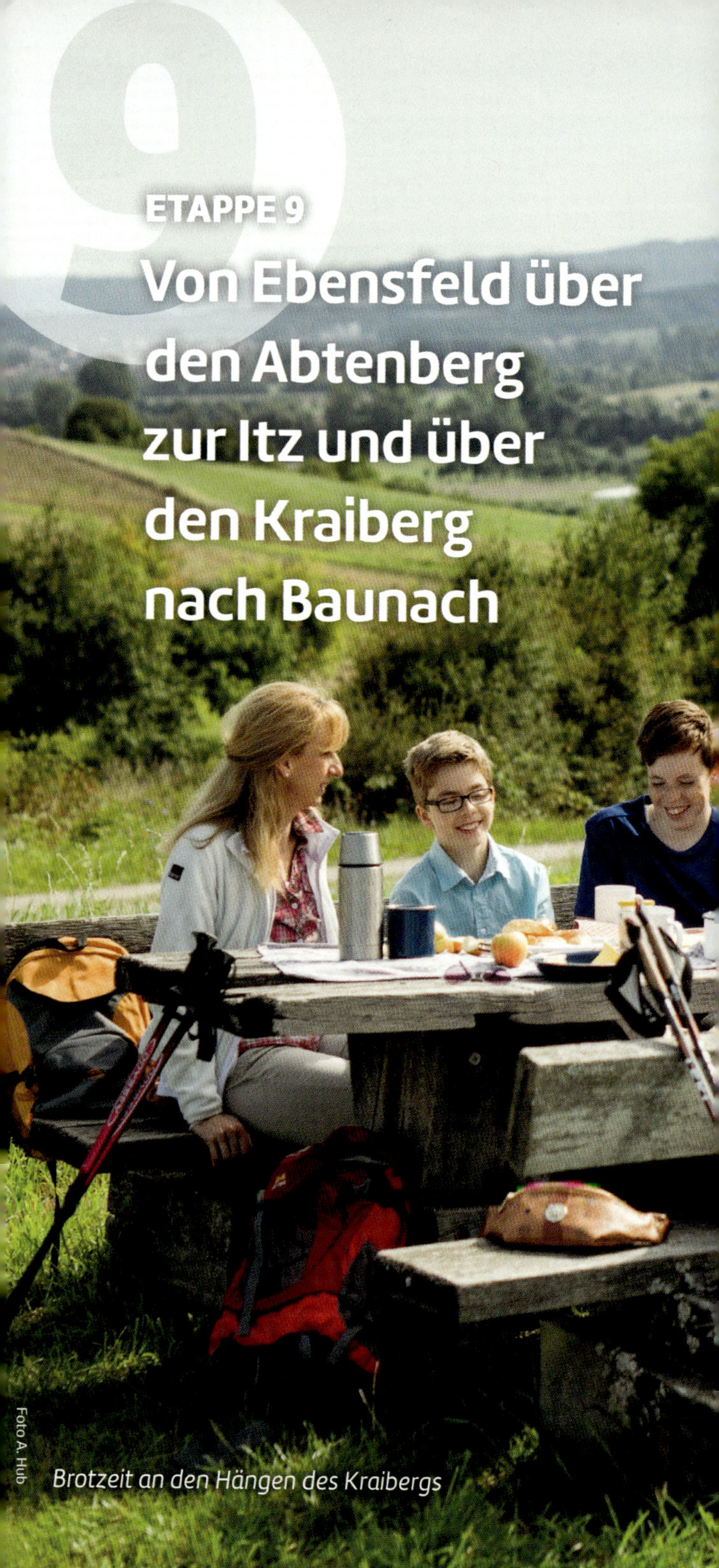

ETAPPE 9

Von Ebensfeld über den Abtenberg zur Itz und über den Kraiberg nach Baunach

Foto A. Hub

Brotzeit an den Hängen des Kraibergs

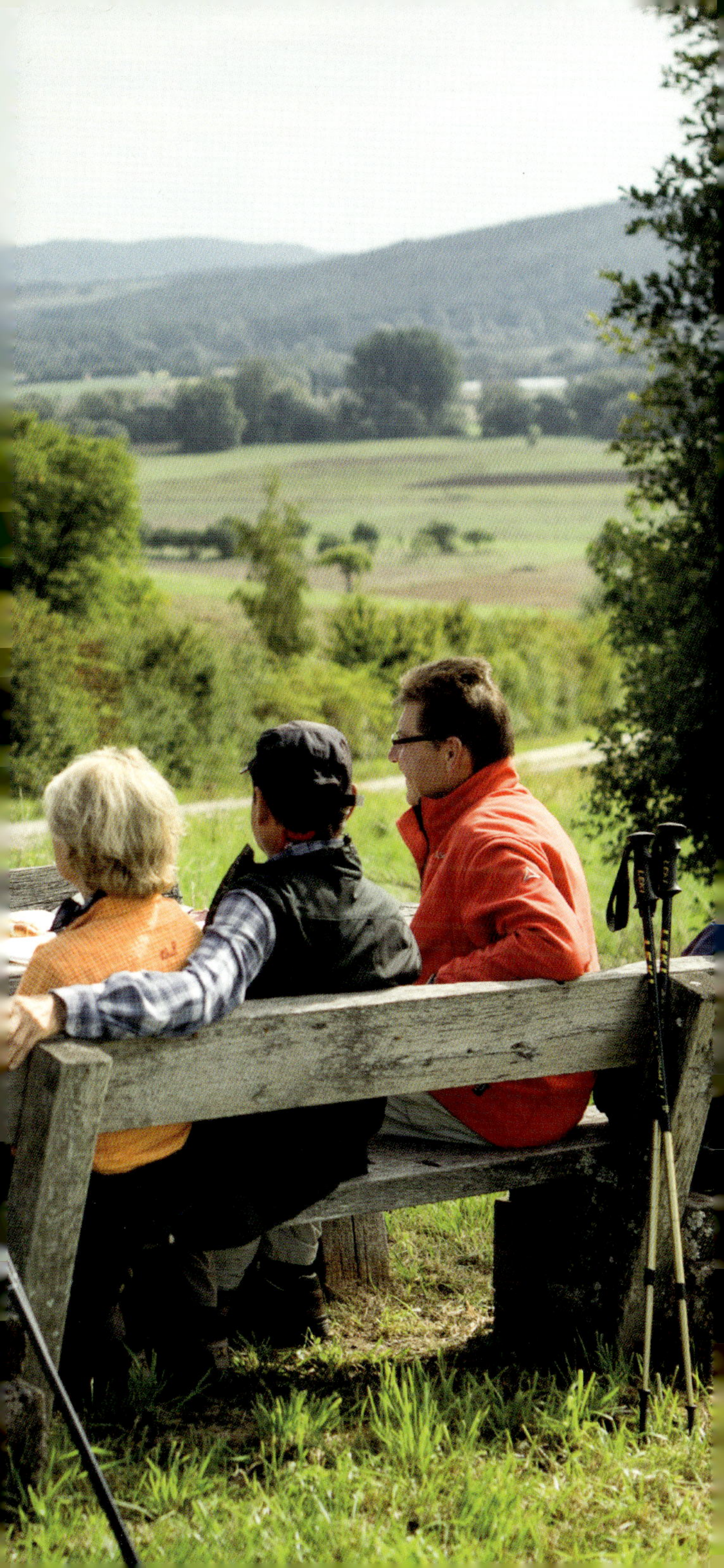

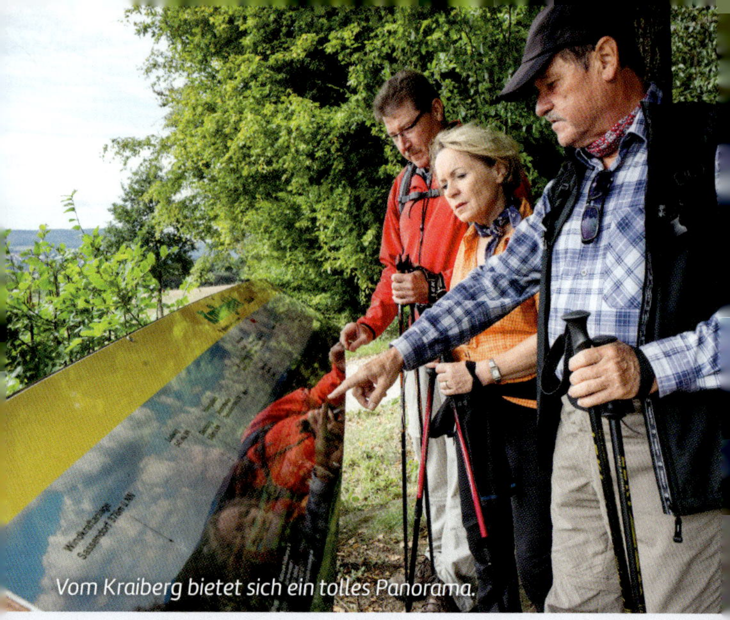

Vom Kraiberg bietet sich ein tolles Panorama.

ETAPPE 9

Von Ebensfeld über den Abtenberg zur Itz und über den Kraiberg nach Baunach

Schwierigkeit	Strecke	Dauer	Aufstieg	Abstieg	Höchster Punkt	Tiefster Punkt
medium	17,1 km	4:45 h	297 m	309 m	377 m	241 m

Höhepunkte

Link zur digitalen Tourbeschreibung

Burgruine Liebenburg // Oberbrunn // Dietzenruh // Abtenberg // Burgstall Freudeneck // Kraiberg // Baunacher Altstadt

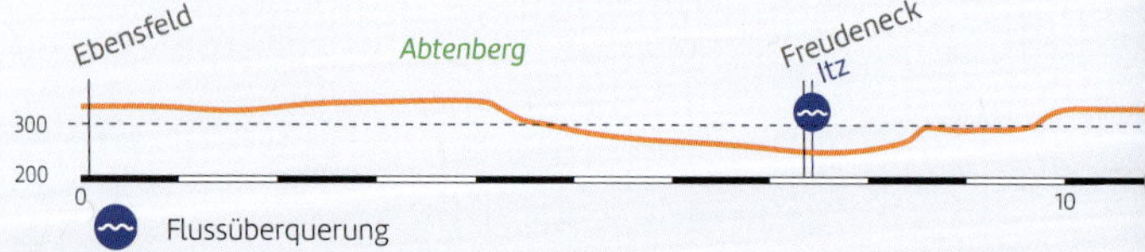

Ebensfeld (🚉, 🍴/🛏/🛒) – Kellbach *0,1 km* – Main *1 km* – Oberbrunn *1,4 km* – Dietzenruh *3,7 km* – Abtenberg *4,8 km* – Ringwall im Breitengüßbacher Forst *5,6 km* – B4 und **Itz** *8,5 km* – Freudeneck (🍴) *8,7 km* – Burgstall Freudeneck *10,8 km* – Bildeiche am Kraiberg *12,7 km* – Kraibergblick *13,1 km* – Hubertusstein *15 km* – Baunach *17,1 km* (🚉, 🍴/🛏/🛒)

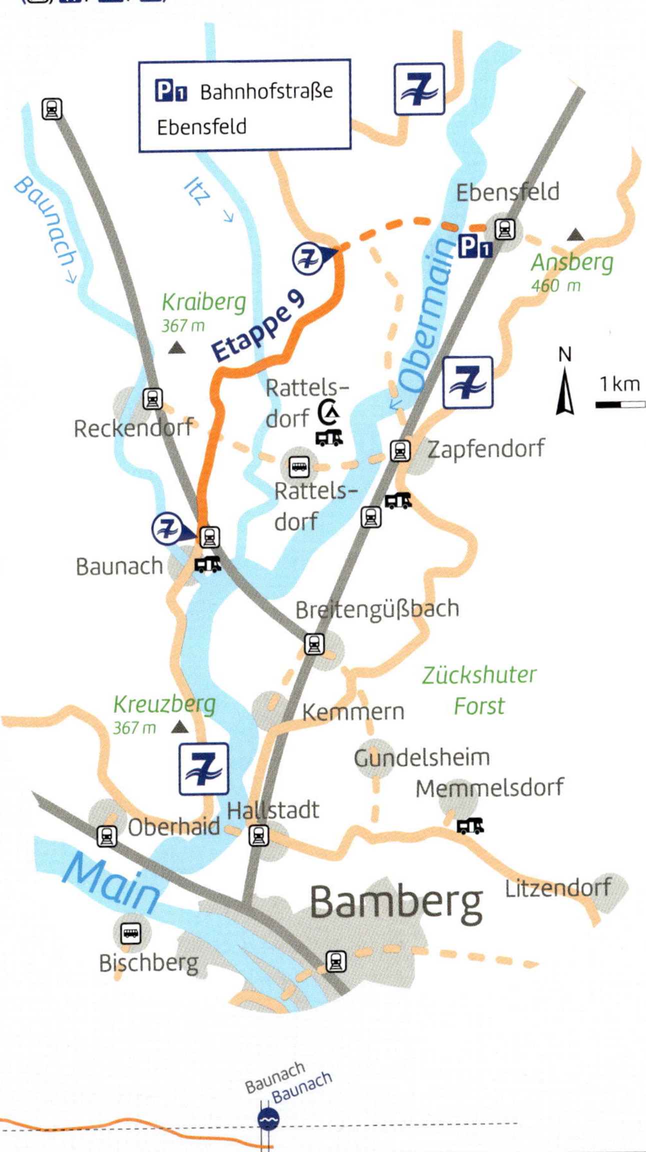

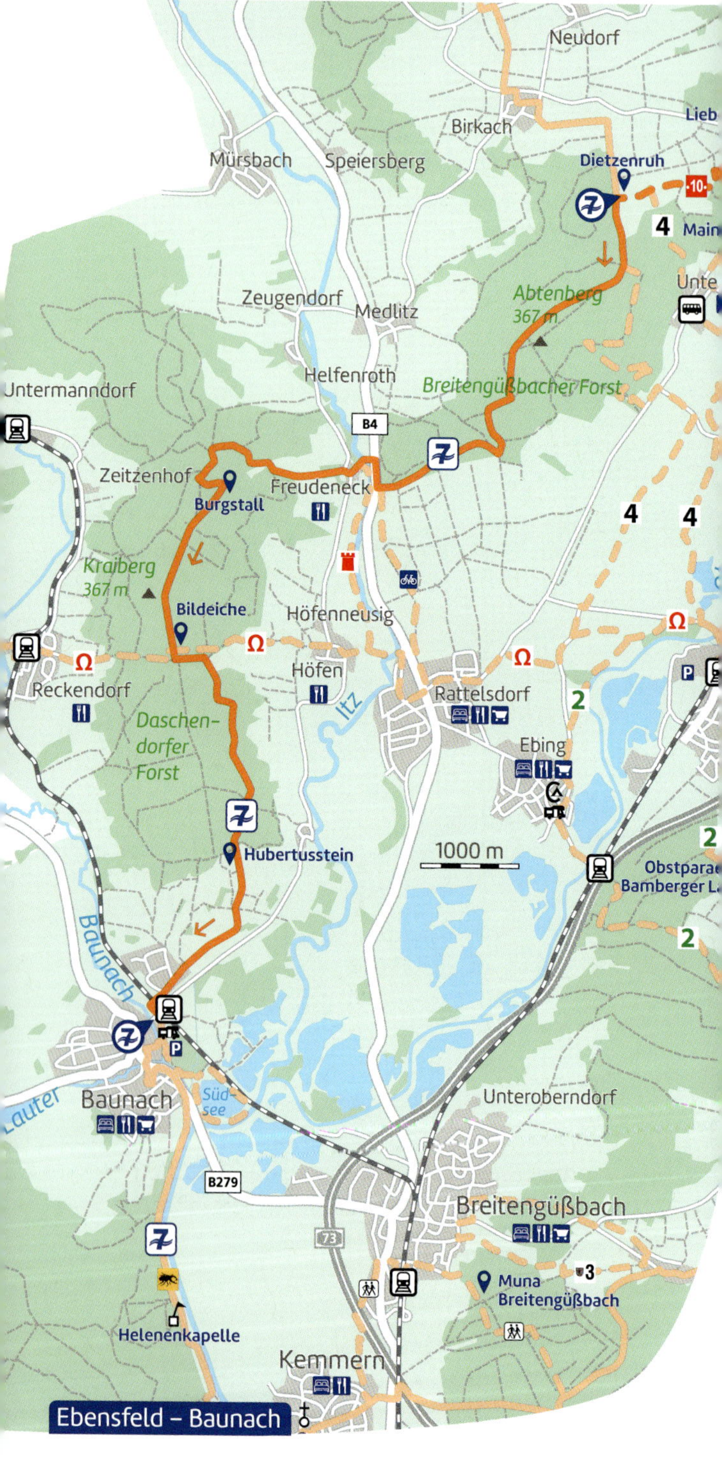

Neudorf
Birkach
Mürsbach
Speiersberg
Dietzenruh
10
4
Main
Zeugendorf
Medlitz
Abtenberg
367 m
Helfenroth
Breitengüßbacher Forst
Untermanndorf
B4
Zeitzenhof
Burgstall
Freudeneck
4
4
Kraiberg
367 m
Bildeiche
Höfenneusig
Höfen
Reckendorf
Itz
Rattelsdorf
2
Daschen-
dorfer
Forst
Ebing
Hubertusstein
1000 m
Obstpara
Bamberger L
2
Baunach
Lauter
Baunach
Süd-
see
Unteroberndorf
B279
Breitengüßbach
73
Muna
Breitengüßbach
3
Helenenkapelle
Kemmern
Ebensfeld – Baunach

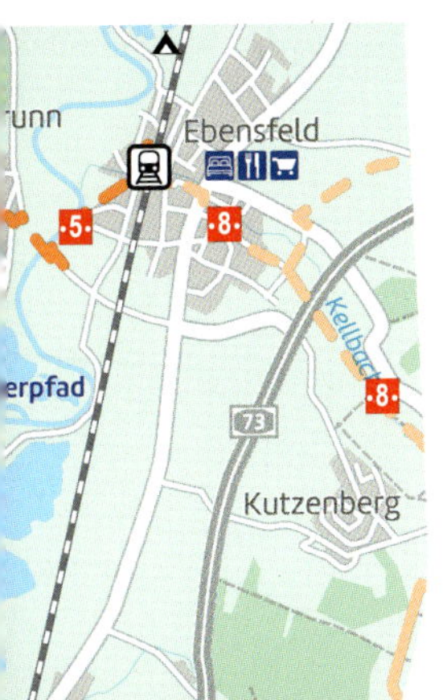

Auf der 9. Etappe wandern Sie vom Bahnhof Ebensfeld mit schönen Blicken über das Maintal hoch auf den Abtenberg. Auf Wald- und Forstwegen erreichen Sie Freudeneck im Itzgrund. Von dort geht es am Burgstall und der Bildeiche des Kraibergs vorbei zum Baunacher Bahnhof.

Ebensfeld – Oberbrunn – Dietzenruh

Auf der Westseite des Bahnhofs führt Sie der örtliche Wanderweg 5 auf der Griesstraße über den **Kellbach** direkt zum **Main**. An einem modern interpretierten Wegekreuz gehen Sie auf dem Radweg hoch zur Brücke und vorbei an einer Nepomukstatue über den Main. Dann überqueren Sie die Straße und gelangen in den Ort Oberbrunn. Der Platz vor der Kirche St. Laurenzi mit den bunten Fachwerkhäusern lädt unter Lindenbäumen zu einer kurzen Rast ein. An der Kirche wechseln Sie auf den 10-Wanderweg und gehen am Dorfgraben entlang weiter. Nach dem Spielplatz biegen Sie links zum Schlosshügel auf einen Hohlweg ab. Hinter den hölzernen Türen befinden sich alte Lagerkeller im Berg. Und oben auf dem Hügel, im Wald verborgen, sehen Sie die Reste der ehemaligen **Liebenburg**, einer sogenannten Turmhügelburg.

Exkurs

Die **Turmhügelburg** oder Motte (vom französischen château à motte) war im Mittelalter weit verbreitet. Auf einem künstlich aufgeschütteten Hügel errichteten sich die Adeligen turmförmige Gebäude, manchmal von einem Wassergraben umgeben. Meist aus Holz überdauerten sie die Zeiten nicht. Übrig blieben Erdhügel in der Landschaft und der Flurname „Schloss" in topografischen Karten.

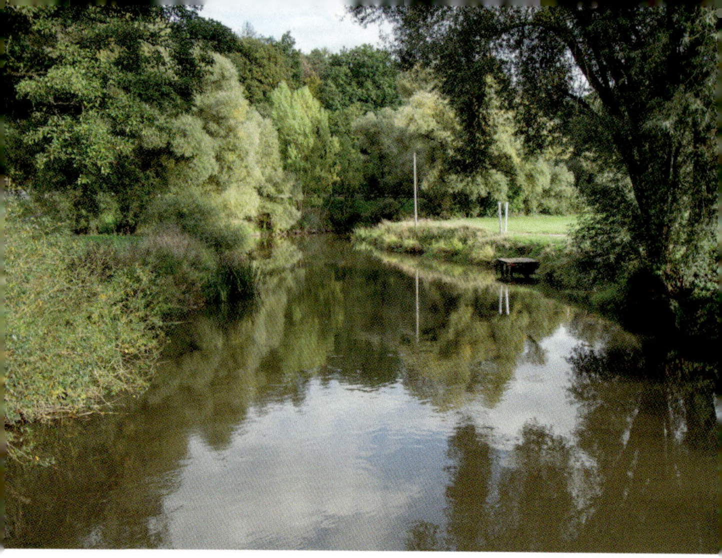

Die Itz bei Freudeneck

Jetzt wandern Sie mit Panoramablick über das Maintal und den Fränkischen Jura durch die landwirtschaftlich genutzte Flur. Zuerst ist der Weg befestigt, dann biegt die ·10· auf einen Wiesenweg ab und führt an einem kleinen Wäldchen vorbei weiter bergaufwärts. Wenn Sie wieder einen befestigten Weg erreichen, biegt die ·10· mit einer spitzen Kehre nach links Richtung **Unterbrunn** ab. Um zum Sieben-Flüsse-Wanderweg 7 zu gelangen, wenden Sie sich nach rechts und folgen dem Flurweg (ohne Markierung) ca. 500 Meter bergaufwärts. Am Waldrand markiert ein Stein mit einer eingelassenen Tafel die Dietzenruh. Sie ist nach einem aus dem nahen Birkach stammenden Fuldaer Bischof benannt. Folgen Sie ab hier dem 7 nach links am Waldrand entlang. Nun wandern Sie über Waldwege und Forstwege über den langgezogenen Rücken des **Abtenbergs**. Dieser trennt das Maintal vom Itzgrund und war Teil des meist mit dem Namen Hohe Straße bezeichneten mittelalterlichen Wegenetzes, das von Bamberg nach Thüringen führte. Der historische Rastpunkt am Weg ist als Ruhe-Knock (knock = Hügel) gekennzeichnet. Südlich des Wanderweges liegt im Wald eine vermutlich frühmittelalterliche **Ringwallanlage**. Der Wall selbst ist im Gelände allerdings kaum noch auszumachen. Auffällig sind die zahlreichen, großen Ameisenhügel, in denen hunderttausende Tiere in einem komplexen Staatengefüge zusam-

menleben. Betrachten Sie diese wundersamen Gebilde mit Abstand und ohne die Tiere zu stören.
Der führt Sie auf einem Waldpfad wieder etwas bergab, dann biegen Sie nach rechts auf einen Forstweg ab und durchwandern den gesamten **Breitengüßbacher Forst**, an dessen Ende Sie die Bundestraße 4 erreichen. Durch eine Unterführung gelangen Sie zur **Itzbrücke** und dann nach **Freudeneck**. Sie kommen direkt an der Wirtschaft mit eigener Brauerei vorbei.

Freudeneck-Kraiberg-Bildeiche-Baunach

Überqueren Sie in Freudeneck die Hauptstraße und gehen Sie dann geradeaus weiter zum Ort hinaus und auf den **Kraiberg** im Daschendorfer Forst hinauf. Dieser markante Höhenzug trennt den Itzgrund vom Baunachgrund und gehört landschaftlich schon zu den Haßbergen, naturräumlich aber eigentlich zum Itz-Baunach-Hügelland. Hier trifft der auf den Burgen- und Schlösserweg.
Kurz nach einer hölzernen Rasthütte im Wald verlassen Sie den Forstweg nach links und wandern nun auf einem Waldpfad in einem Bogen unmittelbar um den vermutlich mittelalterlichen **Burgstall Freudeneck** herum. Nur ein Graben und ein Mauerrest sind von diesem heute noch zu sehen. Doch eine Sage erzählt die Geschichte des Zabro von Freudeneck, einem kleinwüchsigen Menschen mit langem Bart und großem Kopf, der mit List und Geschick den Raubrittern in der Gegend um Rattelsdorf das Handwerk legte. Am Wegrand liegt auch das **Naturwaldreservat Hofwiese** im Daschendorfer Forst. Der führt Sie auf der Höhenstraße über den Rücken des Kraibergs bis zur Hauptwegekreuzung an der **Bildeiche**. Hier kreuzt der Pfaffenritt Ω Ihren Weg. Sie biegen auf dem erst nach links und dann gleich wieder nach rechts ab und erreichen ein kurzes Stück später eine gekennzeichnete Stelle mit einem letzten Blick auf das nördliche Obermaintal mit dem markanten Staffelberg. Dann gehen Sie auf halber Höhe auf dem leicht gewundenen Daschendorfer Hangweg immer weiter, bis Sie am **Hubertusstein** den Wald verlassen. Vor Ihnen breiten sich nun die Talgründe gleich dreier Flüsse aus: Main, Itz und Baunach mit zahlreichen Kiesbaggerseen. Am Horizont können Sie Bamberg mit der Altenburg erkennen.

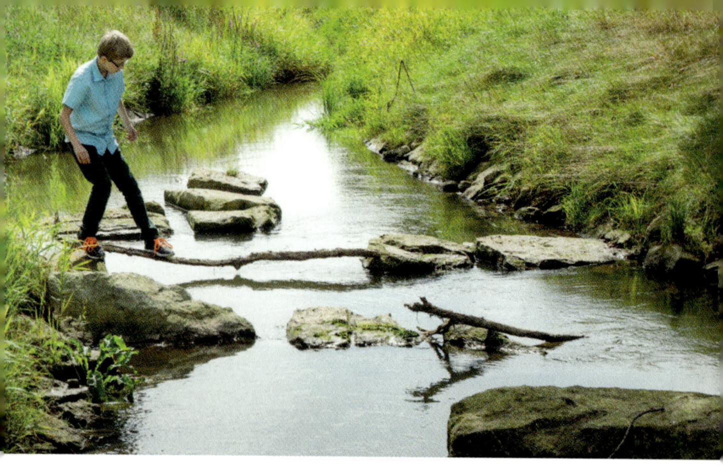

Fischpass an der Itz zwischen Rattelsdorf und Baunach

Exkurs

Itz und Baunach münden zwischen Rattelsdorf und Baunach in einem Binnendelta in den Main. Sie sind wie auch die Hänge des Kraibergs als europäische NATURA-2000-Schutzgebiete ausgewiesen. Bis ins 20. Jahrhundert bauten die Baunacher auf den nach Süden ausgerichteten Flächen des Kraibergs Hopfen an. Noch früher gab es hier Weinberge. Heute werden einige Flächen als Streuobstwiesen extensiv genutzt und bieten vielen Tieren und Pflanzen Lebensraum. Auch der Talgrund zwischen Daschendorf und Baunach hat eine besondere Nutzungsgeschichte: Mit Wehren, Gräben und Schützen konnte über ein eigens angelegtes Wiesenbewässerungssystem der Ertrag gesteigert und dadurch die für Franken typischen geringeren Regenmengen ausgeglichen werden. In den Wiesengründen fühlen sich Storch und Kiebitz wohl. Solche behutsam als Grünland genutzte Talwiesen sind heute durch Siedlung, Verkehr, Ackernutzung, Düngung und Kiesabbau ein seltener Lebensraum geworden.

Wandern Sie mit Panoramablicken auf der befestigten **Hahnleite** den Kraiberg in einem leichten Bogen ins Tal hinab und auf der Kraibergstraße durch das Gewerbegebiet in die Drei-Flüsse-Stadt **Baunach**. Der Bahnhof liegt am Ortseingang, nachdem Sie die Bahnlinie überquert haben, gleich auf der linken Seite.

Etappenvariante 1

An der Bildeiche am Kraiberg kreuzt der Pfaffenritt den Sieben-Flüsse-Wanderweg. Richtung Westen führt er über Reckendorf (*1,5 km*,) durch den Lußberger Forst auf den Veitenstein. Richtung Osten über Rattelsdorf (*2,8 km*,) nach Zapfendorf (*7 km*, , //) und weiter über Scheßlitz (*20 km*) hoch zur Giechburg (*24 km*) und in die Fränkische Schweiz.

Etappenvariante 2

Ab Freudeneck können Sie auf einem Wiesen- und Flurweg  direkt an der Itz entlang am Fischpass vorbei (*1,5 km*) bis kurz vor Rattelsdorf (*2,5 km*, G, U, E) und dann über Höfen (*2,2 km*, G) zur Bildeiche auf dem Kraiberg (*4 km*) wandern.

Tourtipp

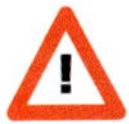

Rund um den **Baunacher Südsee** können Familien an 16 Stationen viel über die Tiere, Pflanzen, die Geschichte des Maintals und der Baunach erfahren. Bei Regenwetter sind Gummistiefel empfohlen, denn ein Teil des Weges führt durch eine kleine Furt. Am Main können Muschelschalen gesammelt werden.

Hinweis

Bei Hochwasser im Itzgrund wird ab einem Pegel von 3,5 m (Schenkenau, www.hnd.bayern.de) die Fußgängerunterführung unter der B4 bei Freudeneck überflutet. Bei extremem Hochwasser kann auch die Brücke bei Freudeneck betroffen sein. Dann am besten vom Breitengüßbacher Forst geradeaus nach Süden auf dem Radweg nach Rattelsdorf (ca. *2 km*, //) gehen und über den Pfaffenritt zur Bildeiche am Kraiberg wandern.

Mahlzeit und Unterkunft

Ebensfeld, Unterbrunn, Freudeneck, Baunach, Reckendorf, Rattelsdorf, Höfen

Ebensfeld, Baunach, Rattelsdorf

10

ETAPPE 10

Am Fuße der Haßberge von Baunach nach Oberhaid

Foto A. Hub

Holzsteg an der Baunacher Mühle

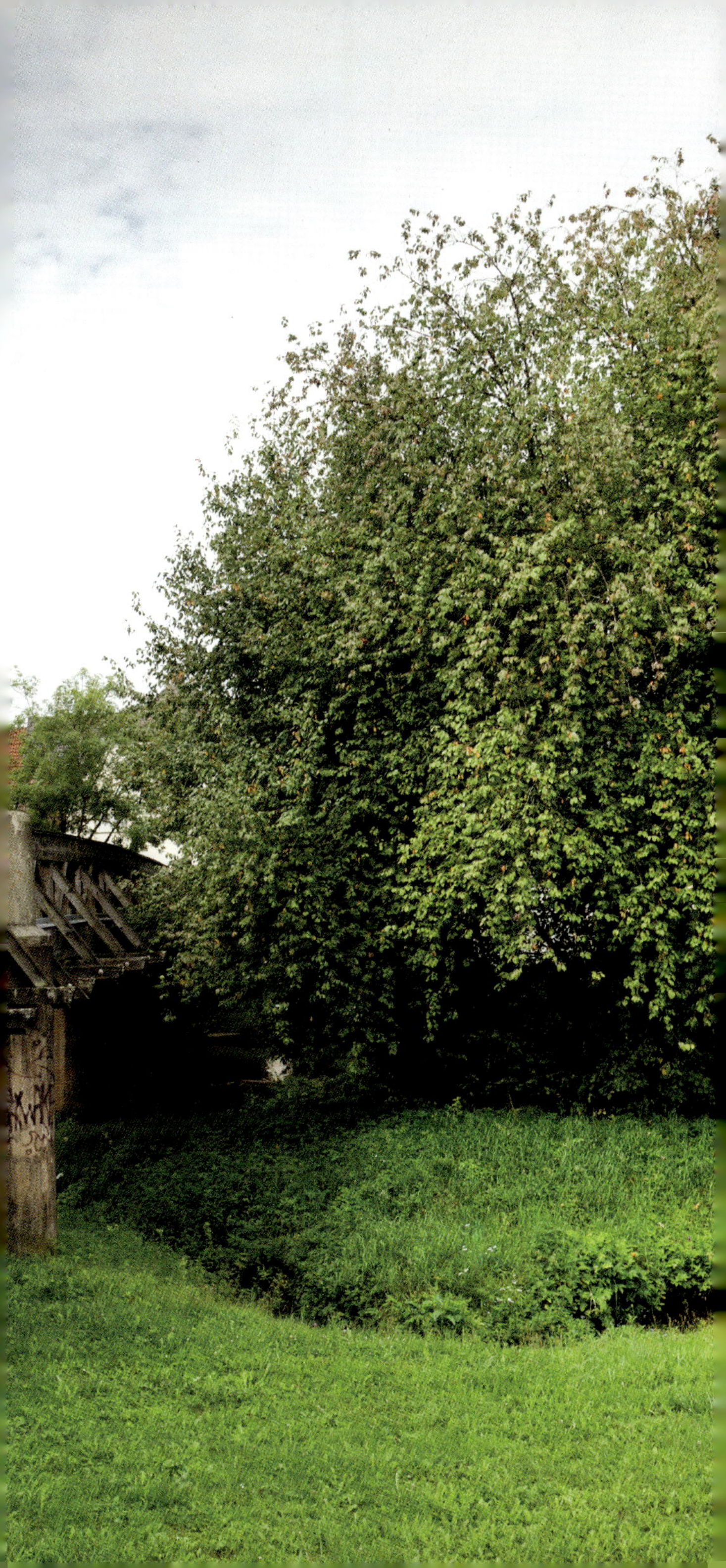

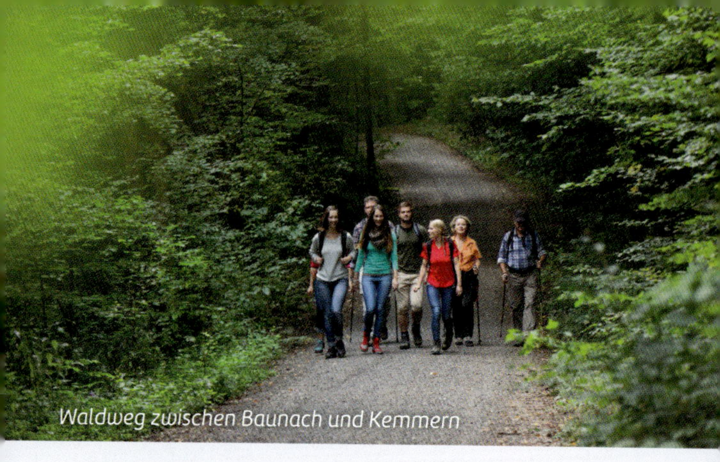

Waldweg zwischen Baunach und Kemmern

ETAPPE 10

Am Fuße der Haßberge von Baunach nach Oberhaid

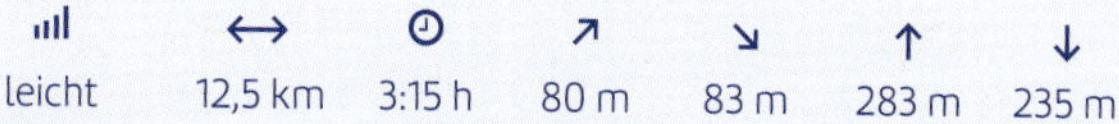

Höhepunkte

Link zur digitalen Tourbeschreibung

Baunach: Mühle, Krippenmuseum, St.-Oswald Kirche, Marktplatz mit Überkumbrunnen, ehemaliges fürstbischöfliches Jagdschloss, Bürgerhaus Lechnerbräu, Magdalenenkapelle // Fergenbrünnlein, Baunachmündung, Helenenkapelle, Mainrenaturierung, Pöppelecken // Kreuzberg mit Hallstadter Naturerlebnisweg // Bildstock „Hagelmarter" in Dörfleins // Naturwaldreservat Seelaub // Kreislehrgarten, Kirche und Mühle in Oberhaid

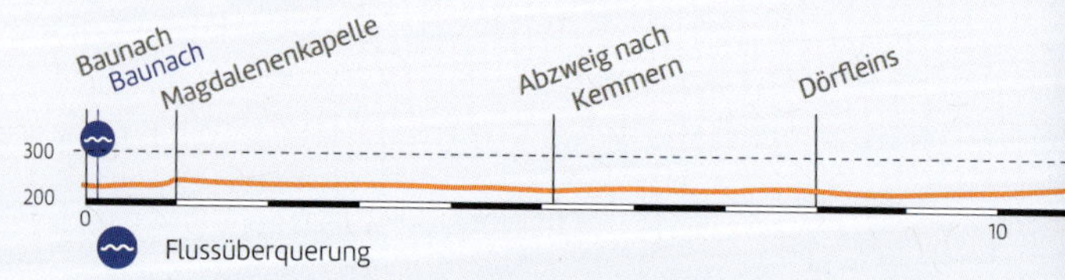

Baunach – **Baunach** *0,3 km* – Lauter *0,6 km* – Magdalenenkapelle *0,9 km* – **Baunachmündung** *1,7 km* – Fergenbrünnlein *2,2 km* – Abzweig Helenenkapelle *3,5 km* – Maininsel *4 km* – Kemmerner Keller *4,8 km / 5,2 km* – Wandertafel Kemmern *5,4 km* – *1,5 km* bis Ortsmitte Kemmern – Wanderparkplatz Dörfleins und Dörfleinser Keller *7 km* – Hagelmarter *7,5 km* – Dörfleins *7,9 km* – Straße nach Johannishof *10 km* – Naturwaldreservat Seelaub *10,5 km* – Aussichtsplattform Naturwaldreservat *10,9 km* – Kreislehrgarten *11,2 km* – Oberhaid *12,5 km*

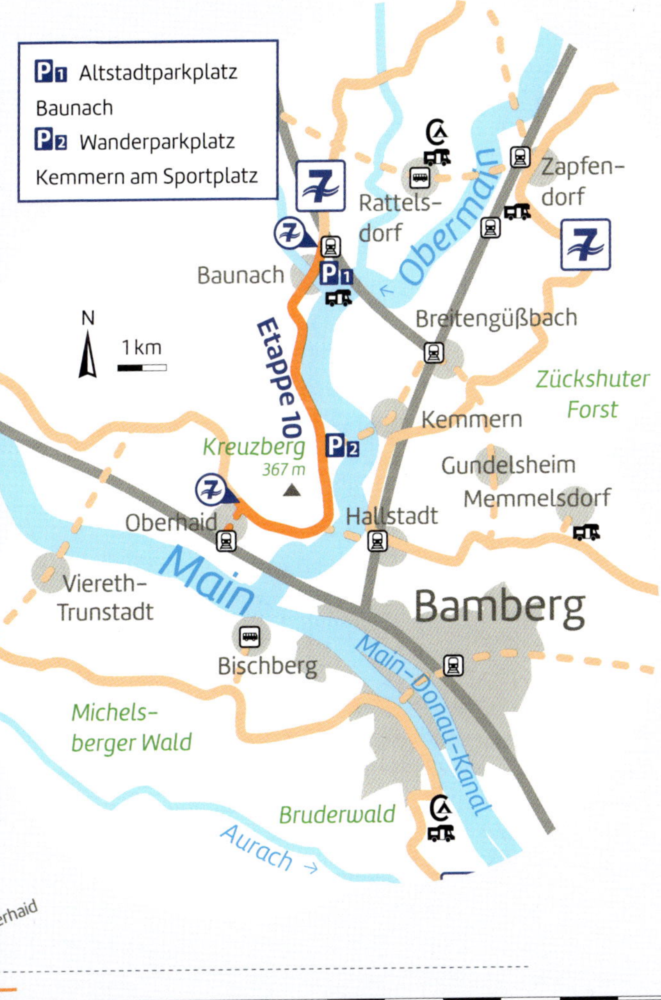

Oberhaid

20

Nach der Baunacher Altstadt, dem Anstieg zur Magdalenenkapelle und dem Abstieg zur Baunachmündung wandern Sie zwischen Wald und Fluss immer am Main entlang bis zum Fuße des Kreuzbergs bei Dörfleins. Unterwegs laden mehrere Bierkeller zur Rast ein. Auf einem historischen Amtsbotenweg gelangen Sie durch ein Naturwaldreservat nach Oberhaid.

Baunach – Magdalenkapelle – Baunachmündung

Vom Bahnhof **Baunach** gehen Sie am Altstadtparkplatz vorbei zur Baunach und überqueren diese auf einem Holzsteg, von dem Sie einen schönen Blick auf die Mühle und das imposante Wehr haben. Damit die Fische dieses künstliche Hindernis im Fluss umschwimmen können, wurde ein naturnah gestalteter Biotopbach angelegt. An diesem sind mehrere Sandsteinskulpturen aufgestellt. Auch auf der anderen Seiten der Brücke fällt eine der Sandsteinskulpturen ins Auge. Die Skulptur „don't stop" der italienischen Bildhauerin Simonetta Baldini erinnert mit ihrem Spiegelmosaik an das Wasser oder die Schuppen eines Fisches. Die Geschichte der **Baunacher Mühlen** können Sie sich in einem kurzen Hörstück erzählen lassen, das Sie über einen QR-Code von der Homepage ➲ www.klingende-landkarte.de aufrufen können.
Nach der Brücke gehen Sie nach links und dann unmittelbar an der Mühle nach rechts über mehrere Stufen hoch zur **Kirche St. Oswald**. Direkt nebenan liegt das **Baunacher Krippenmuseum**. Obwohl Baunach im Landkreis Bamberg liegt, gehört die Kirchengemeinde zum Würzburger Bistum.
Über den Kirchplatz gelangen Sie auf den von vielen Fachwerkhäusern gerahmten **Marktplatz** der Stadt Baunach. Im Sommer können Sie hier die Störche in ihren Nestern beobachten. Gleich mehrere Gastwirtschaften laden zum Verweilen ein und es lohnt auch ein kurzer Abstecher durch die Überkumstraße (mit Metzger, Bäcker und Eisdiele) zum ehemaligen Jagdschloss, das heute als Altenheim genutzt wird. Direkt gegenüber liegt das zum **Bürgerhaus** umgebaute Lechner Bräu mit einem schönen Eiscafé, das auch in der Nebensaison geöffnet hat.

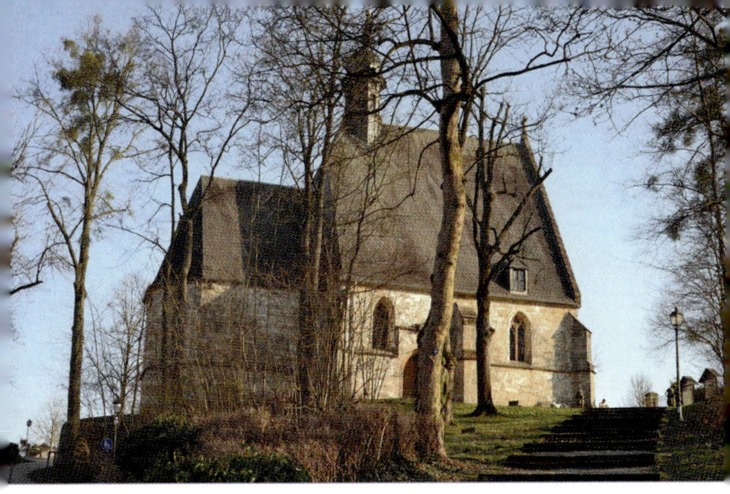

Baunacher Magdalenenkapelle

Auf dem **Brunnen am Markplatz** wacht der Hl. Überkum über seine Heimatstadt. Zu der von ihm 1340 gestifteten Magdalenenkapelle führt der Sieben-Flüsse-Wanderweg 7 entlang der Zehntstraße zur Hauptstraße und über die **Lauterbrücke**. Zusammen mit der **Baunach** und dem **Main** bildet dieses aus den Haßbergen kommende Gewässer den dritten Fluss der Drei-Flüsse-Stadt Baunach. Wandern Sie auf dem 7 am **Baunacher Bierkeller** vorbei den Magdalenenweg hinauf und über mehrere Stufen bis zur **Magdalenenkapelle** direkt am Friedhof. Hinter der Kapelle geht es gleich wieder bergab auf dem Galgenweg zum Geh- und Radweg an der Bundesstraße 279. Zuerst gehen Sie noch etwa 500 Meter auf dem Geh- und Radweg entlang der Bundesstraße. Zu Ihrer Rechten sehen Sie mehrere in den Fels gehauenene und mit Türen verschlossene Lagerkeller. Nach einem kleinen Parkplatz halten Sie sich rechts und folgen dem zunächst geteerten Weg am Fuße des Hanges in den Wald hinein. Eine Tafel zeigt die **Mündung der Baunach** in den Main an.

Hinweis

Aufgrund der kulturhistorischen Bedeutung der Magdalenenkapelle nimmt der 7 einen kleinen Umweg über den Berg in Kauf. Alternativ gehen Sie nach der Brücke über die Lauter auf dem Gehweg entlang der Bamberger Straße zu Baunach hinaus und treffen am Ortsausgang wieder auf den 7.

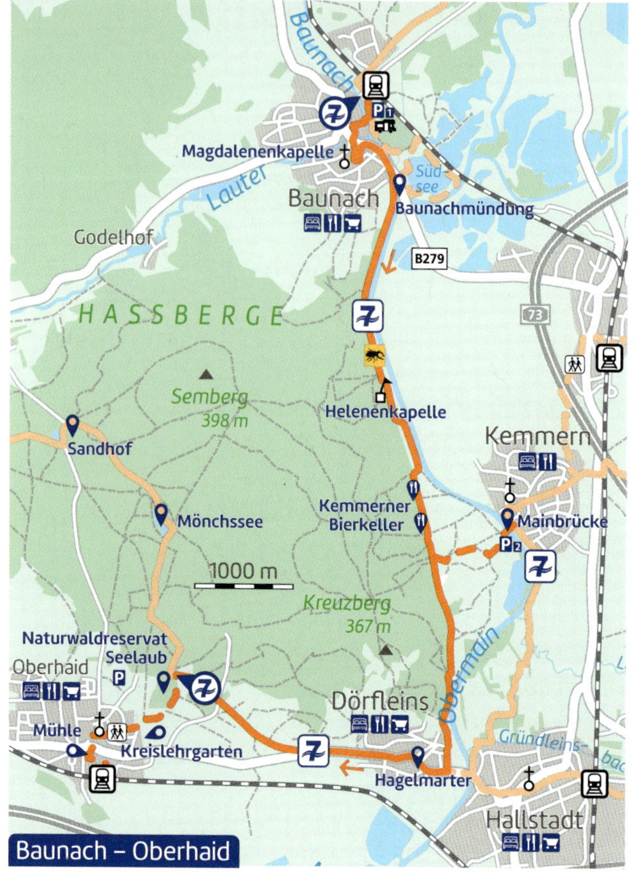

Baunachmündung – Kemmerner Keller

Der auffällig breite, befestigte Weg war früher Teil der Chaussee nach Bamberg. Die dazugehörige Mainbrücke und das Brückenzollhaus sind nach dem Zweiten Weltkrieg gesprengt worden. Und das **„Fergenbrünnlein"** erinnert an die ehemalige Fähre über den Main. Ab hier wandern Sie immer zwischen dem Fuß der Haßberge und dem Main überwiegend auf ruhigen Waldwegen an **Kemmern** vorbei bis **Dörfleins**. Unterwegs laden mehrere Kultur- und Naturschätze zum Verweilen ein. Vom können Sie an einer Wegkreuzung abzweigen und über den Hirschkäfer-Weg hoch zur **Helenenkapelle** aufsteigen. Die Ruine mit Brunnen und überdachtem Sitzplatz ist alternativ auch über den 500 Meter langen Forstweg zu erreichen. Tafeln

informieren über die Geschichte der spätmittelalterlichen Kapelle und der sie umgebenden Ringwallanlage.
Wandern Sie weiter auf dem [7], bis der Forstweg nach links abbiegt. Jetzt stehen Sie direkt an einer der ersten großen Renaturierungen des Mains. Hier wurde in den 1990er Jahren die künstliche Versteinung des Ufers entfernt und ein Teil des Geländes abgebaggert. Seitdem kann der Main hier wieder naturnah fließen und mit dem Flusskies in seinem Bett flache und tiefe Stellen bilden. Bitte die große Insel in der Mitte nicht betreten, da sie ein wichtiger Rückzugsort für Vögel und andere Tiere ist.
Der Main begleitet Sie noch ein kurzes Stück, dann biegt der [7] wieder zum Waldrand ab. So kommen Sie an beiden **Kemmerner Bierkellern** vorbei. An der Wandertafel des Naturparks Haßberge können Sie über das örtliche Wanderwegenetz die auf der anderen Mainseite liegende Ortschaft Kemmern erreichen.

Kemmerner Keller – Dörfleins

Die Etappe des [7] führt dagegen weiter geradeaus auf dem Wanderweg am westlichen Talrand der Mainaue entlang. Der Main hat hier im Laufe der Jahrhunderte immer wieder seinen Lauf geändert. Seine ehemaligen Flussarme sind im Gelände bis heute als große Mulden zu erkennen. Vielleicht kommt daher die Legende vom **Mainpöppel**, einem Wassergeist, der zwischen Kemmern und Hallstadt immer wieder Wanderern oder Flößern aufgelauert haben soll.

Exkurs

Auch die Hänge am Rande der Haßberge, an deren Fuß der Wanderweg verläuft, können interessante Geschichten erzählen, da sie im Mittelalter als Weinberge und später zum Hopfenanbau genutzt wurden. Die nach Norden ausgerichteten Flächen waren Teil einer sogenannten Landsgemeinde. Die umliegenden Dörfer hatten auf diesen Flächen unterschiedliche Rechte zur Nutzung von Holz, Einstreu oder als Viehweide. Auch finden sich an bestimmten Stellen noch charakteristische Spuren im Sandstein, die auf ehemalige Steinbrüche hinweisen. Heute sind die Hänge des Sembergs fast vollständig forstwirtschaftlich genutzt.

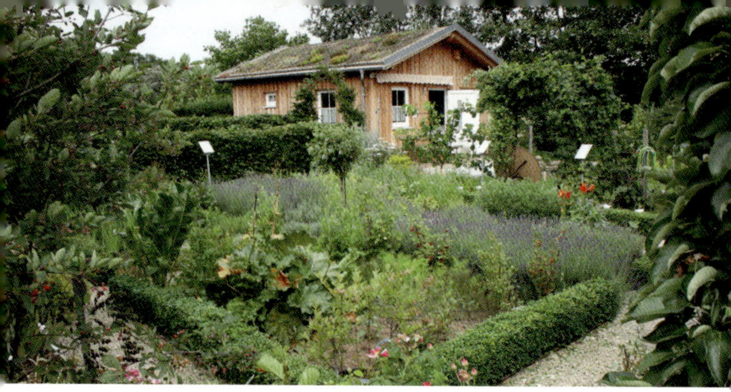

Der Kreislehrgarten bei Oberhaid

Kurz vor **Dörfleins** kommt der Main dem Wanderweg nochmal ganz nahe. Am Wanderparkplatz zweigt der Burgen- und Schlösserwanderweg hoch zum **Kreuzberg** ab. Der Aufstieg bietet einen Panoramablick auf Bamberg, den Steigerwald, die Fränkische Schweiz, das Main- und das Regnitztal. Die Hänge des Kreuzberges sind als Naturschutzgebiet geschützt und werden teilweise mit Schafen beweidet, um die Vielfalt der Tier- und Pflanzenwelt zu erhalten.

Tourtipp

Der gut zwei Kilometer lange **Naturerlebnisweg Hallstadt** führt mit einem -Zeichen und mehreren Tafeln und Ratestationen durch das Gebiet.

Dörfleins – Oberhaid

Auf dem wandern Sie am Ortsrand von Dörfleins bis zur Mainbrücke. Bleiben Sie auf der Dörfleinser Flussseite. Hier sehen Sie gleich am Ortseingang einen großen Bildstock aus Sandstein, die sogenannte **Hagelmarter**. „Martern" oder „Marterln" aus Sandstein finden sich ebenso wie Kreuze an vielen Wegen in Franken. Manchmal weisen sie auf ein besonderes Ereignis oder Unglück hin. Manchmal sind sie aufgrund eines Gelübdes, aus Frömmigkeit oder zur Abwehr von Unwettern gestiftet worden. Die Hagelmarter ist die größte und vermutlich älteste im Bamberger Land. In Dörfleins beginnt auch der Rennweg **R**, ein historischer Amtsbotenweg durch die Haßberge. Zusammen mit diesem gehen Sie auf dem entlang der Hauptstraße durch den ganzen Ort hindurch. Zunächst auf der alten Straße wandern Sie dann durch eine kleinteilige von Wiesen, Feldern,

Hecken und Waldstücken mit einigen Wochenendgrundstücken geprägte Landschaft. Überqueren Sie die Straße nach Johannishof und wandern Sie weiter auf dem Flurweg bis zum **Naturwaldreservat Seelaub**. Um nach Oberhaid zu gelangen, zweigen Sie hier auf den mit markierten Weg nach links ab. Sie wandern an Obstbäumen entlang und dann auf einem naturnahen Weg durch das Naturwaldreservat. Vorbei an der Aussichtsplattform gelangen Sie auf dem Flurweg an den Ortsrand von **Oberhaid**. Der **Kreislehrgarten** liegt nur ein kurzes Stück die Straße hinunter. Der mit markierte Weg folgt dem Mühlbach an einem kleinen See vorbei. Dann erreichen Sie über die Straße Anspännlein die Sandhofer Straße und den zentralen Dr.-Hau-Platz. Überqueren Sie hier die Bamberger Straße und gehen Sie den Fußweg an der **Kirche St. Bartholomäus**, dem **Rathaus** und der **Mühle** vorbei zur Unteren Straße. Dieser folgen Sie ein Stück links entlang und dann kommen Sie nach rechts durch die schmale Steiggasse direkt zum Bahnhof Oberhaid.

Etappenvariante

Von Baunach aus sind über den Burgen- und Schlösser-Wanderweg (Premiumwanderweg) sowie den Mainwanderweg M alternative Tourenvarianten und Rundtouren möglich.

Mahlzeit und Unterkunft

Baunach, Kemmern, Dörfleins, Hallstadt, Oberhaid

Baunach, Kemmern, Dörfleins, Hallstadt, Oberhaid

Tourtipp

Der **Kreislehrgarten Oberhaid** in der Kapellenstraße hat in der Saison jeweils am ersten und dritten Sonntag im Monat am Nachmittag geöffnet. Gruppen und Schulklassen können auch an anderen Tagen Führungen buchen. Gezeigt werden alte Nutz- und Zierpflanzensorten, eine Streuobstwiese mit traditionellen Obstsorten und viele Beispiele als Inspirationsquelle für eigenes naturnahes Gärtnern mit heimischen Pflanzen. **www.ogv-oberhaid.de**

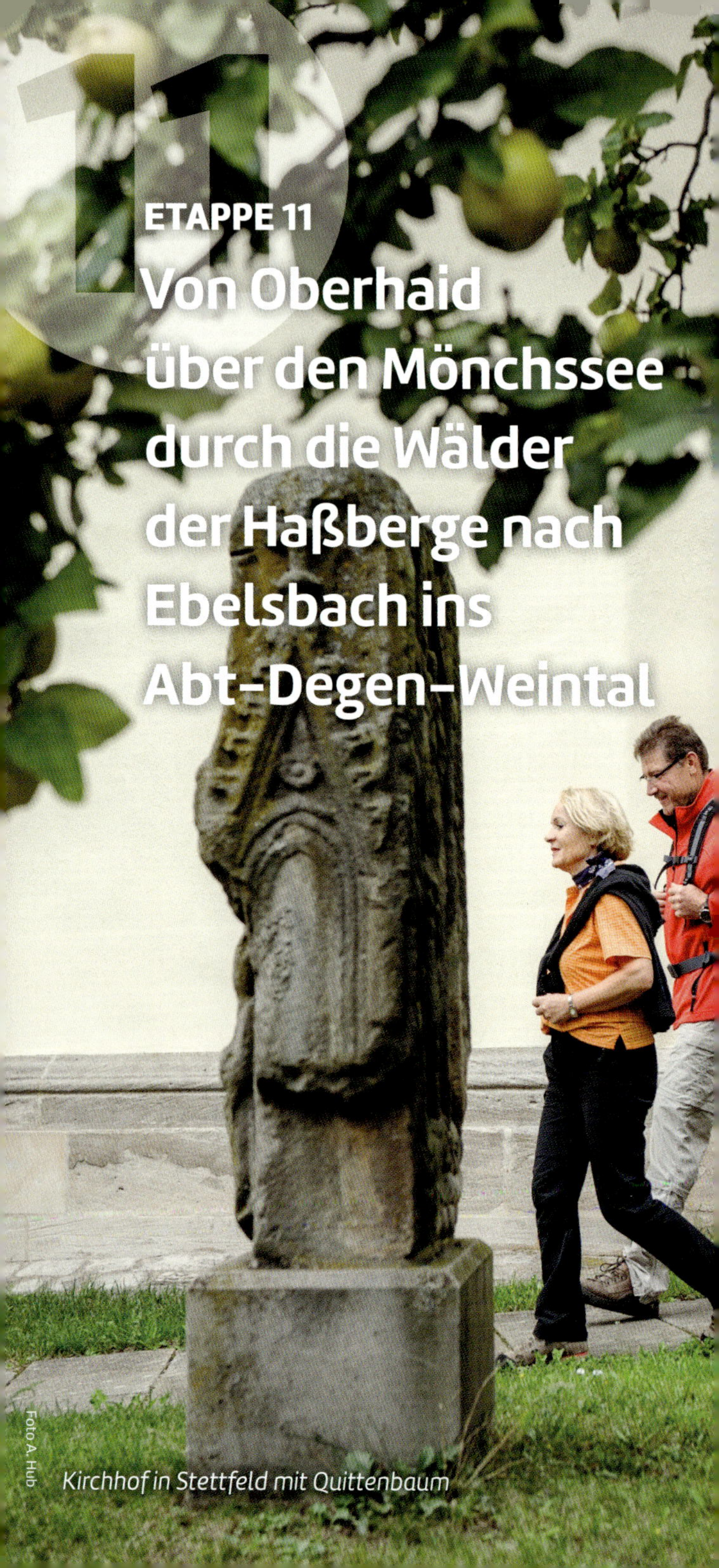

ETAPPE 11

Von Oberhaid über den Mönchssee durch die Wälder der Haßberge nach Ebelsbach ins Abt-Degen-Weintal

Foto A. Hub

Kirchhof in Stettfeld mit Quittenbaum

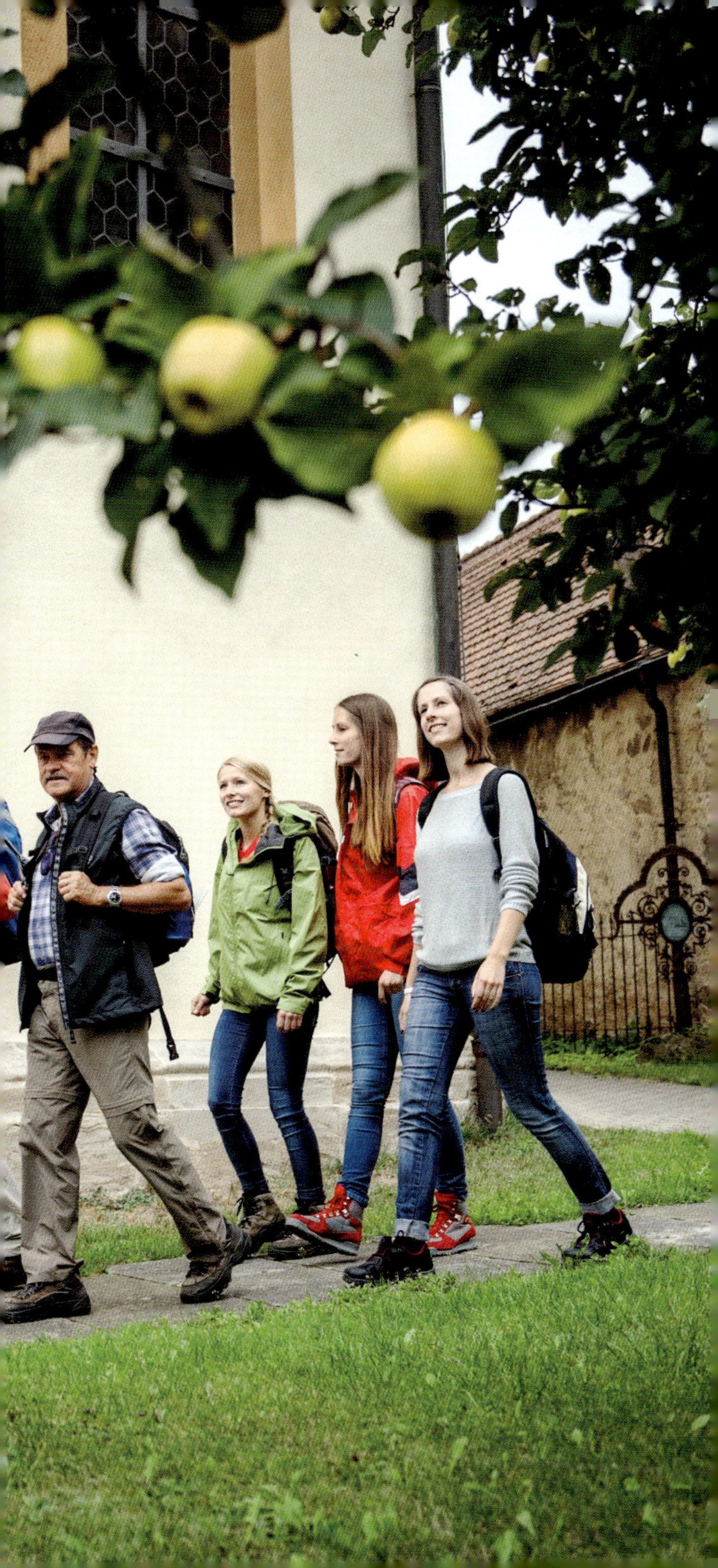

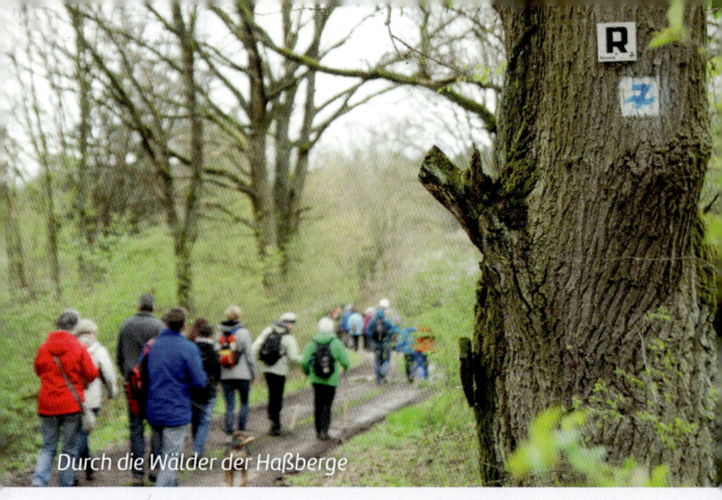
Durch die Wälder der Haßberge

ETAPPE 11

Von Oberhaid über den Mönchssee durch die Wälder der Haßberge nach Ebelsbach ins Abt-Degen-Weintal

medium	19,5 km	5:30 h	↗ 358 m	↘ 363 m	↑ 363 m	↓ 231 m

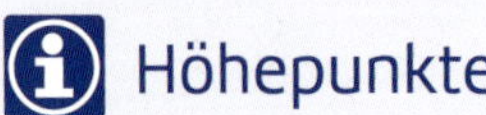
Höhepunkte

Link zur digitalen Tourbeschreibung

Kreislehrgarten, Kirche und Mühle in Oberhaid // Naturwaldreservat Seelaub // Mönchssee // Sandhof // St.-Anna-Kapelle // Rathaus und Pfarrhof Stettfeld // Naturschutzgebiet Ebelsberg // Schloss Ebelsbach // Schloss Gleisenau

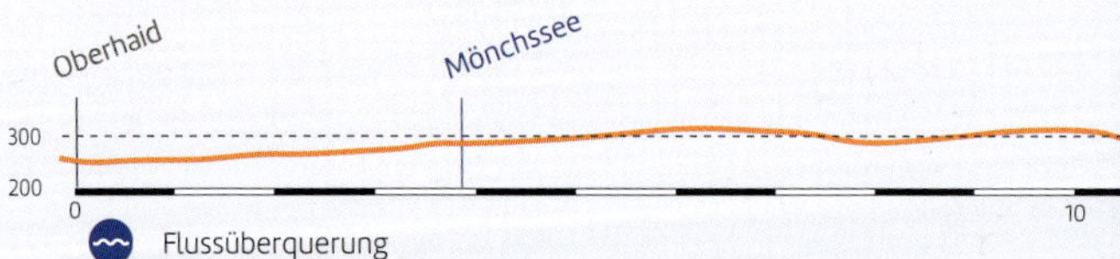

Oberhaid – Naturwaldreservat Seelaub *1,4 km* – Wegekreuz Oberhaider Wald *2,6 km* – **Mönchssee** *3,5 km* – Sandhof *5 km* – Nonnenbirkach *7,3 km* – Kunkelsbühl *10,3 km* – St.-Anna Kapelle *13,5 km* – Stettfeld *14,5 km* – Kohlberg *15,8 km* – Ebelsberg *16,8 km* – Ebelsbach und Schloss Ebelsbach *18,9 km* – Ebelsbach *19,5 km*

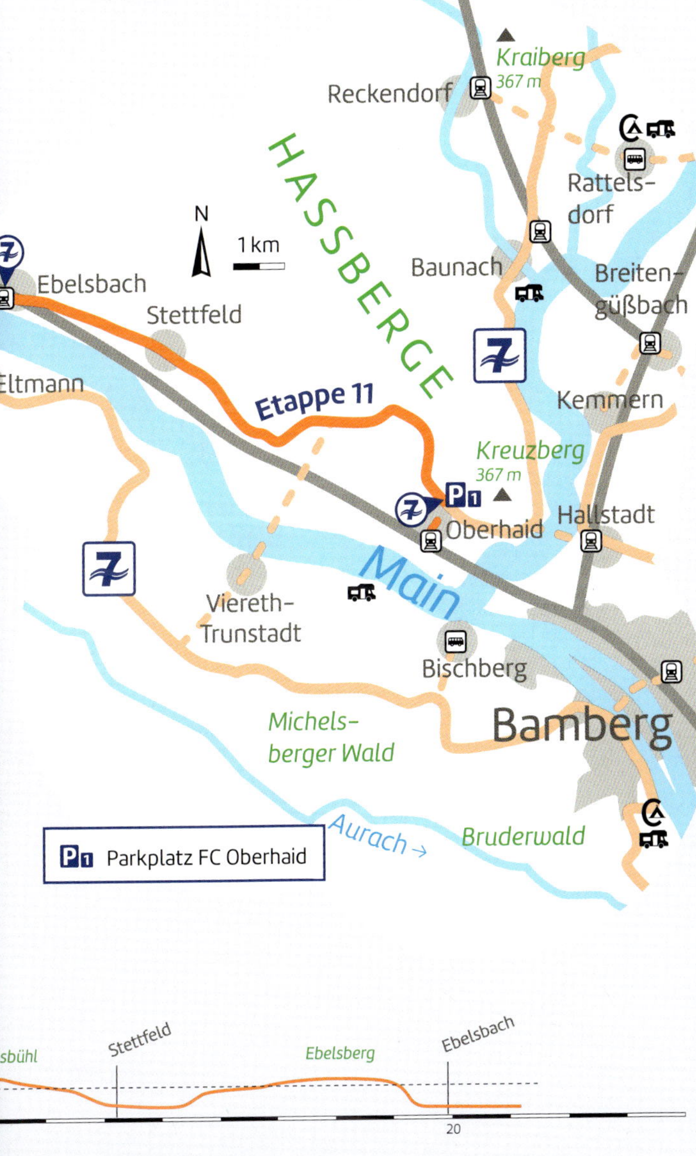

Vom Bahnhof Oberhaid führt Sie die 10. Etappe des Sieben-Flüsse-Wanderwegs durch das Naturwaldreservat Seelaub und um den geheimnisvoll im Wald liegenden Mönchssee. Über Sandhof durchwandern Sie die Wälder der Haßberge und kommen an der St.-Anna-Kapelle nach Stettfeld und schließlich über den Ebelsberg zum Bahnhof in Ebelsbach.

Oberhaid – Naturwaldreservat Seelaub – Mönchssee

Die Etappe startet am Bahnhof in **Oberhaid**. Mit den **Weinbaulagen** im benachbarten Ortsteil **Unterhaid** beginnt hier das **Abt-Degen-Weintal.** Folgen Sie dem Markierungszeichen der zwei Wanderer durch die Steiggasse und dann nach links auf der Unteren Straße am Rathaus und der Mühle vorbei die Stufen hoch zur Kirche, die als Wallfahrtsort berühmt ist. Überqueren Sie die Bamberger Straße und den zentralen Dr.-Hau-Platz. Dann biegen Sie nach rechts zum Anspännlein ab und gehen an einem See vorbei auf der Kapellenstraße zum Ort hinaus. Vorher lohnt von April bis Oktober der Besuch des Kreislehrgartens in Oberhaid.
Über den rechten Flurweg wandern Sie leicht bergan und kommen zur Aussichtsplattform des **Naturwaldreservates Seelaub.** Ein Waldweg, der auf naturnahen Wegen durch das Naturwaldreservat hindurchführt, leitet Sie zum 7, dem Sie nach links in den Wald hinein folgen.

Im Wald bei Oberhaid

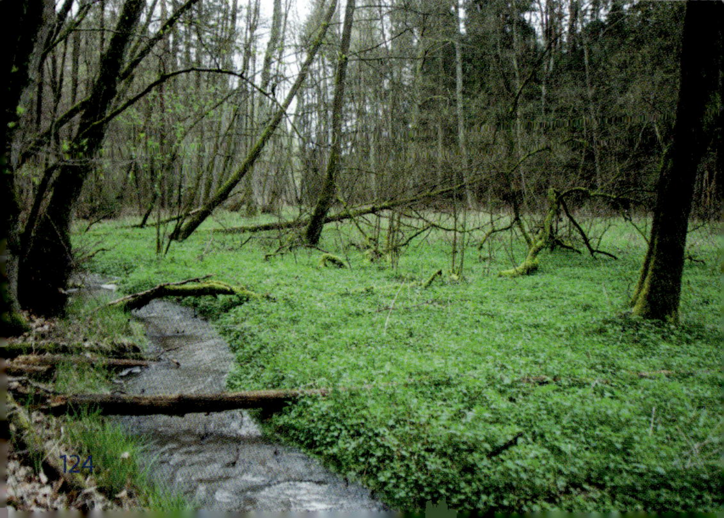

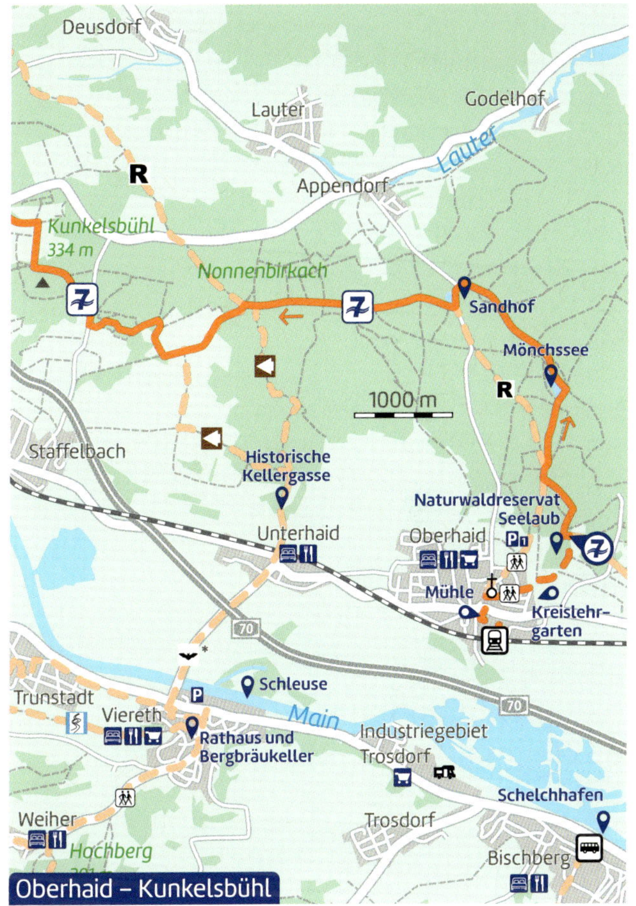

Zusammen mit dem Rennweg überqueren Sie zwei Bäche, welche die Oberhaider Mühle mit Wasser versorgen. Am Waldkreuz biegen Sie nach rechts ab und wandern auf dem Forstweg immer geradeaus in nördlicher Richtung bis zum **Mönchssee**. Dieser geheimnisvoll mitten im Wald

Sicherheitshinweise

⚠ **Die Durchquerung des Naturwaldreservates Seelaub** erfolgt auf eigene Gefahr. Dieser Waldbereich wird bewusst nicht „gepflegt", sodass es vorkommen kann, dass Bäume quer liegen oder Äste herabfallen. Insbesondere bei starker Schneelast sowie bei und nach Stürmen droht erhöhte Gefahr.

liegende Weiher ist ebenfalls Teil des Wassermanagements für die Oberhaider Mühle, die von der Gemeinde Oberhaid 2017 gekauft wurde und derzeit renoviert wird.

Bambolino TOURTIPP 2 *Bambolino-Tipp zu einer Familientour zum Mönchssee siehe S. 172.*

Mönchssee – Sandhof – Stettfeld

Der führt am nördlichen Ufer des Sees entlang und dann auf einem Forstweg bis zum malerisch gelegenen **Sandhof**. Die in die Mauer integrierte Franz-Xaver-Kapelle ist jährlich Ziel einer feierlich begangenen Pfingstprozession. Diese Oberhaider Wallfahrtstradition verhinderte, dass die Kapelle im Zuge der Säkularisation 1803 abgerissen wurde.

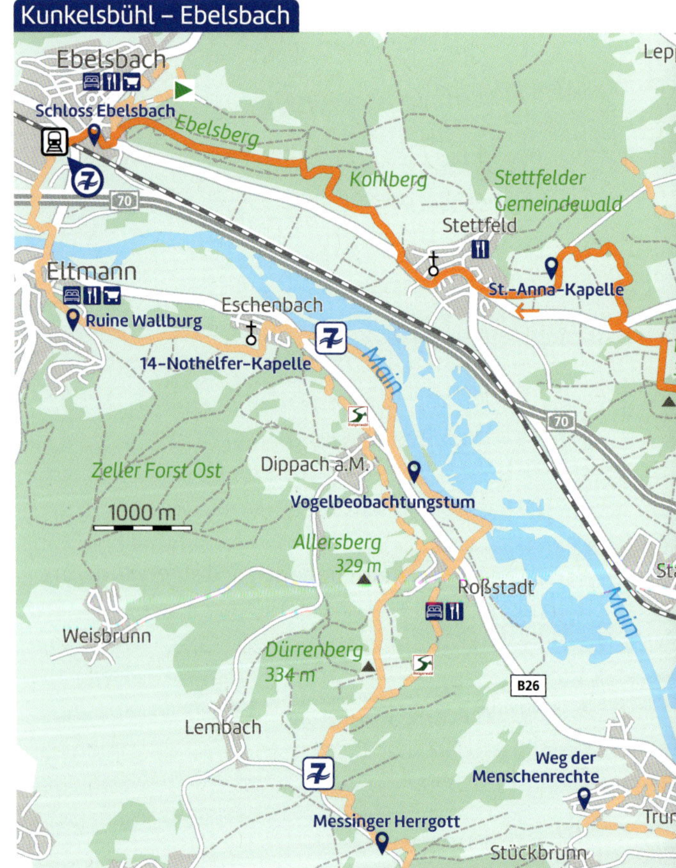

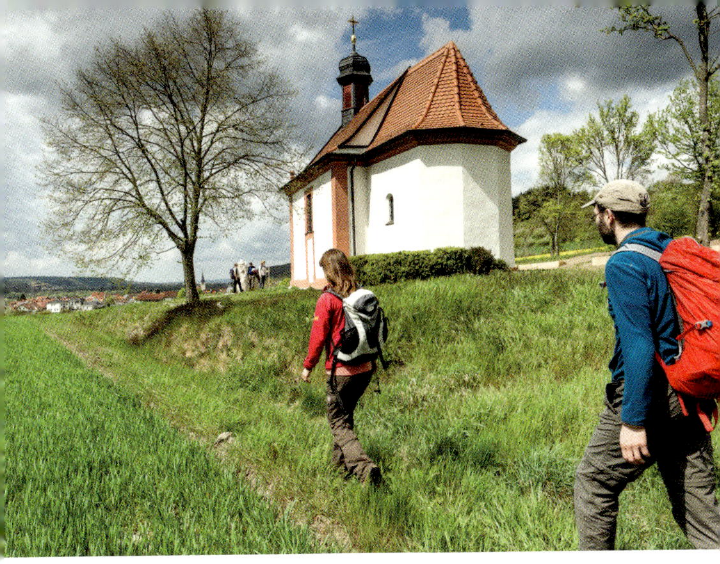

Annakapelle bei Stettfeld

Auf der anderen Seite der Straße gehen Sie am Seeufer entlang und in westlicher Richtung weiter durch die ausgedehnten Wälder der Haßberge bis zu einer zentralen Wegekreuzung im Waldgebiet **Nonnenbirkach**. Hier zweigt der Rennweg R nach rechts ab, während Sie auf dem 7 ein Stück am Waldrand entlang und dann über den **Kunkelsbühl** wandern. Dabei verlassen Sie Oberfranken und kommen nach Unterfranken. Aus dem oberfränkischen „Maa“ wird der unterfränkische „Mee“ – gemeint ist aber immer derselbe fränkische Fluss: der Main.

Sie überqueren die Straße und folgen dem 7 in einem leichten Bogen am Waldrand entlang und auf Flurwegen bis zur **St.-Anna-Kapelle**. Genießen Sie von hier die Aussicht über das Maintal und den auf der anderen Seite liegenden Steigerwald. Am Wegesrand können Sie mit der **„Straße der Bäume“** verschiedene Baumarten sehen, die in den vergangenen Jahren zum Baum des Jahres gekürt worden sind. Die Hauptstraße führt Sie durch **Stettfeld**. Sehenswert sind das **historische Rathaus** und der umfriedete **Pfarrhof**. Die Bärenfigur des Brunnens stellt das Wappentier der Gemeinde dar.

Stettfeld – Ebelsbach

Am Ortsende von Stettfeld wandern Sie den Flurweg hinauf auf den Wald zu. Der verläuft über den Kohlberg und dann am Rande des Naturschutzgebietes an den Hängen des **Ebelsberges** durch den Wald. Dann geht es steil bergab nach **Ebelsbach**. Sie gehen entlang der Stettfelder Straße am großen Komplex des **Schlosses Ebelsbach** vorbei. Seit einem Brand vor einigen Jahren wartet es darauf, wieder erweckt zu werden. In der Kurve der Georg-Schäfer-Straße gelangen Sie unter der großen Straßenbrücke hindurch direkt zum Bahnhof.

Mahlzeit und Unterkunft

Oberhaid, Unterhaid, Stettfeld, Ebelsbach, Gleisenau

Oberhaid, Roßstadt Ebelsbach

Tourtipp

Auf dem 2,3 Kilometer langen Rundweg spazieren Sie gemütlich entlang des naturnah gestalteten **Ebelsbaches** zum Park von **Schloss Gleisenau** und am Waldrand zurück. Am Weg liegt der Stollen der **Frankensekt-Kellerei**. Gruppen können von Mai bis August Führungen buchen

Im Schlosspark Gleisenau

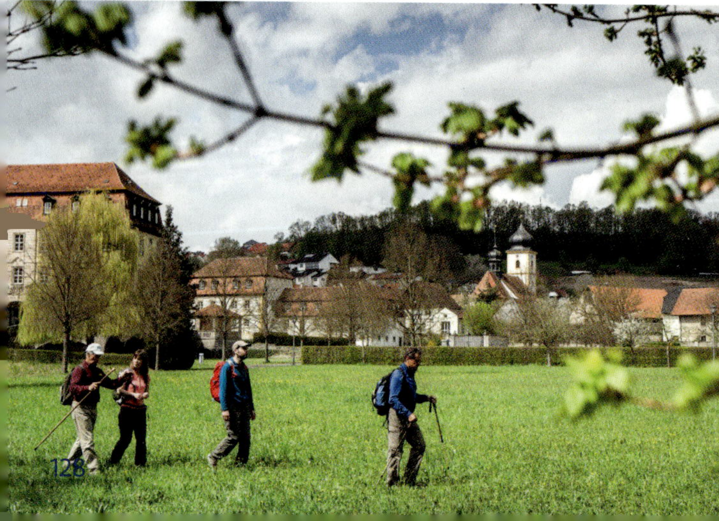

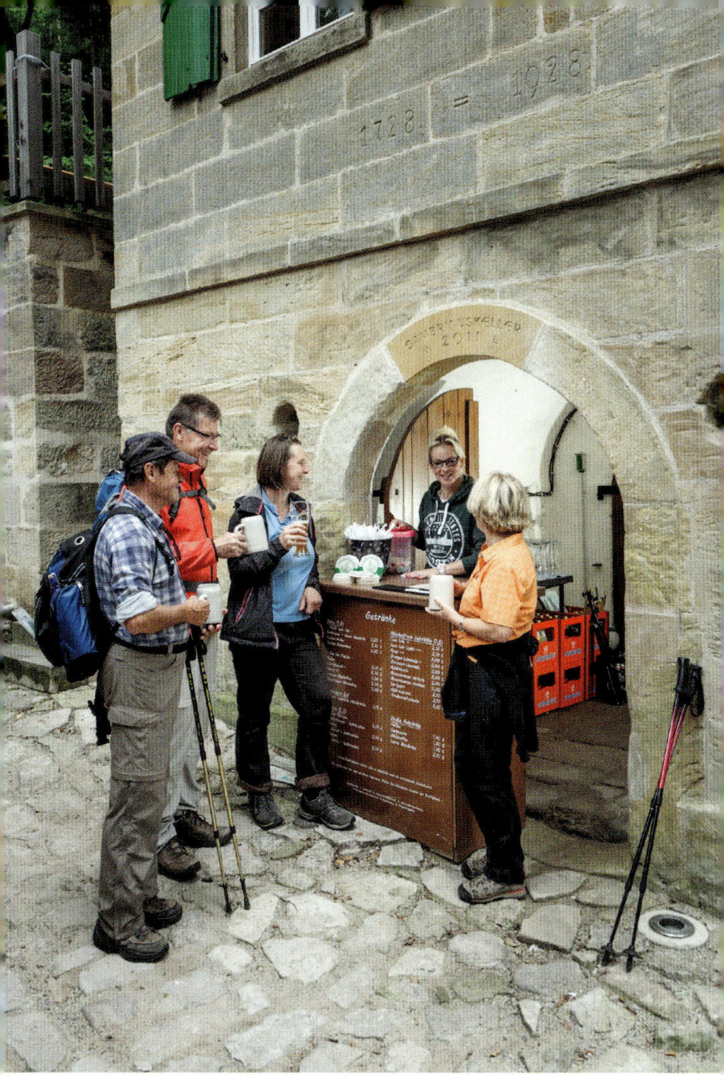

Ausschank direkt aus dem Bierkeller in der Kellergasse Unterhaid

Etappenvariante

Von der Waldkreuzung **Nonnenbirkach** führt Sie der 5,2 Kilometer lange Oberhaider Rundweg „ocker" ◀ zu historischen **Kellergasse Unterhaid** und als Rundweg wieder zurück zum Sieben-Flüsse-Wanderweg. Im Sommer Bierkellerbetrieb. Ganzjährig werden Führungen für Gruppen und Schulklassen über die Gemeinde Oberhaid angeboten. Der für Fledermäuse reservierte Keller kann nur im Sommer besichtigt werden.

12

ETAPPE 12

Aus den Haßbergen durchs Maintal und den Steigerwald

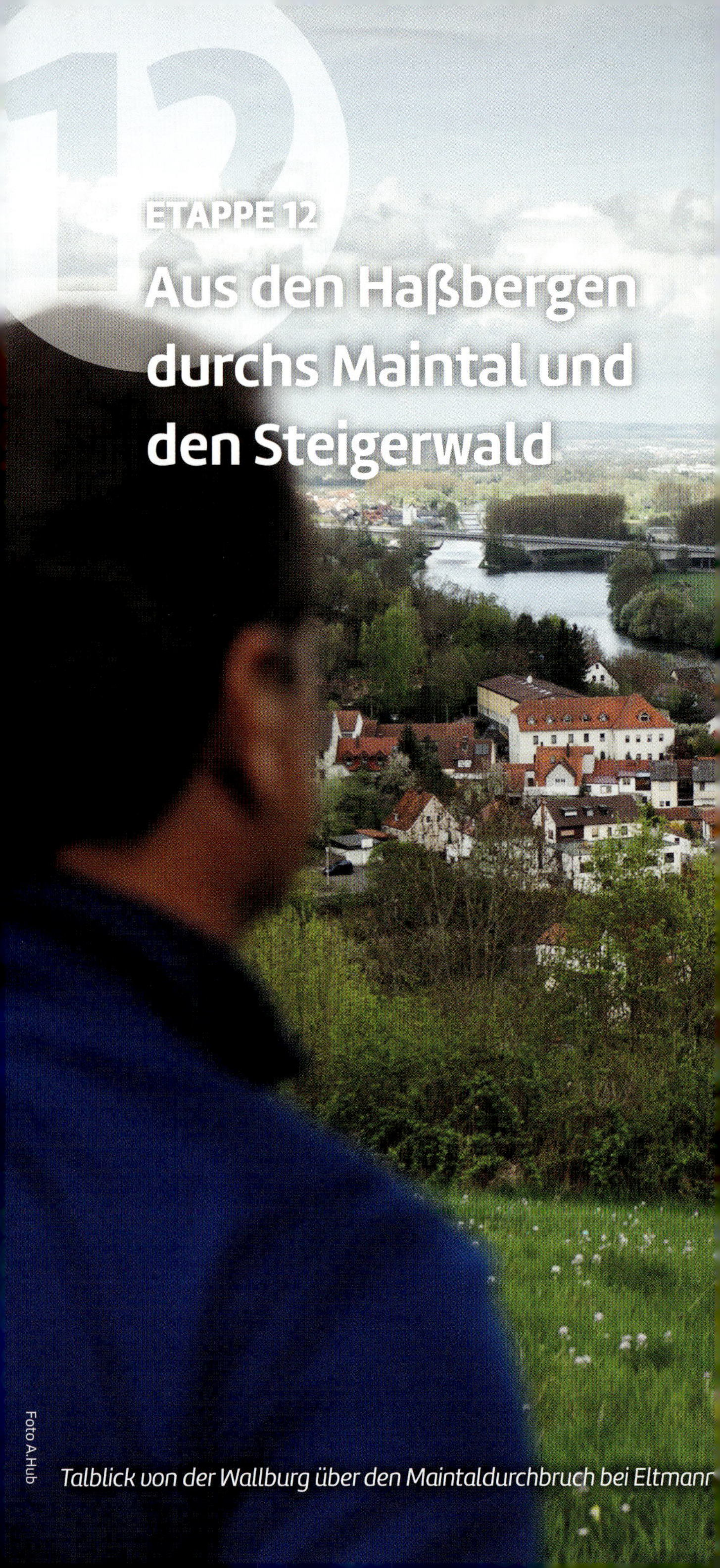

Foto A.Hub

Talblick von der Wallburg über den Maintaldurchbruch bei Eltmann

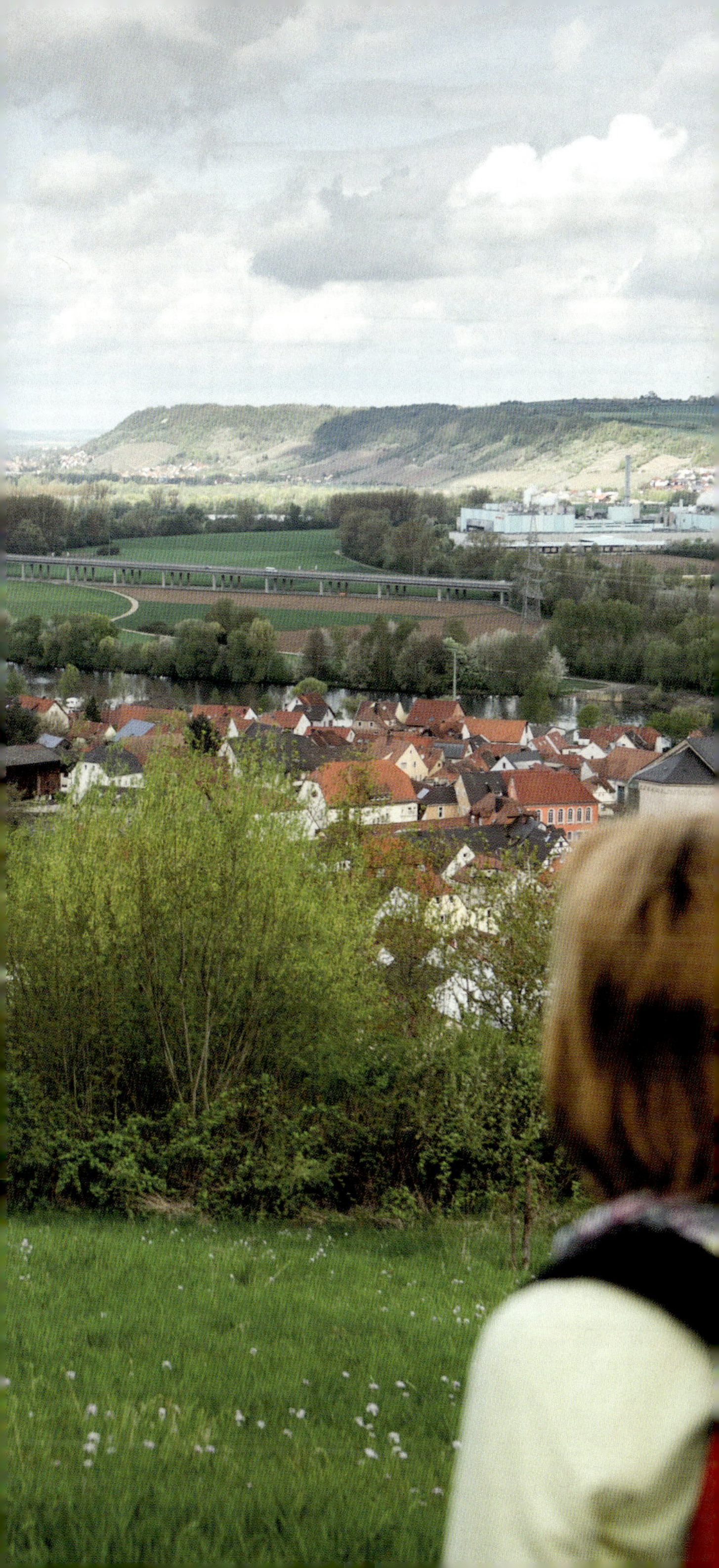

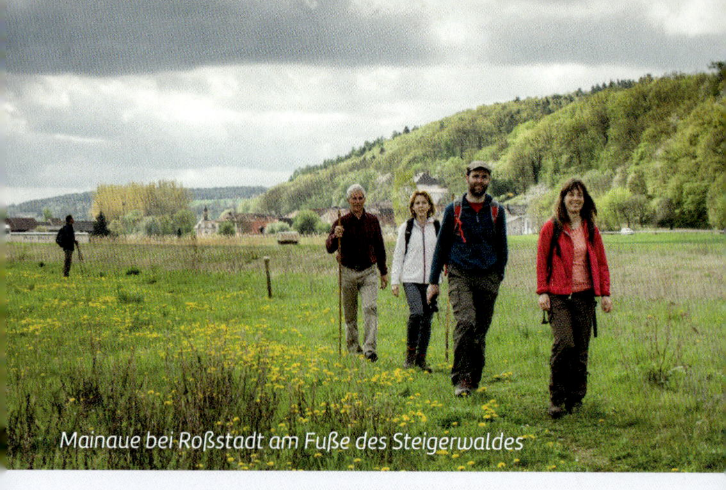

Mainaue bei Roßstadt am Fuße des Steigerwaldes

ETAPPE 12

Aus den Haßbergen durchs Maintal und den Steigerwald

medium	19 km	5:15 h	244 m	240 m	371 m	225 m

Höhepunkte

Link zur digitalen Tourbeschreibung

Schloss Ebelsbach, Schloss Gleisenau // Eltmann: Rathaus, Leo-von-Klenze-Kirche, Stadthalle, Mainlände, Ruine Wallburg // 14-Nothelfer-Kapelle bei Eschenbach // Vogelbeobachtungsturm bei Dippach a. M. // Viereth: Rathaus, Bergbräukeller, St.-Jakobus-Kirche, Schleuse am Main

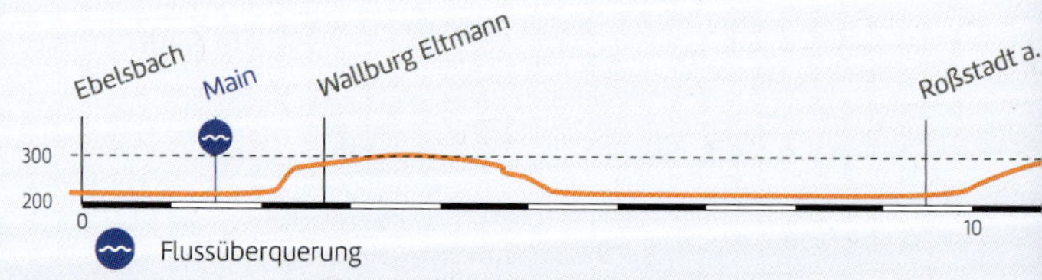

Ebelsbach (🚉, 🍴/🛏/🛒) – A70 *0,8 km* – Mainbrücke *1,5 km* – Eltmann ℹ (🍴/🛏/🛒) *1,8 km* – Wallburg *2,3 km* – 14-Nothelfer-Kapelle *4,3 km* – Eschenbach *4,8 km* – Mühlbachbrücklein *6,5 km* – Vogelbeobachtungsturm bei Dippach a. M. *7,2 km* – Roßstadt (🍴/🛏) *8,6 km* – Allersberg und Dürrenberg *9,8 km*, – Messinger Herrgott *12,7 km* – Windräder *14,8 km* – Kohlberg *15,8 km* – Weiher (🍴/🛏/🛒) *16,6 km*, Viereth (🚌, 🍴/🛏) *19 km*

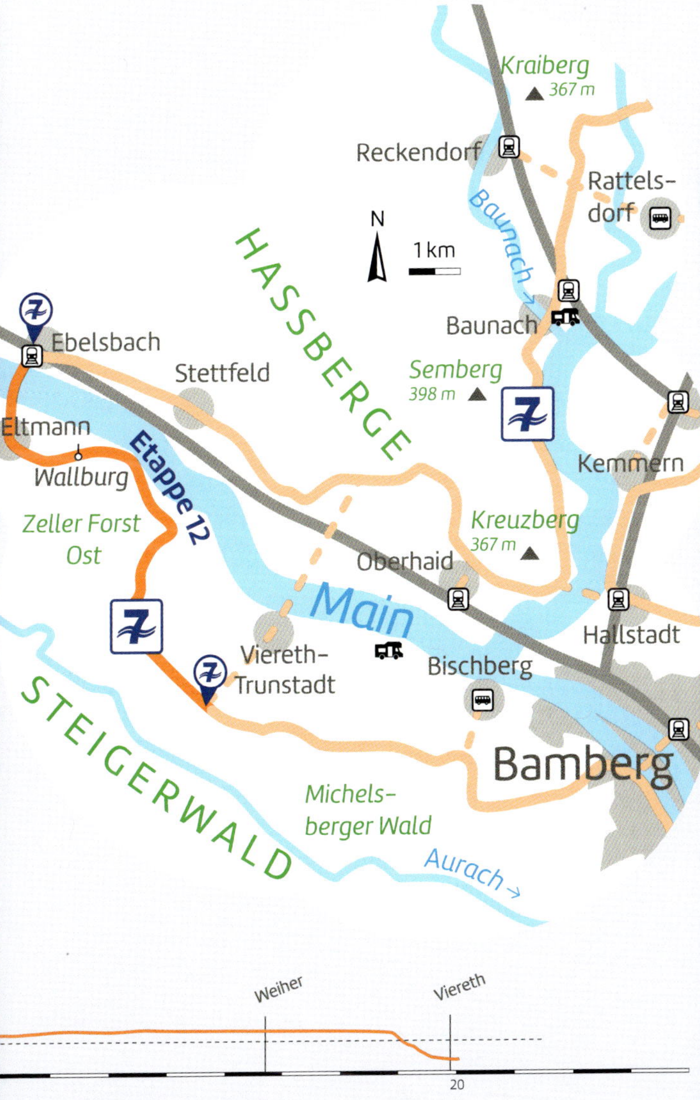

Auf der 12. Etappe des Sieben-Flüsse-Wanderwegs verlassen Sie die Haßberge und wandern durch das Maintal über Eltmann, Eschenbach und Roßstadt hinauf auf die Höhen des Steigerwalds und über Weiher wieder hinunter nach Viereth ins Maintal.

Ebelsbach – Mainbrücke – Eltmann – Wallburg

Die Etappe startet am Bahnhof **Ebelsbach-Eltmann** in **Ebelsbach**. Vom Bahnhof laufen Sie in südwestlicher Richtung entlang der Industriestraße, unter der Autobahn 70 hindurch, und dann auf einem Grünweg entlang des Ebelsbaches, um schließlich bei **Eltmann** die Mainbrücke zu überqueren.
In Eltmann führt Sie der Sieben-Flüsse-Wanderweg 7 über die Mainstraße fast bis ins Zentrum. Hier bilden Rathaus, Stadthalle und die nach Plänen von Leo von Klenze umgebaute Kirche aus Sandstein ein stimmiges Ensemble. Nehmen Sie sich die Zeit, hinunter zur Mainlände zu spazieren oder die Galerie an der Stadtmauer zu besuchen. Dann gehen Sie durch die Schottenstraße bis zur Schloss-

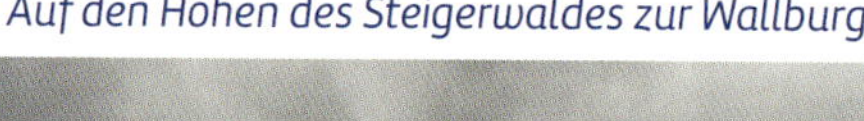

Auf den Höhen des Steigerwaldes zur Wallburg

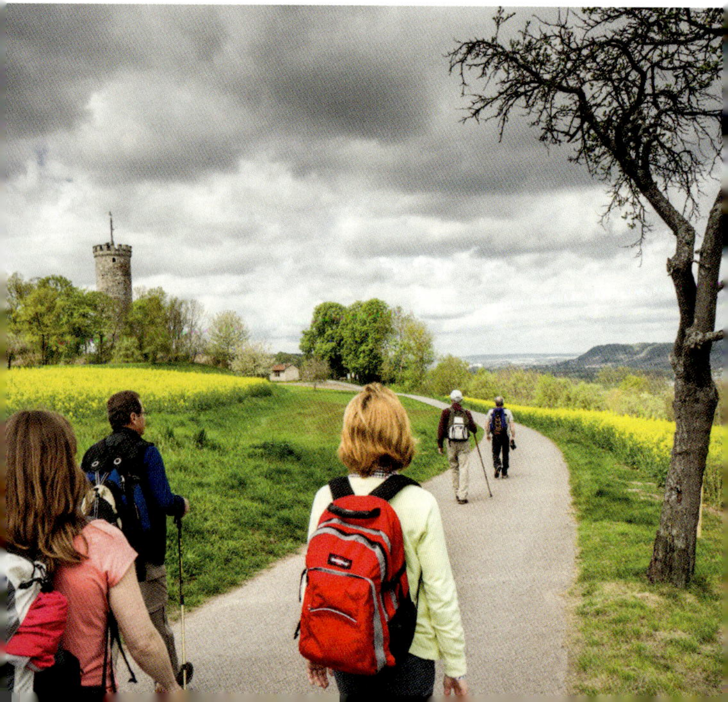

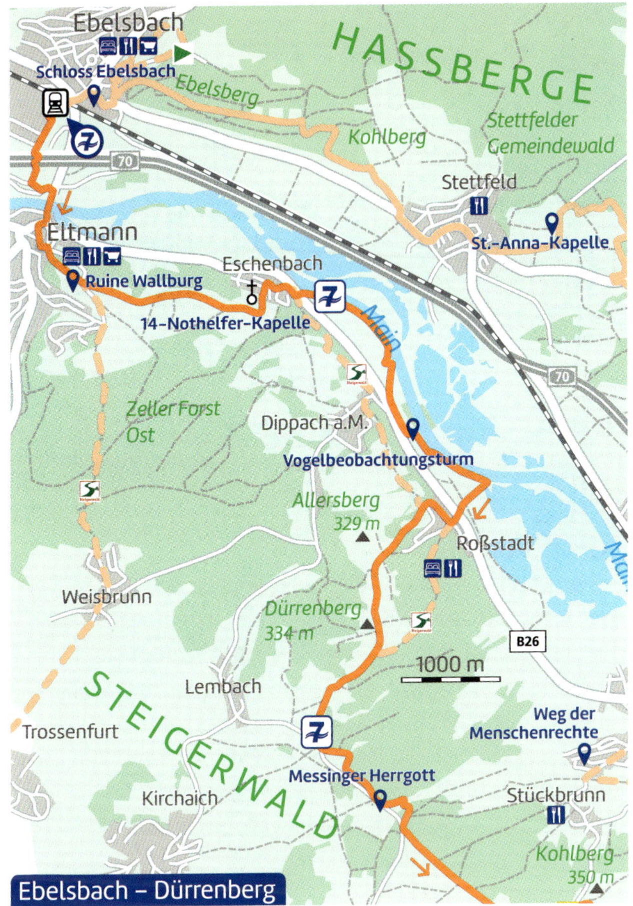

stiege. Durchqueren Sie den Torbogen und erreichen Sie über viele Treppenstufen die weithin sichtbare Ruine der **Wallburg.** (**Hinweis:** Im Winter nehmen Sie bei ungünstiger Witterung alternativ den Aufstieg auf der Straße über die Schlossstiege.) Der Heimatkundliche Verein bietet Sonderführungen rund um das Thema Wallburg an (Infos: Reiner Reitz, Tel. 09522/89 970).

Wallburg – Eschenbach – Roßstadt

Zusammen mit dem Steigewald-Panoramaweg wandern Sie auf dem [Symbol] von der Wallburg auf der Höhe am Rande des Steigerwaldes weiter auf einem Flurweg. Kurz vor Eschenbach liegt am Wegrand die idyllisch gelegene

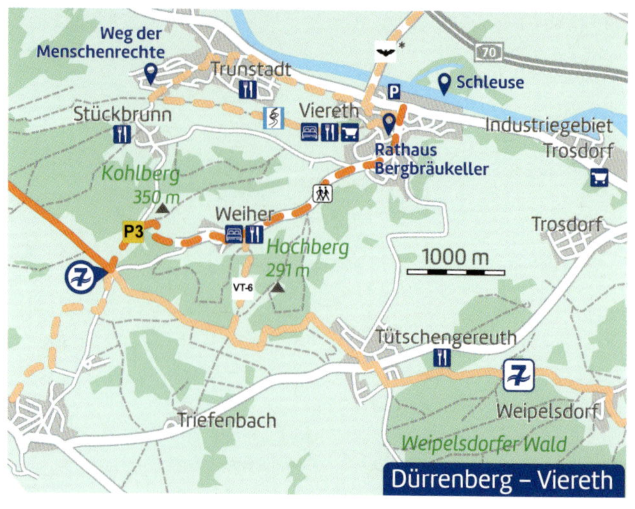

14-Nothelfer-Kapelle. Danach führt Sie der [Symbol] hinunter nach **Eschenbach**. Sie gehen auf der Eltmanner Straße durch den gesamten Ort und überqueren am Ortsausgang die Bundestraße (B26). Achtung: keine gesicherte Querungsmöglichkeit für Fußgänger. Auf der anderen Straßenseite gehen Sie über den Parkplatz bis zum Main. Dort folgen Sie dem Uferweg immer flussaufwärts. Auf Höhe der Ortschaft **Dippach a. Main** zweigen Sie an einem Feldkreuz auf einen Wiesenweg ab, der Sie über eine kleine Brücke über den Dippacher Mühlbach und an einem Altarm des **Mains** entlangführt. Am Ende dieses Altwassers steht ein **Vogelbeobachtungsturm**, von dem aus Sie eine der größten Graureiherkolonie Bayerns beobachten

Kellergasse in Roßstadt

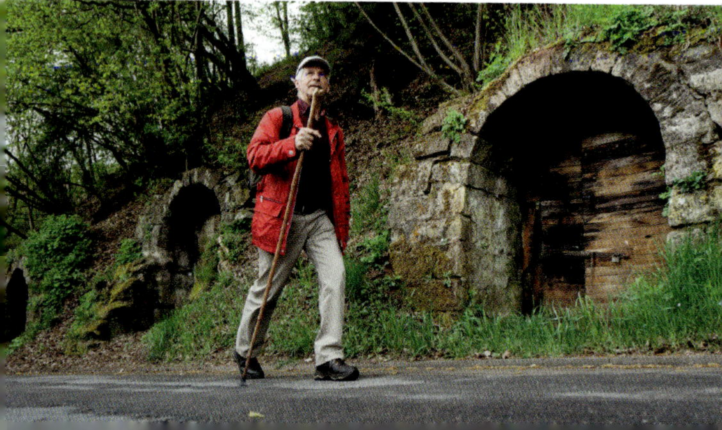

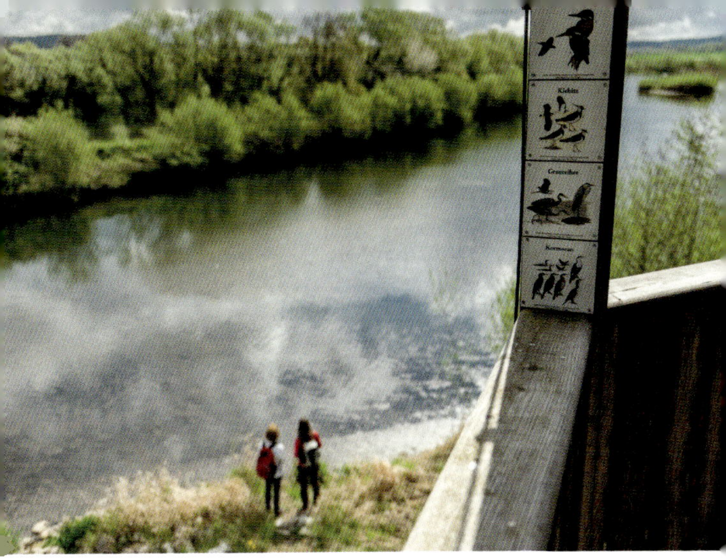

Vogelbeobachtungsturm bei Dippach a. Main

können. Ihre Nester bauen diese Vögel hoch oben in den Baumkronen in dem Wäldchen auf der anderen Seite der Straße. Zur Nahrungssuche fliegen sie ins Maintal. Die Bucht zu Füßen des Beobachtungsturmes wurde extra angelegt, damit die Graureiher hier nach Nahrung suchen können. Vom Turm aus folgen Sie einem schmalen Pfad durch die hier wieder naturnah gestalteten Mainauen. Die schwarzen Baumstämme, die Sie in der sandigen Wiese sehen können, sind mehrere Tausend Jahre alte Eichen, sogenannte Rannen, die aus dem Flusskies des Mains ausgebaggert wurden.
Vor den Baggerseen biegen Sie rechts ab, überqueren erneut die Straße (B26) und erreichen **Roßstadt**.

Roßstadt – Messinger Herrgott – Weiher

Gleich am Ortseingang fällt die barocke Dorfkirche mit ihrer prächtigen Fassade ins Auge. Durch die Kellergasse wandern Sie an mehreren Feldkreuzen vorbei über den **Allersberg** hinauf zum **Dürrenberg**. Sie werden mit Panoramablicken über das Maintal belohnt.
Nach dem Anstieg verlaufen der 7 und der Steigerwald-Panoramaweg gemeinsam meist am Waldrand entlang. Eine wichtige Wegmarke unterwegs ist der sogenannte **Messinger Herrgott**. An diesem haben Sie Unterfranken verlassen und sind wieder in Oberfranken unterwegs.

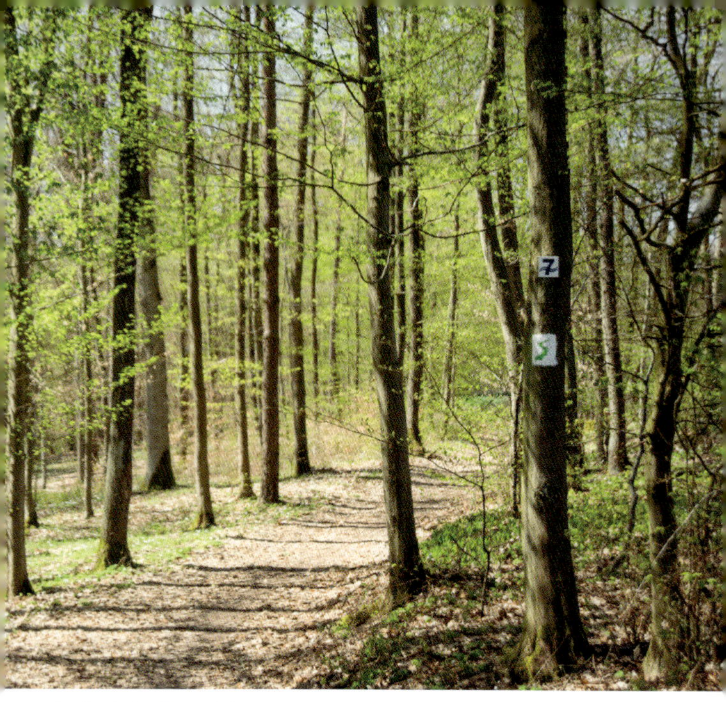

Weipelsdorfer Wald

Nach einem kurzen Stück die Straße hinunter biegen Sie nach rechts in den Wald ab und wandern dann auf dem Flurweg am Waldrand entlang und an zwei großen Windrädern vorbei. An der Straßenkreuzung verlassen Sie den 7 Richtung Weiher über den örtlichen Wanderweg P3. Zuerst gehen Sie ein kurzes Stück entlang der Straße, dann wandern Sie über den **Kohlberg** durch ein Wäldchen und erreichen schließlich die Ortschaft **Weiher**.

Weiher – Viereth

Vorbei am Biergarten der Brauerei und einem landwirtschaftlichen Betrieb mit Direktvermarktung gehen Sie durch den Ortskern und dann weiter auf dem Geh- und Radweg immer talwärts bis **Viereth**. Sie kommen direkt am Bildhauer-Atelier Klesse in der ehemaligen **Zehntscheune** vorbei. Hinter dem **historischen Rathaus** mit seinem aufwendigen Fachwerk liegen unter der Erde gleich zwei besondere **Kelleranlagen**: der bis in die 1980er Jahre als Lagerkeller der örtlichen Brauerei genutzte **Bergbräukeller** und die für die gemeindliche

Wasserversorgung bereits in den 1930er Jahren ausgebaute **Brunnenstube**.
Am Rathaus startet auch der als Bürgerprojekt umgesetzte **„Weg der Menschenrechte"**, der an der barocken Pfarrkirche St. Jakobus vorbei als Rundweg über Stückbrunn und Trunstadt führt. Der mit zwei Wanderern markierte Verbindungsweg führt noch ein Stück weiter talwärts auf der Weiherer Straße bis zur Hauptstraße. Wenn Sie Zeit haben, überqueren Sie diese und gelangen so über die Mainstraße zur **Schleuse Viereth**. Sie ist eine von 34 Staustufen, mit denen der Main zur Schifffahrtsstraße ausgebaut wurde. Es ist beeindruckend zu beobachten, wenn sich das große Schleusentor hebt und ein Schiff die Schleuse verlässt. Warum es am Main Schleusen gibt und wie das die Flusslandschaft völlig verändert hat, erzählt ein kurzer Hörpfad unter www.klingende-landkarte.de.

Etappenvariante

Fledermauswanderweg Viereth – Kellergasse Unterhaid (*4,5 km*)

Tourtipp

Weg der Menschenrechte (Viereth – Stückbrunn – Trunstadt – Viereth, *5,5 km*) mit künstlerisch gestalteten Stationen zu den 30 Artikeln der UN-Menschenrechtscharta

Mahlzeit und Unterkunft

Ebelsbach, Eltmann, Roßstadt, Weiher, Viereth

Ebelsbach, Eltmann, Roßstadt, Weiher, Viereth

Info

Buslinie 995 ab Viereth nach Bamberg: Mo–Fr bis ca. 20 Uhr, Achtung: Samstag nur bis mittags und kein Verkehr am Sonntag www.vgn.de

13

ETAPPE 13

Aus dem Maintal durch den Steigerwald in die Welterbestadt Bamberg

Foto A. Hub

Durch den Michaelsberger Garten

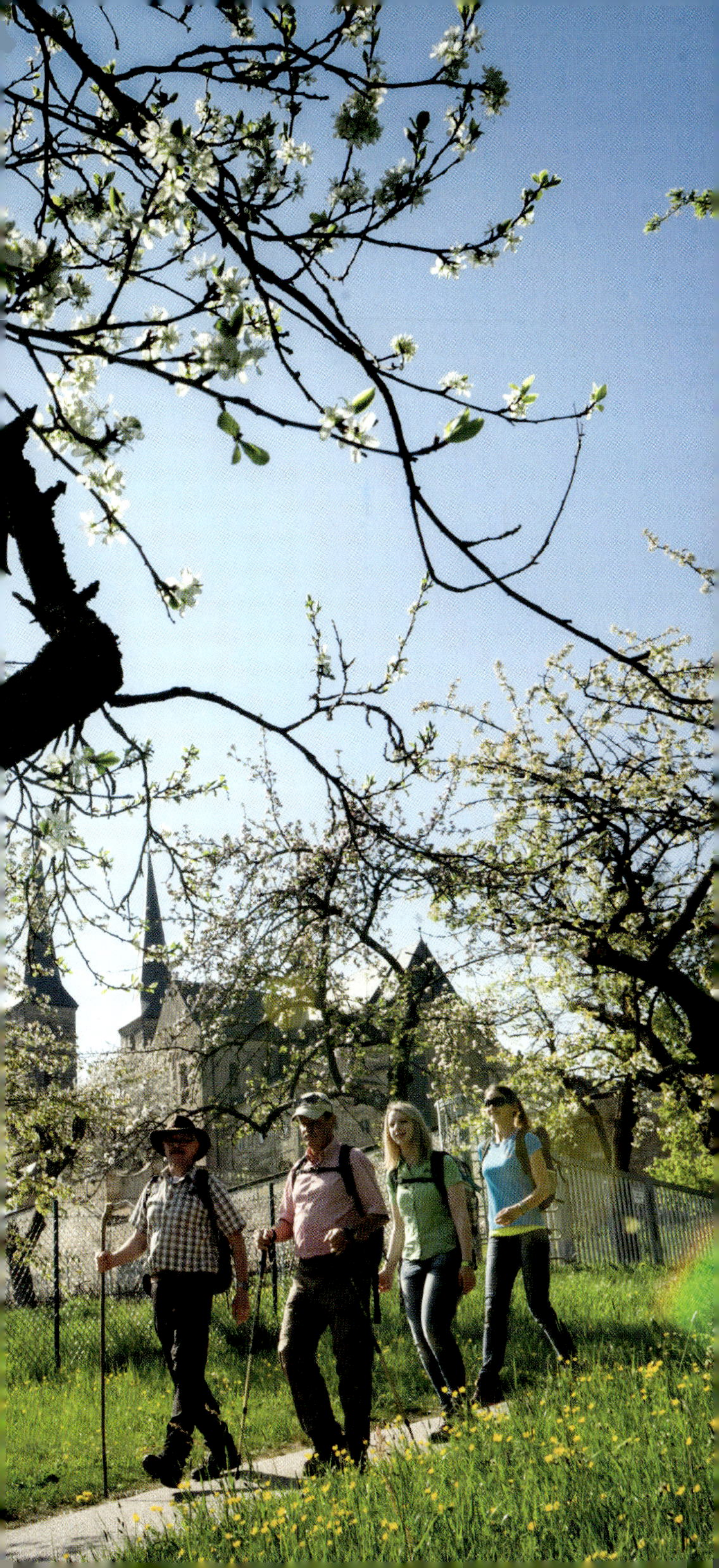

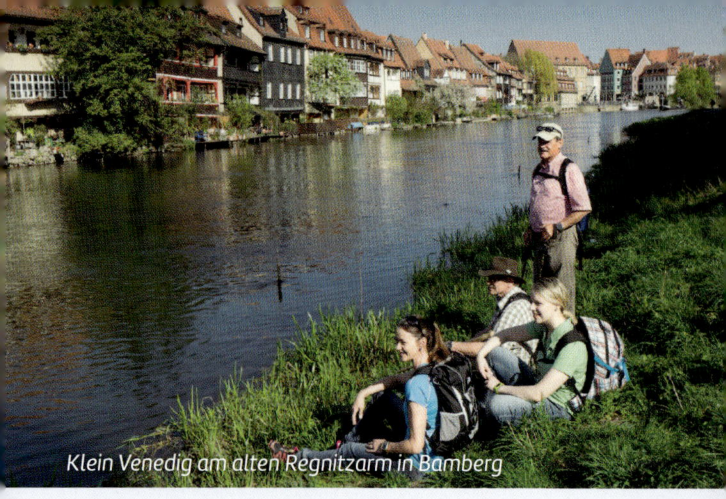
Klein Venedig am alten Regnitzarm in Bamberg

ETAPPE 13

Aus dem Maintal durch den Steigerwald in die Welterbestadt Bamberg

medium	21,1 km	5:45 h	325 m	312 m	382 m	233 m

Höhepunkte

Link zur digitalen Tourbeschreibung

Viereth: Zehntscheune, Rathaus, Bergbräukeller und Brunnenstube, St.-Jakobus-Kirche // Vogelberg // Michelsberger Wald // Bamberg: Villa Remeis, Ottobrunnen, ehemaliges Kloster St. Michael, Domberg, Klein Venedig, Altes Rathaus, Welterbezentrum, Schloss Geyerswörth, Gärtnerstadt

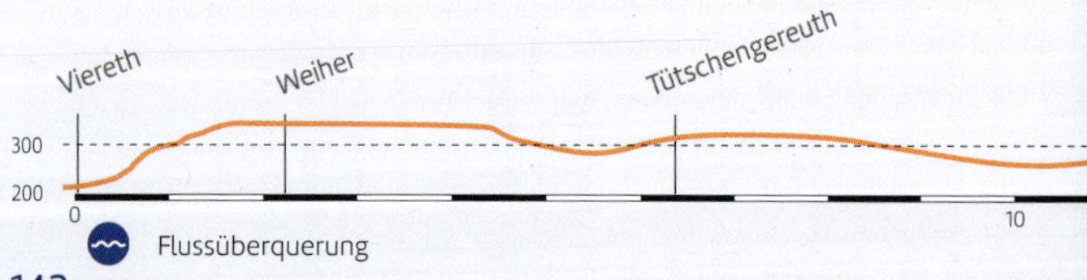

Viereth (🚌, 🍴/🛏) – Weiher (🍴/🛏/🛒) *2,4 km* – Hochberg *3,3 km* – Fröschbach *6,4 km* – Tütschengereuth *7 km* (🍴) – Zieglerschlag *8,7 km* – Weipelsdorf *9,9 km* – Abzweig zum Vogelberg *11,8 km* – Rothof *12,3 km* – Kindleinseiche im Michelsberger Wald *14,6 km* – Bamberg: Villa Remeis *16,5 km* (🍴) – Ottobrunnen *17,2 km* – Michaelsberger Garten *18 km* (🍴) – Klein Venedig *18,6 km* – Sandstraße *18,9 km* (🍴/🛏) – Geyerswörthsteg über den linken Regnitzarm ℹ (🍴/🛏) *19,1 km* – **Ludwigskanal** *19,2 km* – Gabelmoa-Brunnen *19,6 km* – Kettenbrücke *20 km* – Gärtnerstadt *20,5 km* – Bahnhof Bamberg *21,1 km* (🚆, 🍴/🛏)

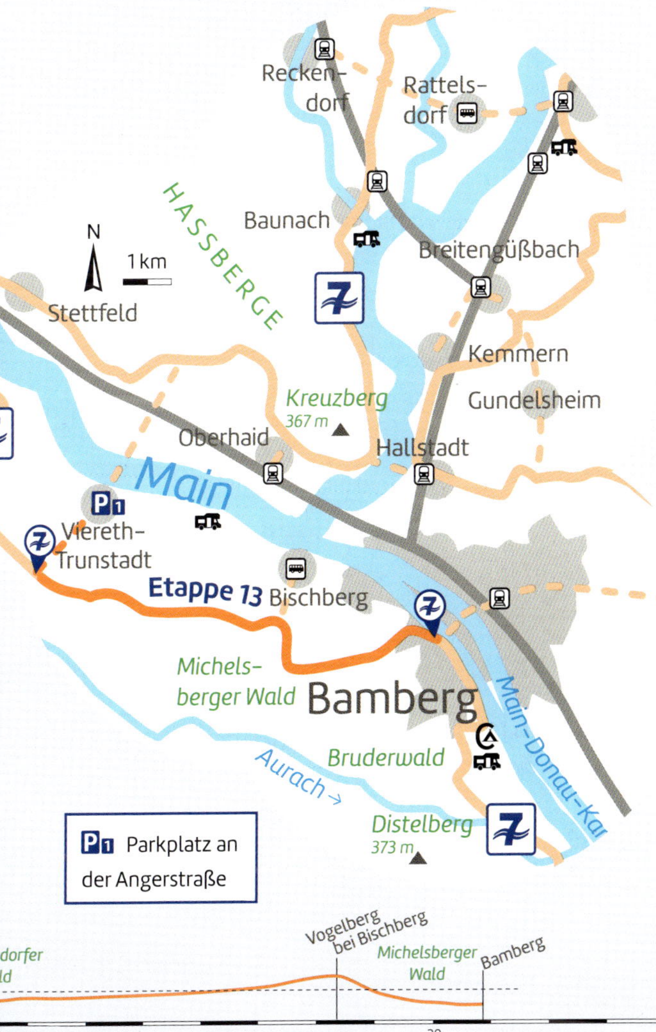

Die 13. Etappe des Sieben-Flüsse-Wanderwegs führt Sie von Viereth auf die Höhen des Steigerwaldes durch kleine Orte und Täler und den weitläufigen Michelsberger Wald nach Bamberg. Dort entdecken Sie entlang der Route verborgene und bekannte Höhepunkte des Dreiklangs aus Berg-, Insel- und Gärtnerstadt, die zusammen das Welterbe Bamberg bilden.

Viereth – Weiher – Tütschengereuth

Von der Hauptstraße in **Viereth** gehen Sie auf dem mit zwei Wanderern markierten Verbindungsweg die Weiherer Straße hinauf. Direkt am Weg liegen das historische Rathaus und dahinter der Bergbräukeller und die Brunnenstube (vgl. Etappe 12). Gehen Sie weiter am **Viehbach** entlang zum Ort hinaus und auf dem Geh- und Radweg bis **Weiher**. Kurz nach dem Ortseingang biegen Sie nach links auf den örtlichen Wanderweg VT-6 ab und wandern durch ein Wäldchen und dann über den **Hochberg**. Nach einem kurzen Stück am Waldrand entlang erreichen Sie auf der Höhe Hochberg die Hauptroute des Sieben-Flüsse-Wanderwegs 7, die ab hier zusammen mit dem Steigerwald-Panoramaweg bis Bamberg führt. Sie gehen nach links auf dem Feld- und Flurweg oberhalb des Waldgebietes. Ein Stück vor **Tütschengereuth** wenden Sie sich dann nach links auf einen Flurweg, der Sie an einem Wasserbehälter vorbei über den **Fröschbach** und dann nach rechts auf der Weiherer Straße am Talrand nach Tütschengereuth führt. Aus den ehemaligen Stein-

Buschwindröschen im Waldgebiet des Zieglerschlags

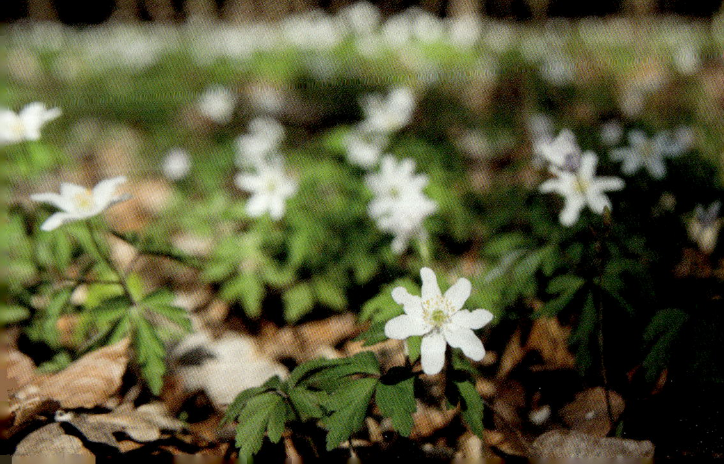

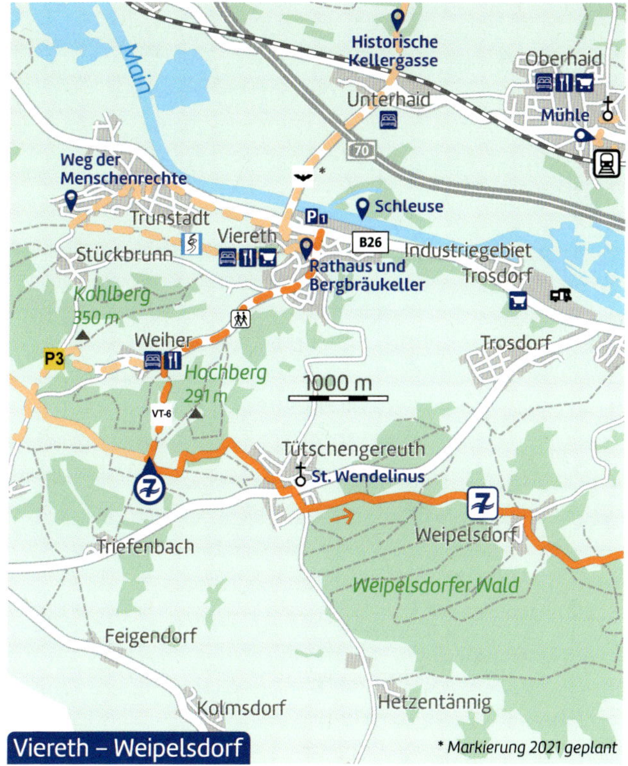

Viereth – Weipelsdorf

brüchen der Umgebung stammt unter anderem ein als „Tütschengreuther Pflaster“ bezeichneter harter Sandstein, welcher auch in Bamberg auf dem Domplatz und in der Unterhaider Kellergasse verlegt ist.

Tütschengereuth – Weipelsdorf – Vogelberg

Überqueren Sie an der **Kirche St. Wendelinus** die Hauptstraße und folgen Sie der Walsdorfer Straße bis zum Waldrand und nach links an diesem entlang in den **Weipelsdorfer Wald**. Buchenwälder säumen den naturnahen Weg und im Frühling bedecken die weißen Blüten des Buschwindröschens den Waldboden. Auf einem Wiesenweg und dann über die Zieglerstraße erreichen Sie das idyllisch gelegene **Weipelsdorf**. In der Ortsmitte gehen Sie nach rechts die Dorfseestraße entlang und am Ortsausgang links durch ein kleines Wäldchen. Danach wandern Sie auf einem Flurweg hoch zur Wegekreuzung am **Vogelberg**. Dieser ist über einen knapp 400 m langen Verbindungs-

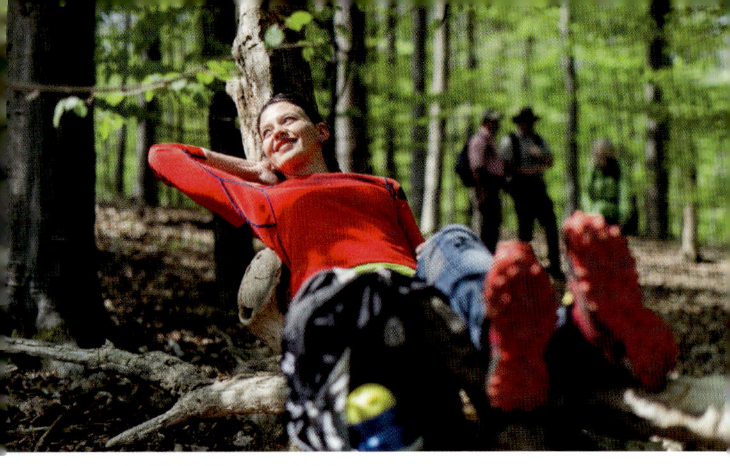

Pause im Michelsberger Wald

weg zu erreichen und bietet Ihnen einen weiten Blick über das Maintal, die Haßberge, die Fränkische Schweiz und das Bamberger Regnitztal. Wenn Sie nach **Bischberg** hinunter wollen, folgen Sie dem Verbindungsweg (Symbol).
Auf der Regnitzstraße gelangen Sie zum Schelchhafen, an dem die Flussgesichter-Skulptur La Barca steht. Ein Stück flussabwärts mündet die zum **Main-Donau-Kanal** ausgebaute **Regnitz** in den ebenfalls für die Schifffahrt ausgebauten **Main**.

Vogelberg – Rothof – Michelsberger Wald – Villa Remeis in Bamberg

Um weiter nach Bamberg zu wandern, folgen Sie dem (Symbol) an der Wegekreuzung nach rechts. An Pferdekoppeln vorbei erreichen Sie hinter Rothof ein ausgedehntes Waldgebiet. Der **Michelsberger Wald** ist ein wichtiger Bestandteil der heutigen Kulturlandschaft und wurde maßgeblich von der Benediktinerabtei St. Michael in Bamberg geprägt. Besonders eindrucksvoll ist die Etappe im Frühling, wenn die jungen Blätter den Buchenwald in zartgrünes Licht tauchen oder wenn nach kalten Herbstnächten der Wald ein rotgoldenes Blätterkleid bekommen hat. Gehen Sie zuerst geradeaus in den Wald hinein und dann an einer großen Wegekreuzung nach links. Auf dem Forstweg wandern Sie an der **Kindleinseiche** vorbei auf dem Remeisweg bis zum Waldrand bei Bamberg. Über die St.-Getreu-Straße erreichen Sie die **Villa Remeis**. Von der Terrasse haben Sie einen Panoramablick über Bamberg und das Regnitztal.

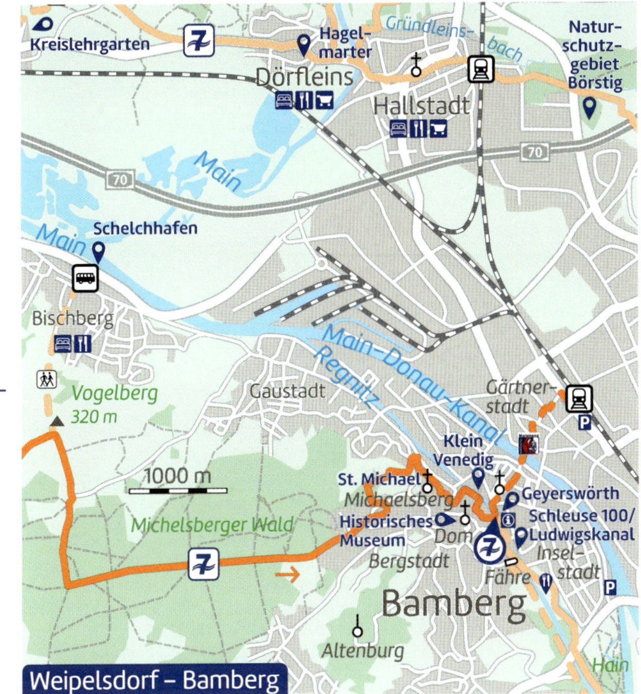

Villa Remeis – Ottobrunnen – Michaelsberger Garten in Bamberg

Folgen Sie dem Fußweg durch den Obstgarten, überqueren Sie die St.-Getreu-Straße und erreichen Sie über die Kettenstraße den idyllischen Weg durch den **Ottobrunnen**. Über die Straße Abtsberg kommen Sie auf die Maienbrunnenstraße, die Sie wieder ein Stück hinaufgehen. Auf halber Höhe finden Sie eine kleine **Pforte in der Klostermauer,** durch die Sie in den **Michaelsberger Garten** gelangen. Die Wege durch diesen Terrassengarten sind von Obstbäumen und Wasserspielen gesäumt, führen durch Gartenpavillons und an einem wieder neu angelegten Weinberg vorbei. Der Aufstieg hinauf zum ehemaligen Kloster lohnt: Von der Terrasse haben Sie einen einmaligen Panoramablick über Bamberg und das Regnitztal. Der an die Decke gemalte „Himmelsgarten" in der ehemaligen Klosterkirche **St. Michael** mit naturgetreuen Darstellungen von über 500 Pflanzen wird aufgrund von größeren Renovierungsarbeiten voraussichtlich erst in einigen Jahren wieder zu besichtigen sein.

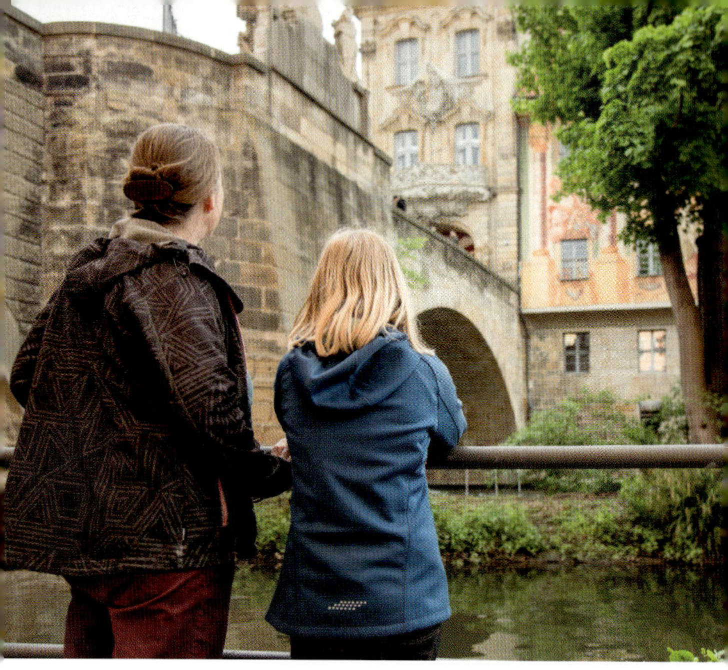

Blick vom Uferweg auf die Obere Brücke mit dem Alten Rathaus

Klein Venedig – Sandstraße – Schloss Geyerswörth in Bamberg

Sie verlassen den Michaelsberger Garten über die Aufseßstraße. Auf dem nächsten Hügel warten der **Kaiserdom**, die **Alte Hofhaltung** und die **Neue Residenz** mit dem **Rosengarten**. Der führt Sie über die Elisabethenstraße an die Regnitz. An der **Elisabethenkirche** steht die Skulptur „Apoll" von Markus Lüpertz. In den kleinen Straßen und Gassen im „**Sand**", wie die Bamberger dieses Viertel nennen, laden zahlreiche Kneipen, Cafés und Gastwirtschaften zur Einkehr ein.
Am Fluss entlang folgen Sie auf dem Leinritt der Geschichte der Treidelschiffer und blicken auf die ehemalige Fischersiedlung **Klein Venedig**, den alten Hafen mit seinen eisernen Kränen und das weltliche Wahrzeichen Bambergs: das mitten in die Regnitz gebaute **Alte Rathaus**. Gehen Sie auf dem Geyerswörthsteg an den Unteren Mühlen mit Blick auf das **Zentrum Welterbe** vorbei und um das **Schloss Geyerswörth** herum.
Hier verlassen Sie an der Tourist-Information den und überqueren auf einer Fußgängerbrücke den historischen **Ludwigskanal**. Vor den ehemaligen Gerberhäu-

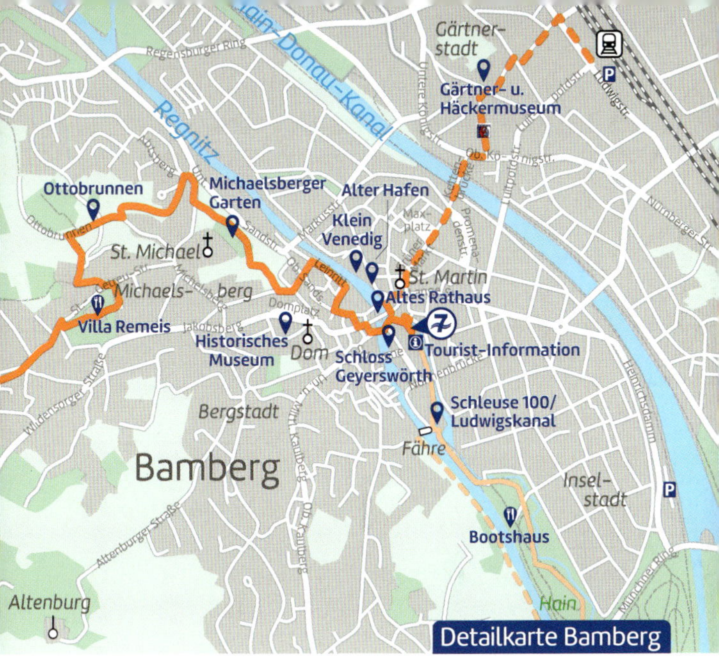

sern vorbei laufen Sie am Uferweg unter den Brücken hindurch bis zu den eisernen Kränen am **Alten Hafen**. Wenn Sie an der Skulptur „Centurione I" von Igor Mitoraj die Lange Straße überqueren, kommen Sie direkt zu einem Brunnen mit einer Nepomukstatue. Dieser wird von den Bambergern liebevoll „**Gabelmoa**" genannt (*Gabel* für den Dreizack und *moa* = fränkisch Mann). Ab hier können Sie der Markierung des Marienwegs durch die Fußgängerzone folgen. Über den Grünen Markt und am **Maxplatz** vorbei gelangen Sie zur **Kettenbrücke**.

Maxplatz – Ludwigskanal – Gärtnerstadt

Auf dieser überqueren Sie den zum Main-Donau-Kanal ausgebauten **rechten Regnitzarm**. Nutzen Sie für den Weg zum Bahnhof den Weg durch die **Gärtnerstadt** über die Letzengasse und die Mittelstraße. In dieser liegt das **Gärtner- und Häckermuseum** mit seinem Museumsgarten und Bamberger Sortengarten. Die bis heute lebendige Gärtnerkultur hat Bamberg mit zum Titel des UNESCO-Weltkulturerbes verholfen. In mehreren Hofläden können Sie die frisch geernteten Produkte erwerben. Darunter typische Bamberger Lokalsorten wie die für Kartoffelsalat beliebten „Bam-

berger Hörnla", den Spitzwirsing, die birnenförmige Zwiebel oder einen speziellen Bamberger Knoblauch.
Zum Bahnhof gehen Sie nach links in die Spitalstraße, über die Heiliggrabstraße und dann am Kreuz vorbei entlang der Mauer durch die Klosterstraße. An deren Ende verlassen Sie den Marienweg und gehen nach rechts auf der Ludwigstraße bis zum 300 Meter entfernten Bahnhof.

Etappenvariante

Bischberg (/ /) – Vogelberg *1,5 km* – Abzweig Vogelberg *1,9 km* – Michelsberger Wald *4,7 km* – Bamberg *9,3 km* (, / / ,)
Bus von Bamberg nach Bischberg (Linie 906, Mo – So)
Fahrpläne www.vgn.de

Mahlzeit und Unterkunft

 Viereth, Weiher, Tütschengereuth, Bischberg, Gaustadt, Bamberg

 Viereth, Weiher, Bischberg, Bamberg

Tourtipp

Das **Historische Museum Bamberg** in der Alten Hofhaltung am Domberg zeigt von April bis November die Ausstellung **„Im Fluss der Geschichte. Bambergs Lebensader Regnitz"**.
Das ein Jahr gültige Domberg-Ticket ermöglicht Ihnen nach Lust und Laune den Besuch aller Schätze der fünf Museen am Domberg: Historisches Museum, Neue Residenz, Staatsgalerie, Staatsbibliothek und Diözesanmuseum. www.museum.bamberg.de

Tourtipp

An der Regnitz entlang führt der **Flusspfad Bamberg**, der auf 23 Tafeln die Geschichte des Flusses und der Stadt erzählt. Ein Faltblatt ist bei der Tourist-Information Bamberg erhältlich. www.flusspfad.flussparadies-franken.de

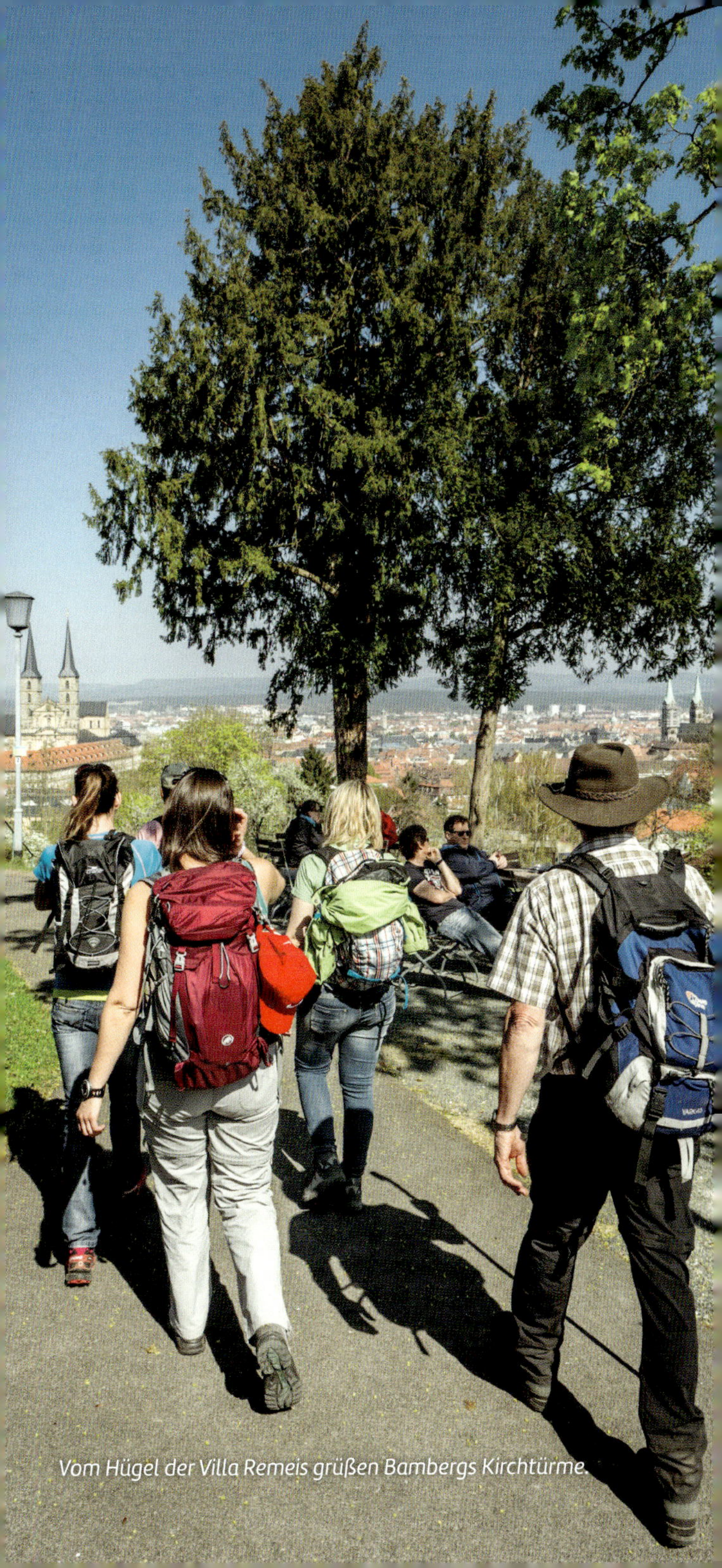
Vom Hügel der Villa Remeis grüßen Bambergs Kirchtürme.

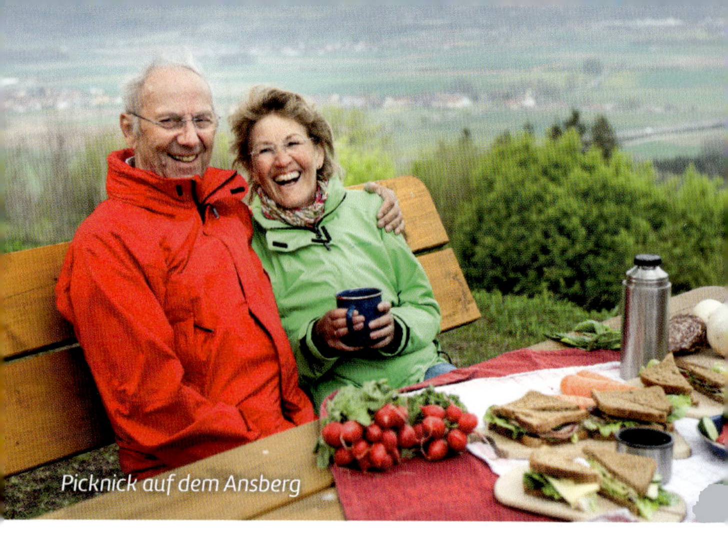
Picknick auf dem Ansberg

Mahlzeit, Unterkunft, Infos

Die landschaftliche Vielfalt rund um die Welterbestadt Bamberg zu Fuß entdecken, dafür steht der 200 km lange Sieben-Flüsse-Wanderweg. Sandlebensräume im Regnitztal, Wachholderheiden auf den Höhen der Fränkischen Schweiz, naturnahe Flussauen im Maintal, Felsenkeller in den Haßbergen oder Buchenwälder im Steigerwald liegen am Wegesrand.

Bei den Tourismusinformationen am Sieben-Flüsse-Wanderweg sind Sie an der richtigen Adresse für alle Informationen zu Unterkünften, Wohnmobil- und Campingplätzen, Wandertipps, Einkehrmöglichkeiten und Ausflugsziele. Auf deren Internetseiten finden Sie geführte Wanderungen und aktuelle Veranstaltungen.

Infos zu Unterkunft und Gastronomie finden Sie auch auf den gemeindlichen Internetseiten.

Bamberger Land und Welterbestadt Bamberg

Giechburg und Gügel, Schloss Seehof, Schloss Weißenstein und Kloster Ebrach – die Region um die Welterbestadt Bamberg ist reich an Kultur, Geschichte und Natur. Bamberg trägt den Welterbetitel für seinen mittelalterlich geprägten Dreiklang aus Bergstadt, Inselstadt und Gärtnerstadt. Die Regnitz mit ihren beiden Flussarmen bestimmt dabei bis heute das Stadtbild. Mit dem Bruderwald im Süden, dem Michelsberger Wald im Westen und dem Nationalen Naturerbe Hauptsmoorwald im Osten ist die Stadt von einem grünen Gürtel umgeben. Das Bamberger Land ist geprägt durch seine Flusslandschaften an Main, Regnitz und deren Nebenflüssen und bietet als Wanderregion erholsame Naturerlebnisse für jeden Geschmack. Neben typisch fränkischer Küche erwartet die Besucher eine Vielzahl an kleinen Privatbrauereien in einer Region mit der wohl höchsten Brauereidichte weltweit. **Tipp:** Eine Wanderbroschüre mit Tages- und Halbtagestouren ist erhältlich bei:

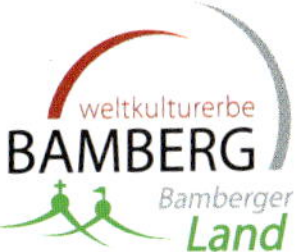

Landkreis Bamberg Tourismus
Ludwigstraße 23, 96052 Bamberg

0951 85-220, www.bambergerland.de

BAMBERG Tourismus & Kongress Service
Geyerswörthstraße 5, 96047 Bamberg

0951 2976-200, www.bamberg.info

Ortschaften am Sieben-Flüsse-Wanderweg, die im Bamberger Land liegen: Bamberg, Pettstadt, Hirschaid, Altendorf, Buttenheim, Strullendorf, Litzendorf, Memmelsdorf, Hallstadt, Kemmern, Breitengüßbach, Zapfendorf, Rattelsdorf, Baunach, Hallstadt, Oberhaid, Viereth-Trunstadt, Bischberg

Bamberg

Hotel Tandem,
Untere Sandstraße 20, 96049 Bamberg
0951 51 935 855, www.tandem-hotel.de

Brauhaus Zum Sternla
Lange Straße 46, 96047 Bamberg
0951 28750, www.sternla.de

/ Bamberger Stiftsladen
Michaelsberg 10, 96047 Bamberg
0951 872418, www.stadt.bamberg.de/Unsere-Stadt/Bamberger-Stiftsladen

Eckerts Wirtshaus
Obere Mühlbrücke 9, 96049 Bamberg
0951 9842500, www.das-eckerts.de

Pettstadt

Gemeinde Pettstadt
Kirchplatz 10, 96175 Pettstadt
09502 49060, www.pettstadt.de

Pension Wohnen mit Herz
Amselweg 2, 96175 Pettstadt
09502 7916, www.pension-pettstadt.de

Hirschaid

Markt Hirschaid
Kirchplatz 6, 96114 Hirschaid
09543 82250, www.hirschaid.de

Altendorf

Gemeinde Altendorf
Jurastraße 1, 96146 Altendorf
09545 44330, www.altendorf-gemeinde.de

Fachwerkromantik in Frankendorf

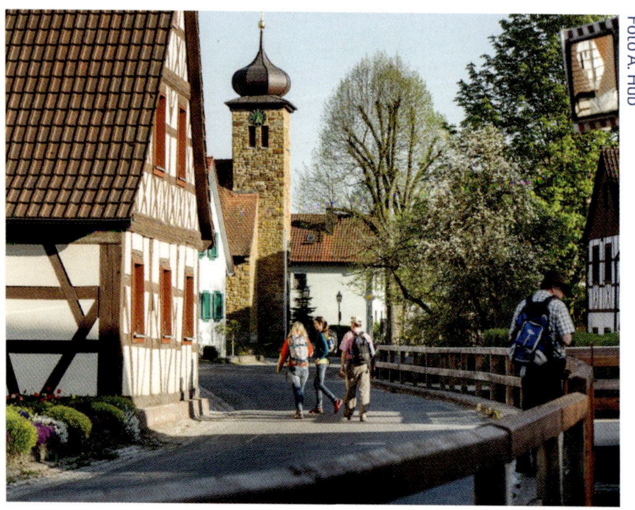

Foto A. Hub

Fränkische Schweiz

Die Wilde

Imposant thronen die aus Schwammriffkalken gebildeten Plateaus der Fränkischen Alb über dem Obermain- und Regnitztal. In der Latènezeit und im Mittelalter boten sie den Menschen Schutz. Heute sind die offenen Bergkuppen beliebte Ausflugsziele, verbunden durch den „Westlichen Albrandweg". Die Beweidung mit Schafen und Ziegen sorgt dafür, dass die Flächen als artenreiche Magerrasen und Wachholderheiden erhalten bleiben. Der Wanderweg durch den „Blühenden Jura" folgt den Spuren der Wanderschäferei.

Tourtipp

Osterausflug in den Frühlingswald

Kleine Bäche bahnen sich vom Albrand ihren Weg zur Regnitz. In von Kalksteinfelsen umrahmten Tälern künden Buschwindröschen den Frühling an und die Buchenwälder riechen nach Bärlauch. Fränkisches Fachwerk und geschmückte Osterbrunnen prägen die Dörfer.

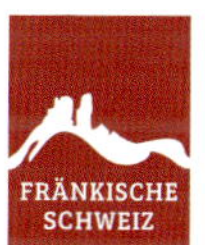

Tourismuszentrale Fränkische Schweiz
Oberes Tor 1, 91320 Ebermannstadt

09191 86 1054 | www.fraenkische-schweiz.com

Ortschaften am Sieben-Flüsse-Wanderweg, die zur Fränkischen Schweiz gehören: Hallerndorf, Eggolsheim, Altendorf, Buttenheim, Hirschaid, Strullendorf, Memmelsdorf, Gundelsheim und Litzendorf

Hallerndorf

Gemeinde Hallerndorf
Von-Seckendorf-Straße 10, 91352 Hallerndorf
09545 44390, www.hallerndorf.de

Ferienwohnung Schürer
Georgenstraße 17, 91352 Hallerndorf
09545 5362, www.ferienwohnung-schuerer.de

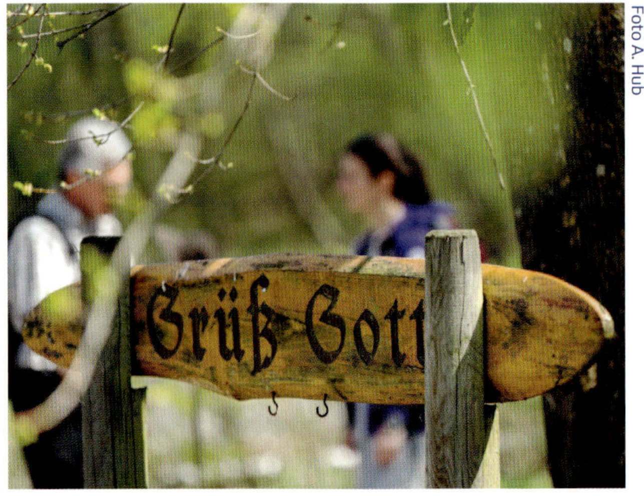

Foto A. Hub

Gäste-Apartments Schürer
Trailsdorfer Straße 1, 91352 Hallerndorf
09545 5362, www.ferienwohnung-schuerer.de

Landgasthof Hotel Rittmayer
Willersdorf 108, 91352 Hallerndorf / Willersdorf
09195 9473-0, www.rittmayer.com

Buttenheim

Markt Buttenheim
Hauptstraße 15, 96155 Buttenheim
09545 92220, www.buttenheim.de

Landhotel Schloss Buttenheim
Schlossstraße 16, 96155 Buttenheim
09545 94470, www.landhotel-buttenheim.de

Eggolsheim

Markt Eggolsheim
Hauptstraße 27, 91330 Eggolsheim
09545 444100, www.eggolsheim.de

/ Whiskydestillerie & Gasthaus „Blaue Maus“
Bamberger Straße 22, 91330 Eggolsheim
09545 7461 / 09545 4341, www.fleischmann-whisky.de

Strullendorf

Gemeinde Strullendorf
Forchheimer Straße 32, 96129 Strullendorf
09543 82260, www.strullendorf.de

Brauerei Sauer
Sutte 5, 96129 Strullendorf / Roßdorf a. Forst
09543 1578, www.brauerei-sauer.de

Gasthof Schiller
Amlingstadter Straße 14, 96129 Strullendorf / Wernsdorf,
09543/44020, www.gasthof-schiller.de

Litzendorf

Tourist-Info Fränkische Toskana
Am Wehr 3, 96123 Litzendorf
09505 8064106, www.fraenkische-toskana.com

Gemeinde Litzendorf
Am Knock 6, 96123 Litzendorf
09505 9440-0, www.litzendorf.de

Memmelsdorf

Gemeinde Memmelsdorf
Rathausplatz 1, 96117 Memmelsdorf
0951 40 960, www.memmelsdorf.de

Gundelsheim

Gemeinde Gundelsheim
Karmelitenstraße 11, 96163 Gundelsheim
0951 94444 0, www.gemeinde-gundelsheim.de

Hallstadt

Stadt Hallstadt
Marktplatz 2, 96103 Hallstadt
0951 7500, www.hallstadt.de

Obermain·Jura

Kelten- und Flussgeschichte

Weit schweift der Blick vom Staffelberg, Morgenbühl, Veitsberg oder Abtenberg über das Maintal. Die Keltenwege verbinden Landschaftserlebnis mit der Geschichte. Im heutigen Maintal hat der Kiesabbau eine Seenlandschaft geschaffen, die Angler, Badende, aber auch die Wasservögel für sich entdeckt haben. Die Wasserwirtschaft hat dafür gesorgt, dass der Fluss an vielen Stellen aus seinem menschengemachten Steinkorsett befreit wurde und wieder naturnah fließen kann.

Tourtipp

Winterruhe an der Mainschleife

Vom Vogelbeobachtungsturm an der Mainschleife in Unterbrunn lassen sich Silberreiher, Gänse und andere gefiederte Wintergäste besonders gut beobachten, wenn die Weiden am Flussufer ihre Blätter verloren haben. Entstanden ist dieses Rückzugsgebiet für Tiere und Pflanzen dadurch, dass in Kooperation mit dem Kiesabbau eine ehemalige Flussschleife des Mains ausgebaggert und naturnah gestaltet wurde.

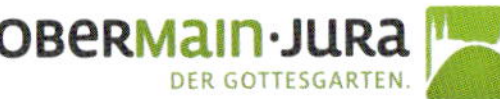

Tourismusregion Obermain·Jura c/o Landratsamt Lichtenfels
Kronacher Str. 28–30, 96215 Lichtenfels

09571 18–283 | www.obermain-jura.de

Ortschaften am Sieben-Flüsse-Wanderweg, die im Gebiet des Obermain-Jura liegen: Kemmern, Breitengüßbach, Zapfendorf, Ebensfeld, Bad Staffelstein, Rattelsdorf

Kemmern

Gemeinde Kemmern
Hauptstraße 2, 96164 Kemmern
09544 94320, www.kemmern.de

Breitengüßbach

Gemeinde Breitengüßbach
Kirchplatz 4, 96149 Breitengüßbach
09544 92230, www.breitenguessbach.de

Pension Karin
Bühlstraße 35, 96149 Breitengüßbach
09544 9488-0, www.pensionkarin.de

/ Hotel Gasthof Vierjahreszeiten Haderlein GmbH
Am Sportplatz 6, 96149 Breitengüßbach
09544 929-0, www.vierjahreszeiten.de

Brauerei Gasthof Hümmer
Bamberger Straße 22, 96149 Breitengüßbach
09544 20344, www.brauerei-gasthof-huemmer.de

Zapfendorf

Markt Zapfendorf
Herrngasse 1, 96199 Zapfendorf
09547 879-0, www.zapfendorf.de

Ebensfeld

Markt Ebensfeld
Rinnigstraße 6, 96250 Ebensfeld
09573 96080, www.ebensfeld.de

Naturbad Ebensfeld mit Zeltplatz
Badweg 1, 96250 Ebensfeld
09573 960822

Blick in den Fränkischen Jura

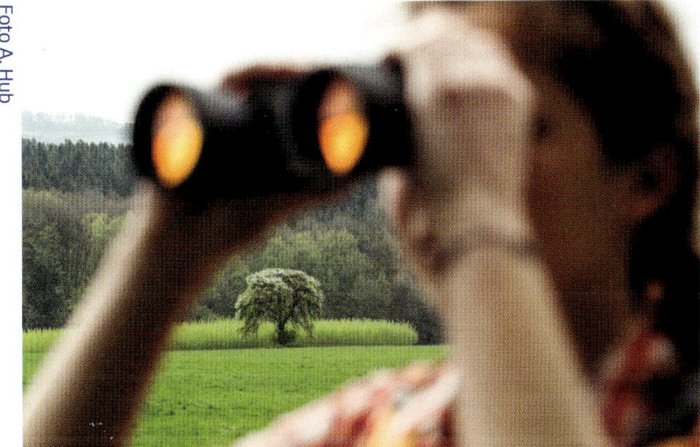

Foto A. Hub

Bad Staffelstein

Kur- und Tourismus Service Bad Staffelstein
Bahnhofstraße 1, 96231 Bad Staffelstein
09573 33120, www.bad-staffelstein.de

Hotel-Restaurant Erich Rödiger GmbH
Zur Herrgottsmühle 2, 96231 Bad Staffelstein
09573 9260, www.hotel-roediger.de

Markthof Café
Marktplatz 3, 96231 Bad Staffelstein
09573 235221

Unterbrunn

Wirtshaus „Zum Wölf"
Dorfstraße 21, 96250 Ebensfeld/Unterbrunn
09547 446, www.zum-woelf.de

Rattelsdorf

Markt Rattelsdorf
Grabenstraße 26, 96179 Rattelsdorf
09547 92220, www.markt-rattelsdorf.de

Landgasthof Drei Kronen
Ebinger Marktplatz 18, 96179 Rattelsdorf / Ebing
09547 343, www.dreikronen-ebing.de

Gasthaus Zur goldenen Krone
Kirchgasse 14, 96179 Rattelsdorf
09547 1860, www.goldene-krone-rattelsdorf.de

Hölzerne Marienfigur in Rattelsdorf

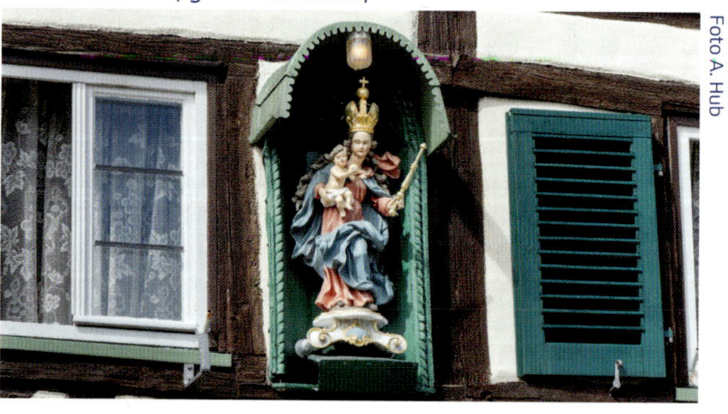

Foto A. Hub

Haßberge

Die Romantischen

Sanft hügelig mit hellen Wiesentälern und weiten Ausblicken bietet der Naturpark Haßberge herrschaftliche Schlösser und geheimnisvolle Burgen: manche prächtig restauriert, manche als Ruinen im Wald verborgen. Zur historischen Spurensuche lädt der Burgen- und Schlösser-Qualitätswanderweg mit seinen Erlebnistouren ein. Am Wegesrand liegen historische Bierkeller und Weinberge, Mühlen und Flüsse, Streuobstwiesen und sagenumwobene Orte.

Tourtipp

Sommerzeit – Bierkellerzeit

Zahlreiche Keller sind in den Sandstein der Haßberge geschlagen worden, um in Zeiten, da es noch keine Kühltechnik gab, das Bier zu lagern. Bis heute geht's für die Franken „auf" die Keller zu Bier und Brotzeit: zum Beispiel nach Unterhaid in die historische Kellergasse. Und im Winter beziehen die Fledermäuse Quartier in den frostfreien Sandsteinhöhlen.

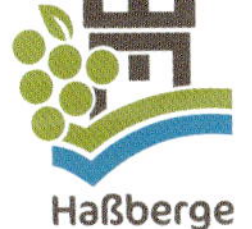

Haßberge Tourismus e. V.
im Naturpark Haßberge
Marktplatz 1, 97461 Hofheim i. UFr.

09523 5033710 | www.hassberge-tourismus.de

Ortschaften am Sieben-Flüsse-Wanderweg, die in den Haßbergen liegen: Reckedorf, Baunach, Hallstadt, Oberhaid, Stettfeld, Ebelsbach

Reckendorf

ⓘ Gemeinde Reckendorf
Bahnhofstraße 20, 96182 Reckendorf
09544/20307, www.reckendorf.de

Baunach

ⓘ Stadt Baunach
Bamberger Straße 1, 96148 Baunach
09544 2990, www.tourismus-baunach.de

Eiscafé La Spezia GbR im Bürgerhaus
Überkumstraße 17, 96148 Baunach
09544 9851486

Oberhaid

Gemeinde Oberhaid
Rathausplatz 1, 96173 Oberhaid
09503 92230, www.oberhaid.de

Stettfeld // Ebelsbach

VG Ebelsbach
Georg Schäfer Straße 56, 97500 Ebelsbach
09522 7250, www.stettfeld.de
09522 72522, www.ebelsbach.de

/ Alte Rose Gasthaus Hotel
Dorfstraße 1, 97500 Ebelsbach
09522 3049975, www.alterosegasthaus.de

An der Baunacher Kirche

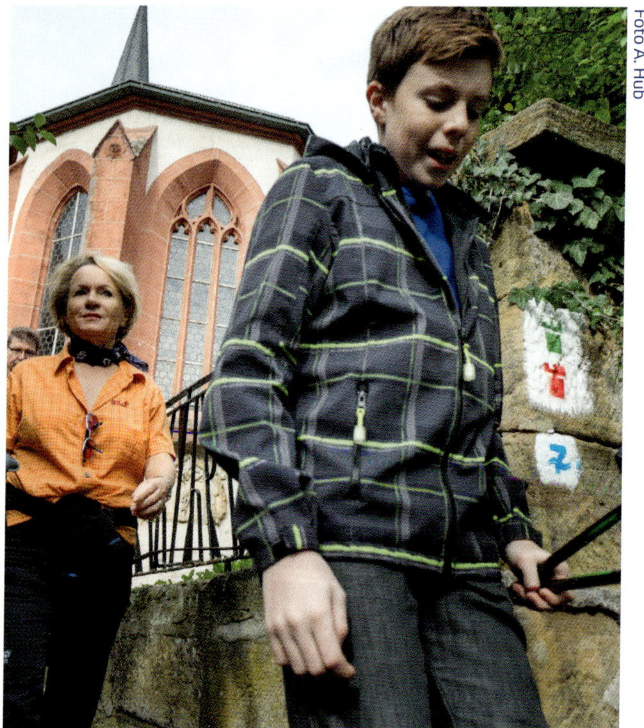

Foto A. Hub

Steigerwald

Der Ursprüngliche

Weite Talblicke, herrliche Wälder und eine vom ehemaligen Zisterzienserkloster Ebrach geprägte Kulturlandschaft: Erwandern lässt sich das grüne Herz Frankens am besten über den als Qualitätswanderweg ausgezeichneten Steigerwald-Panoramaweg. Mit Blick auf das Maintal führt die letzte Etappe von der Wallburg bei Eltmann durch den Michaelsberger Klosterwald nach Bamberg. Besonders schön ist der Wald im Frühling zum Blattaustrieb der Buchen und im goldenen Herbst.

Tourtipp

Herbstwanderung ins Karpfenland

Wenn im Herbst im Land der 1.000 Weiher die Karpfensaison wieder beginnt, sind Steigerwald, Aischtal und der Hallerndorfer Kreuzberg besonders lohnende Ausflugsziele. Zum regionalen Bier schmeckt auch eine andere echt fränkische Spezialität: „Bonnakern mit Rauchfleisch und Kloß".

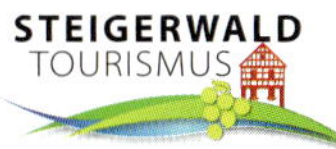

Tourismusverband Steigerwald
Hauptstraße 1, 91443 Scheinfeld

09162 12424 | www.steigerwald-info.de

Ortschaften am Sieben-Flüsse-Wanderweg, die im Steigerwald liegen: Eltmann, Viereth-Trunstadt, Bischberg, Bamberg und Pettstadt

Eltmann

Stadt Eltmann
Marktplatz 1, 97483 Eltmann
09522 899-0, www.eltmann.de

ritz ELtmann
Markplatz 7, 97483 Eltmann
09522 89970, www.ritz-eltmann.de

Gasthof Weißes Kreuz
Zinkenstraße 2, 97483 Eltmann
09522 397, www.weisseskreuz-eltmann.de

Café Sauer
Schottenstraße 1, 97483 Eltmann
09522 303, www.cafe-eltmann.de

Viereth-Trunstadt

Gemeinde Viereth-Trunstadt
Weiherer Straße 6, 96191 Viereth-Trunstadt
09503 92220, www.viereth-trunstadt.de

Bischberg

Gemeinde Bischberg
Schulstraße 16, 96120 Bischberg
0951 966380, www.bischberg.de

Ferienwohnung Bergblick
Lange Zeile 15, 96120 Bischberg
0951 601323 und 0152 31772177
www.bergblick-bischberg.de

Brauerei & Gasthof „Zur Sonne“
Regnitzstraße 2, 96120 Bischberg
0951 62571, www.sonnenbier.de

Stand der Daten: Oktober 2020

Durch die Anbindung der Ortschaften sind die Einkehrmöglichkeiten auf den einzelnen Etappen meist gut. Erkundigen Sie sich bitte trotzdem immer rechtzeitig nach den Öffnungszeiten und nehmen Sie auf Ihrer Wanderung ausreichend Wasser und einen Notproviant mit.

Genusstipp

Eine gute Quelle für eine Wanderbrotzeit sind der örtliche **Bäcker** oder **Metzger**. Greifen Sie unbedingt zu, wenn auf Märkten, am Wegesrand oder in Hofläden frisches **Obst und Gemüse aus der Region** verkauft wird.

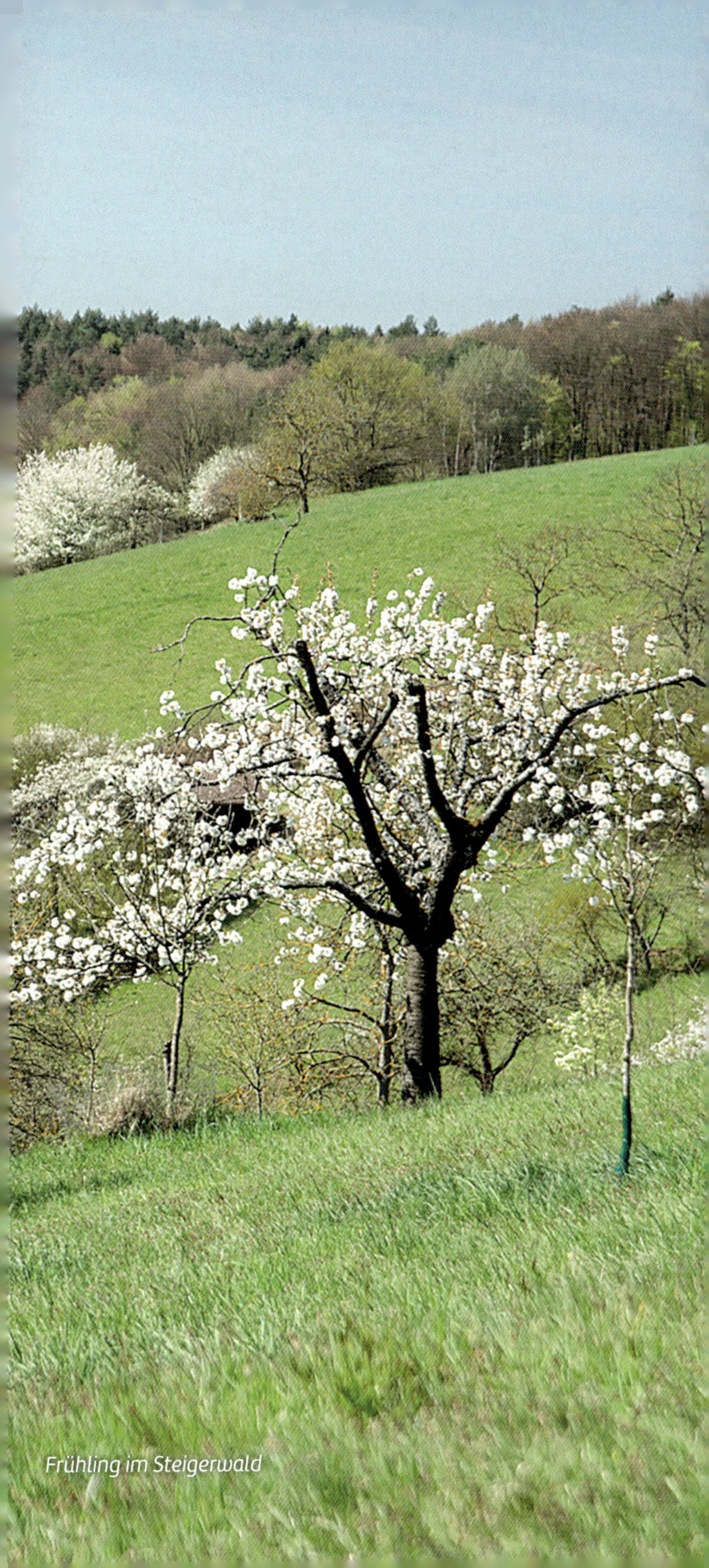

Frühling im Steigerwald

Mobil mit Bus und Bahn

Anfahrt

Bamberg liegt an der ICE-Strecke München-Nürnberg-Leipzig-Berlin und hat eine direkte Regionalexpress-Anbindung über Würzburg nach Frankfurt a. Main. Über das Liniennetz der Regionalzüge des Franken-Thüringen-Express können Sie direkt von Leipzig, Jena, Saalfeld, Kronach, Sonneberg (Thüringen), Lichtenfels, Coburg, Nürnberg, Fürth, Erlangen, Forchheim, Schweinfurt oder Würzburg aus anreisen.

Unterwegs in der Region

Alle vorgeschlagenen Etappen sind so beschrieben, dass An- und Abreise in der Regel mit Zug oder Bus möglich sind. Wenn die Hauptroute des Sieben-Flüsse-Wanderwegs nicht unmittelbar an einem Ort mit Bahnhof vorbei führt, ist der Anschluss über Verbindungswege oder das örtliche Wanderwegenetz beschrieben. Bitte beachten Sie: Durch die direkte Anbindung der Ortschaften ist auf einigen Etappen der Anteil befestigter Wege relativ hoch. Dafür führt Sie der Weg dann oft auch direkt an der örtlichen Gastwirtschaft vorbei.

Tipp: Nehmen Sie Quartier in einer Ortschaft mit Bahnanschluss und fahren Sie von dort mit leichtem Gepäck zum Start der nächsten Tagesetappe. Am Ende der jeweiligen Etappe nehmen Sie dann einfach den Zug zurück zur Unterkunft. In manchen Orten müssen Sie für die Rückfahrt den Bus nutzen oder eventuell ein Taxi in Anspruch nehmen. Geplant ist, die örtlichen Busverbindungen in den nächsten Jahren immer weiter zu verbessern. Nähere Informationen finden Sie bei den einzelnen Etappenbeschreibungen.

Die Tourist-Informationen (S. 152) der jeweiligen Gebiete beraten Sie gerne, welche Unterkünfte gut für Sie geeignet sind.

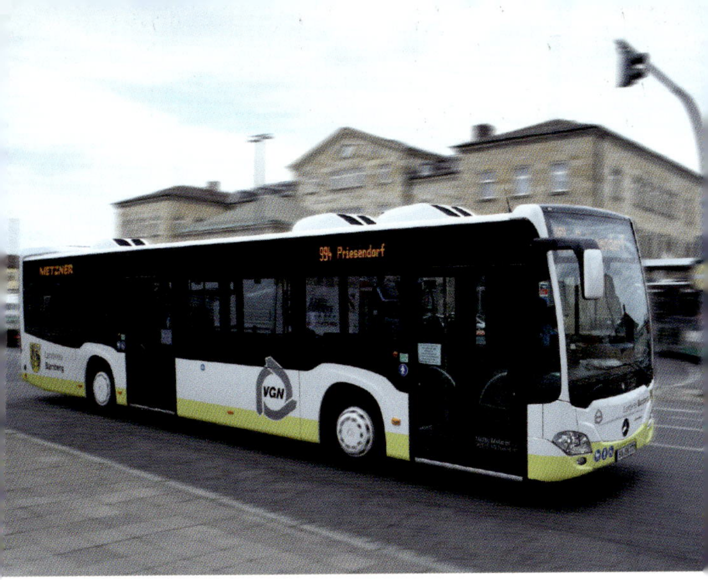

Mobil mit Bus & Bahn: Die VGN-Tagestickets gelten entlang des gesamten Sieben-Flüsse-Wanderwegs in Bus und Bahn.

Selbstverständlich können Sie die Etappen auch frei – je nach Leistungsfähigkeit und Interesse – gestalten. In Verbindung mit Bus und Bahn und dem Wanderwegenetz der Region ergeben sich attraktive Tages- oder Halbtageswanderungen. Bei den einzelnen Etappen finden Sie immer wieder Tipps zu Tourenalternativen und Rundtouren.

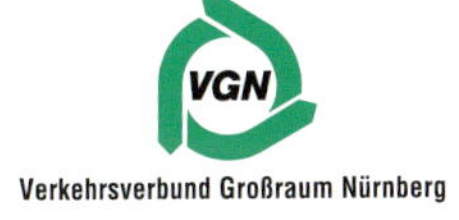

Tipp: Nutzen Sie für Ihre Touren auf dem Sieben-Flüsse-Wanderweg das günstige **TagesTicket Plus des VGN** (Verkehrsverbund Großraum Nürnberg). Damit können bis zu sechs Personen, davon maximal zwei über 18 Jahre, einen ganzen Tag im VGN-Netz unterwegs sein. Kinder bis 6 Jahre fahren immer kostenlos. Am Samstag gelöst gilt das Ticket auch am Wochenende.

Fahrplan und Informationen sowie viele Wandervorschläge unter **www.vgn.de**

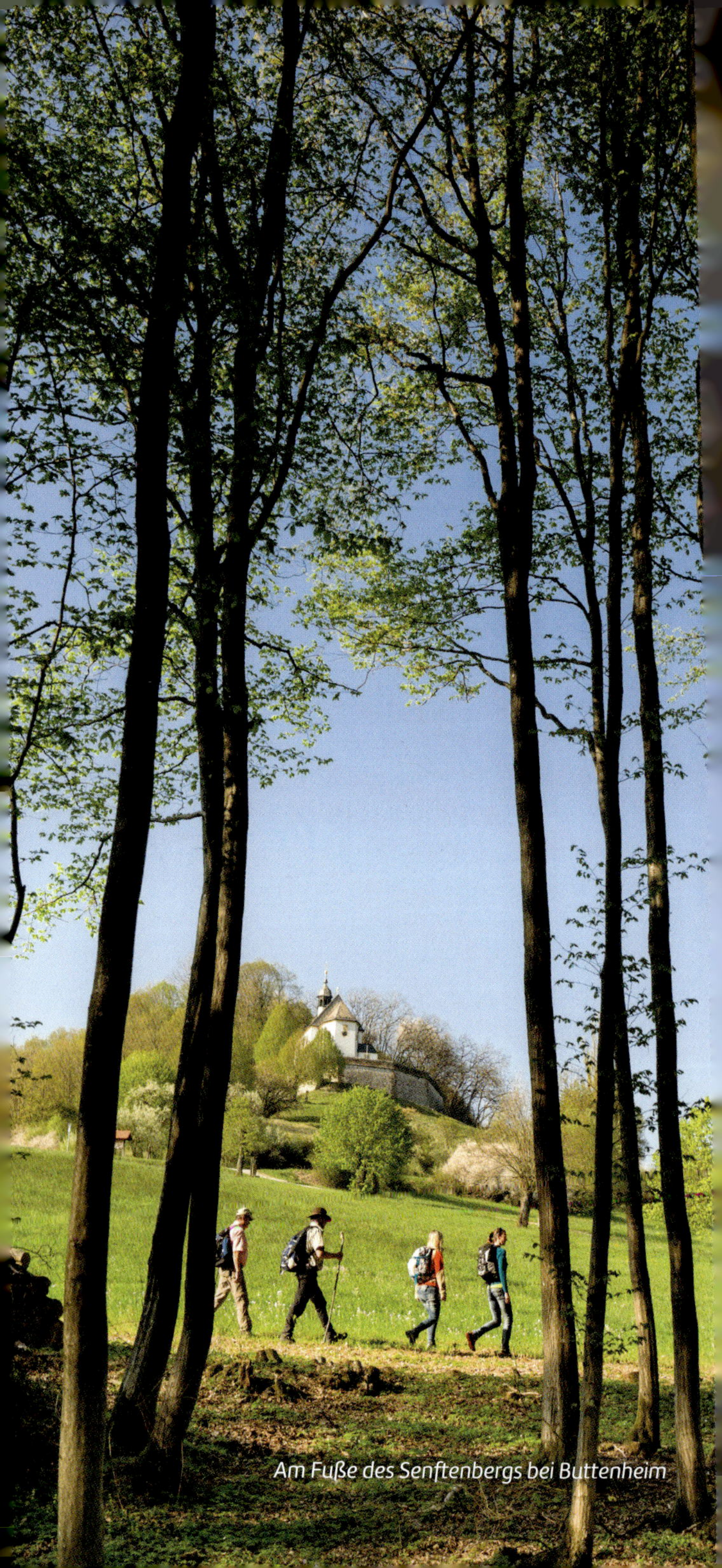

Am Fuße des Senftenbergs bei Buttenheim

Fränkische Wanderlust

Der Sieben-Flüsse-Wanderweg will auch Lust darauf machen, weitere Wanderwege in der Region kennenzulernen. In den drei Naturparken trifft die Route immer wieder auf bekannte und weniger bekannte Fernwanderwege: Als **Premiumwanderwege** ausgezeichnet sind der **Steigerwald-Panoramaweg**, der **Burgen- und Schlösserwanderweg** durch die Haßberge und der **Frankenweg** vom Rennsteig zur Fränkischen Alb. Der **Mainwanderweg** begleitet den Fluss von der Quelle des Weißen Mains bis zur Mündung in den Rhein. Der **Pfaffenritt** verbindet die Haßberge mit der Fränkischen Schweiz. Durch diese führt der **Fränkische Albrandweg** mit herrlichen Ausblicken und der **Wanderweg „Blühender Jura"** auf den Spuren des Wanderschäfers.
Auf eine lange Geschichte als historische Amtsbotenwege blicken der **Rennweg** und der **Bamberger Rennsteig** zurück. Und der **13-Brauereienweg** geleitet Sie durch die Fränkische Toskana.

BayernTourNatur – Naturführungen in Bayern

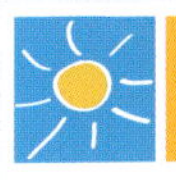

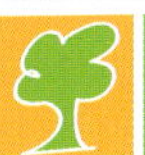
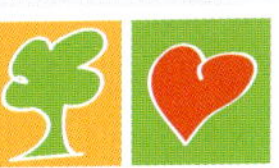

Begleiten Sie Naturexperten auf ihren spannenden Streifzügen durch Bayern, entdecken Sie einzigartige Landschaften, faszinierende Tier- und Pflanzenwelten und viele geheimnisvolle Naturschauplätze!

Jedes Jahr bietet die BayernTourNatur des Bayerischen Umweltministeriums eine Fülle spannender Naturführungen für Jung und Alt. Das aktuelle Angebot gibt es im Internet und als kostenlose App für iPhone® und Android®.

www.bayerntournatur.de

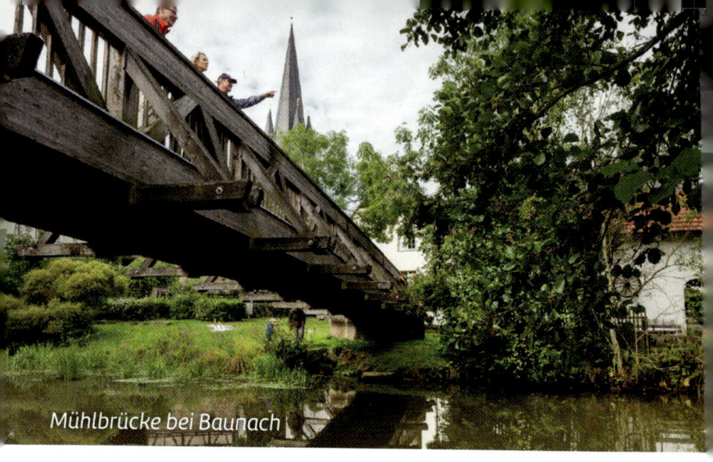
Mühlbrücke bei Baunach

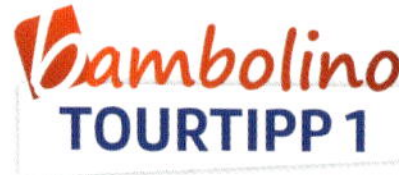

FAMILIENWANDERUNG

Rundweg um den Baunacher Südsee

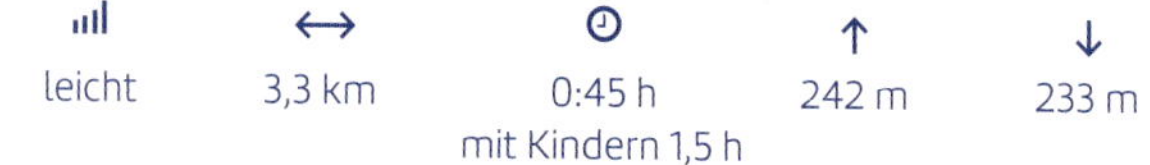

An 16 Stationen gibt es viel über die Tiere, Pflanzen und auch die Geschichte des Maintals und der Baunach zu entdecken. Los geht es am **Bahnhof Baunach** und von dort zum Altstadtparkplatz. Unterhalb der hölzernen Mühlbrücke kann als erste Erlebnisstation der Fischpass erkundet werden. Dann führt Sie der Weg am Sportplatz vorbei immer an der **Baunach** entlang mit Infotafeln zu Misteln und der Flößerei. In dem breiten Wiesengrund sind auch die Reste der ehemaligen Wiesenbewässerungsanlage sichtbar. Damit konnte im Sommer bei Trockenheit das Land bewässert und so der Ertrag gesteigert werden. An der Baunacher Kläranlage wird mit der Schwarzpappel ein ganz besonderer Baum der Mainaue vorgestellt. Kurz danach erreicht der Weg das Seeufer. Der **Südsee** wurde wie viele Baggerseen im Maintal durch den Kiesabbau geschaffen. Gespeist wird der See durch das Grundwasser. Gehen Sie rechts um den See herum, kommen Sie bald zum **Main**, der hier in den letzten Jahren naturnah umgestaltet worden ist. An der Kanuraststelle können Sie häufig Muschelschalen finden. Der

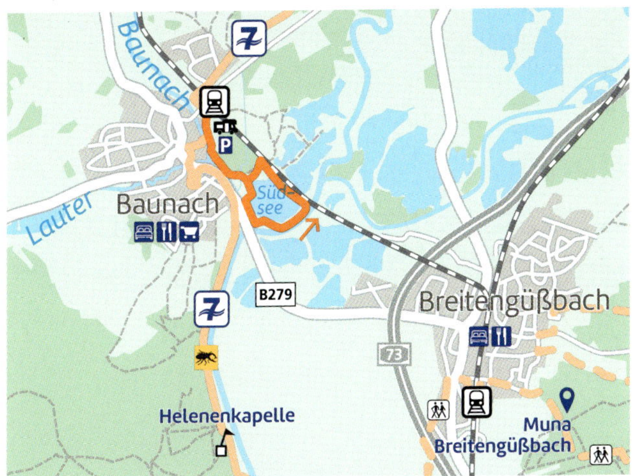

Weg zurück führt Sie zwischen der Bahnlinie und dem See entlang und dann auf dem Weg über die Kläranlage wieder zurück zur **Mühlbrücke**. In Baunach finden Sie Bäcker, Metzger, mehrere Gastwirtschaften und auch eine Eisdiele.

Wichtig: Bei Hochwasser ist der Weg nicht begehbar. Manche Abschnitte des Rundweges sind für Kinderwägen nicht geeignet. Bei Regenwetter sind Gummistiefel empfohlen, denn ein Teil des Weges führt durch eine kleine Furt.

Info: Der Naturerlebnisweg um den Baunacher Südsee wurde 2013 als Teil des **EU-Life-Naturprojektes Oberes Maintal** umgesetzt. Mit solchen großen Naturschutzprojekten werden Maßnahmen für die ökologische Aufwertung des europaweiten NATURA-2000-Schutzgebietsnetzes gefördert. Im Maintal wurden auentypische Feuchtlebensräume, insbesondere Flachwasserzonen und Altwässer sowie artenreiche Flachlandmähwiesen mit feuchten Mulden geschaffen. Damit verbesserten sich die Lebensbedingungen für zahlreiche Tier- und Pflanzenarten. **www.life-oberes-maintal.de**

Tipp: Weitere Life-Natur-Erlebnisräume im Obermaintal finden Sie am Rudufersee Michelau und an der Mainschleife Unterbrunn. Weiter mainabwärts laden der Vogelbeobachtungsturm bei Eltmann, der Naturerlebnisweg Ziegelanger bei Zeil a. Main sowie der Naturerlebnisweg Hochreinsee und der Vogelbeobachtungsturm am Sichelsee bei Knetzgau zu Naturerkundungen ein. **www.mainaue.de.**

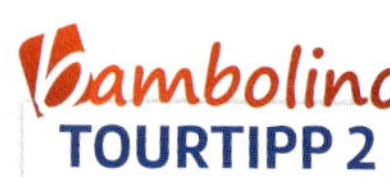

TOURTIPP 2 FAMILIENWANDERUNG

Rundwanderung mit Naturwaldreservat Seelaub und Mönchssee bei Oberhaid

	↔	◷	↗	↘	↑	↓
leicht	8,1 km	2:00 h mit Kindern 3:00 h	74 m	74 m	303 m	237 m

Wegbeschreibung

Vom **Bahnhof Oberhaid** aus folgen Sie dem Markierungszeichen der „zwei Wanderer" durch die Steiggasse und dann nach links über die Untere Gasse am Rathaus und der Kirche vorbei bis zur Bamberger Straße. Überqueren Sie diese und den Dr.-Hau-Platz und gehen Sie ein kurzes Stück auf der Johannishofer Straße entlang. Rechts biegt dann die Straße „Anspännlein" ab. An einem Spielplatz vorbei führt der Weg am Ufer des Sees und dann am Mühlbach entlang bis zur Kapellenstraße. Zum **Kreislehrgarten** verlassen Sie die markierte Route nach rechts und folgen der Kapellenstraße etwa 75 Meter. Der mit markierte Weg führt an Hecken vorbei und zweigt mit dem Bach am Ortsende von Oberhaid nach rechts und dann nach links ab. Nach einer Kurve erreichen Sie die Aussichtsplattform des **Naturwaldreservats Seelaub.** Ein naturnaher Pfad verläuft am Rande des sumpfigen Waldge-

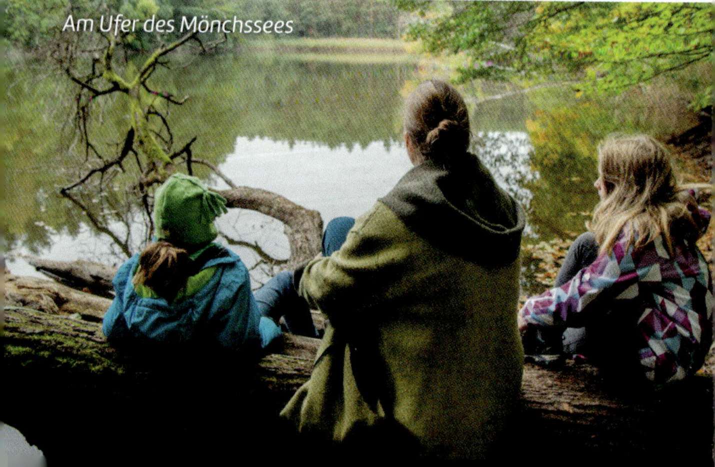

Am Ufer des Mönchssees

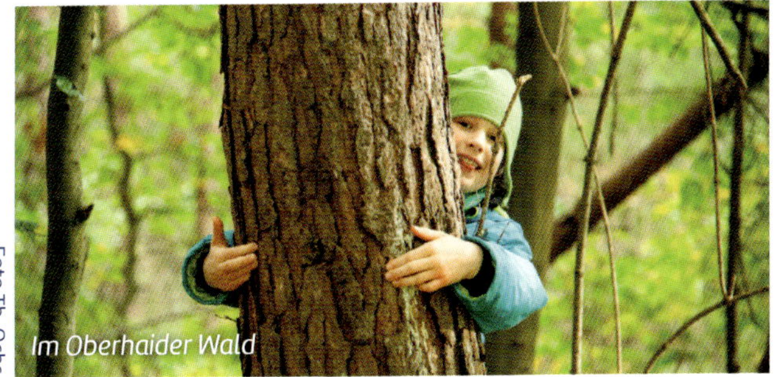
Im Oberhaider Wald

Foto Th. Ochs

bietes und an einer Streuobstwiese entlang. An deren Ende erreichen Sie den Sieben-Flüsse-Wanderweg . Folgen Sie diesem nach links und dann zusammen mit dem Rennweg **R** nach rechts immer durch den Wald bis zum **Wegekreuz**. Dort dann nach rechts weiter durch den Wald bis zum **Mönchssee** und am nördlichen Ufer immer am See entlang. Dann können Sie entweder mit dem Hirschkäfer-Wanderweg den See umrunden oder sie folgen dem Wegweiser auf der Forststraße (nicht markiert) bis zur nächsten großen Wegkreuzung. Dort zweigt nach links der **R** ab, der Sie auf naturnahen Waldwegen bis zum Wanderparkplatz Oberhaid bringt. Am Sportplatz vorbei erreichen Sie über die Johannishofer Straße wieder die Ortsmitte von Oberhaid und können dem Wanderzeichen wieder bis zum Bahnhof folgen.

Immer wieder neue Tipps für Familien finden Sie auf www.bambolino-magazin.de

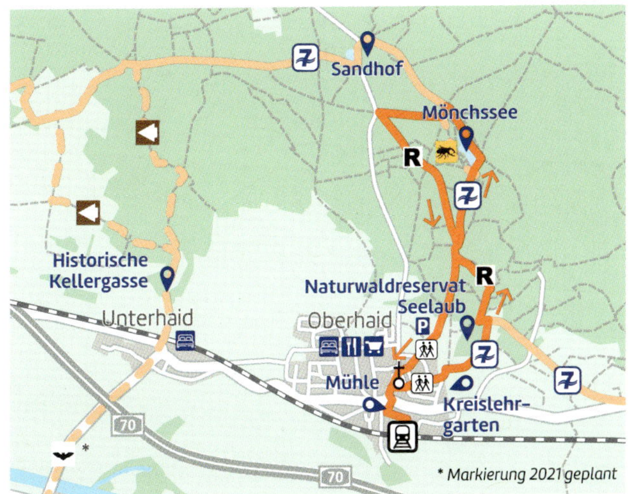

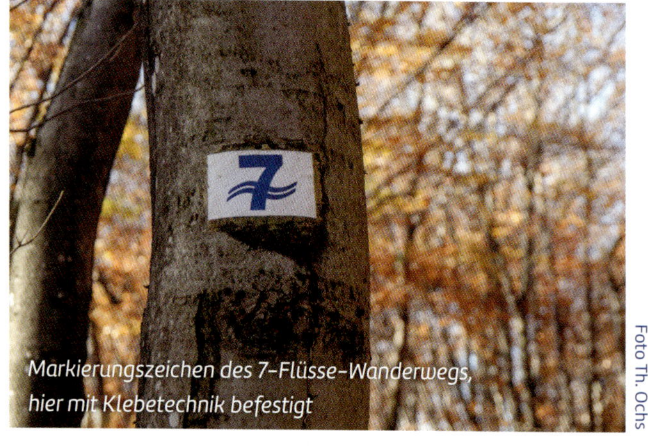

Markierungszeichen des 7-Flüsse-Wanderwegs, hier mit Klebetechnik befestigt

Foto Th. Ochs

Wie entsteht ein Wanderweg?

Der Sieben-Flüsse-Wanderweg wurde 2014/2015 zusammen mit den Wandervereinen vor Ort als gemeinsames Leader-Kooperationsprojekt von 26 Städten und Gemeinden aus vier Landkreisen im Rahmen des Flussparadieses Franken umgesetzt. Das Ziel war und ist es, bereits bestehende Fernwanderrouten zu nutzen und durch gezielte Lückenschlüsse die drei rund um Bamberg liegenden Naturparke „Haßberge", „Steigerwald" und „Fränkische Schweiz" miteinander zu verbinden. Dabei soll auf die zahlreichen Kultur- und Naturschätze sowie die vielen regionalen Spezialitäten entlang der Route aufmerksam gemacht und die Bedeutung des Wanderns und des Wandertourismus in der Region gestärkt werden.

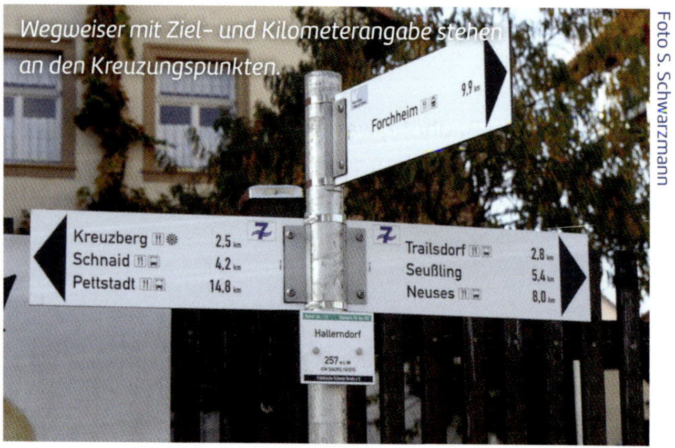

Wegweiser mit Ziel- und Kilometerangabe stehen an den Kreuzungspunkten.

Foto S. Schwarzmann

Chronologie

10. Dezember 2009
Erstes Treffen mit Wandervereinen, Naturparkverwaltungen und Touristikern

2011 – 2013
Antragsstellung für Fördermittel und Erarbeitung eines detaillierten Konzeptes zur Abstimmung der Wegeverläufe mit den Städten, Gemeinden, Naturschutzbehörden und Forstverwaltungen

2014
Markierung des Sieben-Flüsse-Wanderwegs durch die kooperierenden Wandervereine. Erarbeitung des Wegweiserkonzeptes

2015
Aufstellung der Wegweiser durch die gemeindlichen Bauhöfe. Öffentlichkeitsarbeit mit Internetseite und Faltblatt

Wegepflege

Doch mit der feierlichen Eröffnung des Sieben-Flüsse-Wanderwegs am 3. Oktober 2015 in Baunach ist die Arbeit nicht beendet. Denn jetzt heißt es, einerseits den Weg bekannt zu machen, andererseits dafür zu sorgen, dass der Weg begangen werden kann und gut markiert ist. Dafür ist der Einsatz der Wegewarte in den verschiedenen Wandervereinen unverzichtbar und kann gar nicht genug gewürdigt werden. Denn mindestens einmal, besser zweimal jährlich müssen Wanderwege abgegangen, Markierungszeichen überprüft und – wenn nötig – ersetzt und freigeschnitten werden. Wichtig sind dabei auch die gemeindlichen Bauhöfe, wenn zum Beispiel Pfosten für Wegweiser oder Markierungszeichen neu gesetzt oder gerichtet werden müssen. Trotz aller Bemühungen passiert es immer wieder, dass auf der gestern noch tadellos markierte Route am nächsten Tag Markierungszeichen geklaut oder beschädigt worden sind.
Tipp: Das Wegzeichen vom Sieben-Flüsse-Wanderweg können Sie günstig beim Flussparadies Franken bestellen.
www.flussparadies-franken.de

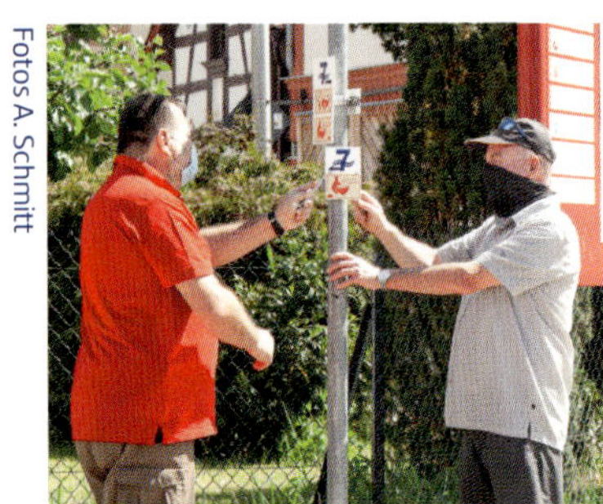

Fotos A. Schmitt

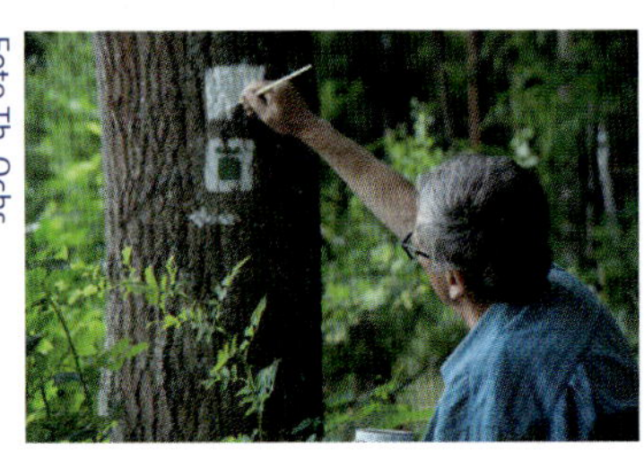

Foto Th. Ochs

Dabei sind die Qualitätsansprüche an eine gute Wanderwegemarkierung gestiegen. Die Erfahrung aus vielen Regionen hat gezeigt: Wanderwege sind dann gut markiert, wenn sie auf Sicht, in nicht zu großem Abstand, in beide Richtungen und synchron mit allen auf derselben Route verlaufenden Wegen markiert sind. Die Markierung auf Sicht und in nicht zu weitem Abstand bedeutet, dass mehr Markierungszeichen angebracht werden müssen. Und auch das Wissen, wie baumschonend markiert werden kann, müssen die Wegemarkierer haben.

Ein Wanderweg ist nie fertig

So hat es seit der Eröffnung auch auf dem Sieben-Flüsse-Wanderweg mehrere Wegeverlegungen gegeben, zum Beispiel um die Route statt auf dem Radweg an der Straße durch ein ruhiges Waldgebiet zu führen. Doch gerade naturnahe Wege führen manchmal über privaten Grund. Darum braucht ein Wanderweg die Bereitschaft und das Verständnis der Grundstückseigentümer, Wald- und Landnutzer, die Markierung zu tolerieren. Zwar müssen Wanderer im Wald mit sogenannten waldtypischen Gefahren rechnen. Wenn sich jedoch Müll am Wegesrand ansammelt, man sich für das Befahren des eigenen Grundstücks oder die durchzuführenden Baumfällarbeiten rechtfertigen muss, ist die Toleranzgrenze schnell erreicht. Darum an dieser Stelle ein großer Dank an alle, die Wanderwege auf ihrem Grund und Boden zulassen und damit wanderfreundliche Routen ermöglichen. Und die große Bitte an alle Wanderer, ihre Verantwortung für ein gutes Miteinander ernst zu nehmen.

Partner

Der Sieben-Flüsse-Wanderweg ist ein Projekt des Flussparadieses Franken e. V. zusammen mit 26 Städten und Gemeinden und den Wandervereinen in der Region. Kooperationspartner sind die Bayerischen Staatsforsten Forstbetrieb Forchheim, die Tourist Informationen und Naturparke Steigerwald, Fränkische Schweiz und Haßberge sowie das Tourismusgebiet Obermain·Jura, die LAGs der Landkreise Forchheim, Bamberg, Lichtenfels und Haßberge.

Der Sieben-Flüsse-Wanderweg wird betreut vom Steigerwaldklub e. V., dem Rennsteigverein 1896 e. V., dem Fränkische-Schweiz-Verein e. V. mit seinen Ortsgruppen Eggolsheim, Unterer Aischgrund und der Fränkischen Toskana sowie dem im Haßbergverein 1928 e. V. (HBV) zusammengeschlossenen Wandervereinen HBV Wanderclub Baunach e. V., Haßbergverein 1928 e. V., Ortsgruppe Reckendorf, HBV SV Rapid Ebelsbach e. V., HBV Wandergruppe SC Stettfeld e. V. und HBV Wander- und Heimatverein Kemmern 1975 e. V.

Tipp: Bei den regionalen Wandervereinen sowie beim Landesverband Bayern der Deutschen Gebirgs- und Wandervereine e. V. können Sie sich zum Wanderführer oder Wanderwegewart ausbilden lassen.
www.wanderverband-bayern.de

Treffen der am Sieben-Flüsse-Wanderweg mithelfenden Wandervereine in der Kellergasse Unterhaid

Foto Th. Ochs

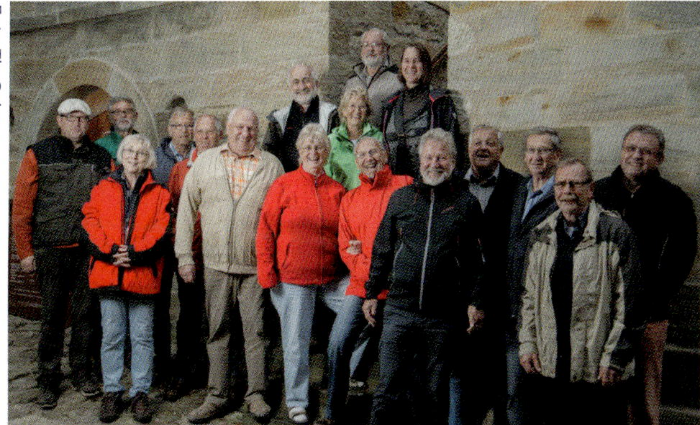

Inhalt